Staats- und sozialwissenschaftliche Forschungen

herausgegeben

von

Gustav Schmoller und **Max Sering.**

Heft 155.

C. Brinkmann, Wustrau, Wirtschafts- und Verfassungsgeschichte eines brandenburgischen Ritterguts.

Leipzig,
Verlag von Duncker & Humblot.
1911.

Wustrau,

Wirtschafts- und Verfassungsgeschichte eines brandenburgischen Ritterguts.

Von

Carl Brinkmann.

Leipzig.
Verlag von Duncker & Humblot.
1911.

Vorwort.

Als der Verfasser vor nun fast zwei Jahren von dem Herrn Regierungspräsidenten v. Schwerin zu Frankfurt a. O. den Auftrag erhielt, eine Geschichte des Ritterguts Wustrau Kr. Ruppin zu schreiben, wurde von vorneherein verabredet, daß die Darstellung zwischen der Art rein nationalökonomischer Betriebsschilderung und der antiquarisch-genealogischen Ortshistorie eine mittlere Linie einhalten sollte. Aber im Laufe der Untersuchungen stellte sich bald heraus, daß damit nicht bloß ein äußerlicher Gesichtspunkt gegeben war. Die Verbindung wirtschaftlicher Tatsachen mit gesellschaftlichen brauchte, um zu wissenschaftlichen Erklärungen zu führen, etwas wie ein Schema ihrer gegenseitigen Wechselwirkung. Dieses Schema ist längst bekannt und hat gerade seiner Allgemeinheit wegen den vorwiegenden Gegenstand aller neueren agrargeschichtlichen Forschung gebildet: Es ist das Recht und seine Entwicklung. Sie legten auch hier den zufälligen Begriffen des Ortes und der örtlichen Wirtschaft den notwendigen ihrer sozialen Verfassung unter, wie sie in der lehrreichsten Form der letzten Einheit das Gesamtdasein einer großen Bevölkerungsgruppe durch die Jahrhunderte widerspiegelt. So lückenhaft und unsicher auch eine ganze Reihe von Fragen dieses Zusammenhangs nur haben beantwortet werden können, ihre Stellung ist überall darauf ausgegangen, individuelles Leben möglichst vollständig in das Ganze wirtschafts- und sozialgeschichtlicher Erkenntnis einzuordnen und für seine Bereicherung fruchtbar zu machen.

Der Verfasser erfüllt angenehme Verpflichtungen, wenn er den Förderern seiner Arbeit, vor allen den Herren Präsident v. Schwerin, v. Schmoller Exzellenz und Professor Sering, nicht minder aber den Verwaltern und Beamten der von ihm benützten Archive, besonders wiederum des Herrn D. Grafen v. Zieten-Schwerin Exzellenz auf Wustrau für die mannigfaltigste gütige Unterstützung seinen verbindlichsten Dank abstattet.

Berlin, 17. Februar 1911.

C. Brinkmann.

Inhaltsverzeichnis.

I. Die älteste Zeit.

1. Die Grundherrschaft.

Das Dasein der heutigen Siedlung Wustrau ist urkundlich erst im 15. Jahrhundert bezeugt[1]. Dennoch sprechen mehrere Tatsachen für ein viel höheres Alter. Der Name, der im Slavischen „Insel“ bedeutet, rückt die Bekanntheit des Orts, wenn auch nicht mit Sicherheit seine Benützung als Wohnstätte, hinauf in die Zeit vor der deutschen Kolonisation und zugleich vor der geschichtlichen Lage am, nicht im Rhinsee. Einen andern Anhalt gibt die historische Flur- und Kirchenverfassung von Wustrau. Zur dortigen Feldmark und zur dortigen Kirche gehörte stets auch die Gemeinde des benachbarten Fischerdorfes Altfriesack. Dieses aber war mit dem Amte des gräflichen Schlosses Altruppin durch ein so enges und zugleich altertümliches Untertänigkeits- und Abgabenverhältnis verbunden[2], daß es nahe liegt, seinen Anfang gleichzeitig mit dem der Grafschaft Ruppin im 13. Jahrhundert zu vermuten. Wustrau selbst kennzeichnet sich durch Hoflage und Flurverfassung jedenfalls als deutsche Niederlassung. Der breite, platzartige Teil der Dorfstraße im Norden mit den Höfen und Wurten zu beiden Seiten ist doch wohl die ursprüngliche Richtung gegenüber der ungleichmäßigen Verzweigung nach Süden. Und die früheste Beschreibung des Hufenschlages, im „Register“ Mathias Hentzekes, Sekretärs des Grafen Johann von Ruppin von 1491[3], zeigt alles in allem die überraschend regelmäßige Anlage von 48 Hufen, wovon genau die Hälfte durch Bauern und Pfarrer, die andere durch Ritter besessen ist[4]. Aus den Familiennamen dieser

[1] 8. XII. 1462 Pfandurkunde zwischen dem Kloster Lindow und Borges v. Lohe „wanhafftich to Wustrowe“, A. F. Riedel, Codex Diplomaticus Brandenburgensis A IV 449.

[2] S. die Beschreibung in Dr. Wolfgang Redorfs Landbuch der Grafschaft Ruppin von 1525, Riedel A IV 162f. Die Ortslage war übrigens schon eine alte Wendensiedlung, vgl. Flurnamen und dorfgeschichtliche Beiträge aus dem Ruppiner Kreise, herausgegeben u. bearbeitet von Lehrern im Auftrage des Kreislehrervereins Neuruppin [1904] 81—85.

[3] Riedel A IV 116f. „Wustrouwe“.

[4] Der von S. Passow, Die Okkupation und Kolonisation des Barnim in Forschungen zur Brandenburgischen und Preußischen Ge-

letzten, der ersten geschichtlichen Grundherren von Wustrau, sind Schlüsse auf die Ortsgeschichte schwer zu ziehen. Es sind die wenigstens dem Namen nach wendischen Zieten, die mecklenburgischen Lohe und die uckermärkischen Gühlen [1], mithin ein vielleicht nichtdeutsches Geschlecht und zwei zuerst in anderen Kolonialgegenden angesessene. So muß dahingestellt bleiben, was sie mit der Gründung des Orts oder dem anfänglichen Grundeigentum daran zu tun hatten [2]. Einen gewissen Vorrang des Besitzalters scheinen vor den Gühlen die Zieten und Lohe gehabt zu haben. Wenigstens sind sie zunächst im ausschließlichen Besitz des Patronats, des „Kirchenlehens" [3], und ebenso in dem der Wustrauer Fischereirechte auf den Gewässern des Rhins.

In der Beschreibung von 1491 sind die grundherrlichen Rechte der drei Ritterfamilien nur schwach betont. Es fehlen alle darauf bezüglichen allgemeinen Bemerkungen wie die in den späteren Lehnbriefen gebräuchlichen über Patronat, Straßengericht [4], Jagd- und Fischereirechte. In der Reihe der Höfe heben sich die Vorwerke der v. Lohe, Balthasars v. Zieten (hier immer Tziten geschrieben) und Albrechts v. Gühlen nur dadurch heraus, daß ihre Hufen als „unter eignem Pfluge" aufgeführt werden. Die Bauern und Kossäten aber sind allerdings durch den jedesmaligen Zusatz „zu horet mit allem rechte" als Untertanen verschiedener Herren bezeichnet. Da fällt nun auf, daß damals nicht einmal die drei Ritterfamilien die ganze Obrigkeit des Ortes ausmachten. Von drei Bauern,

---

schichte XIV (1901) 27—32 versuchten näheren Zuweisung verschiedener Dorfgrößen an bestimmte Siedlungsperioden wage ich hier nicht nachzugehen, zumal neuerdings von H. Jung, Beiträge zur Siedlungskunde der Zauche, Diss. Halle 1909, S. 38 die Abhängigkeit der Gemarkungsgrößen von geologischen Bedingungen betont ist.

[1] E. H. Kneschke, Neues allgemeines deutsches Adelslexikon, Leipzig IX (1870) 631, VI (1865) 5 und IV (1863) 91; noch bei der Loheschen Erbteilung von 1604 zeigen Hebungen zu Wustrow in Mecklenburg die Verbindung der Familie mit dem Stammlande.

[2] Danach ist G. Winter, H. J. v. Zieten I (Leipzig 1886) 9 zu berichtigen. Die Zieten der Neuruppiner Rutenzinsheberolle von 1365 (Riedel A IV 299, 301), Meyneke und Hinrich, stehen mit Wustrau so wenig in nachweisbarem Zusammenhange als mit der Neuruppiner Lateinschule. In dem späteren Zietenschen Stammsitze Brunne aber verkaufte am 11. X. 1387 Eggert v. Z. einen Hof an den Havelberger Bischof (ib. VII 88).

[3] So zufolge dem Visitationsbefund von 1541 Riedel A VII 263; erst durch Kaufvertrag vom 1. II. 1654 ging von der Zietenschen Hälfte des Straßengerichts und Kirchenlehens ein Viertel an die Gühlen.

[4] Die eigentliche Gerichtsbarkeit (vgl. J. Grimm, Deutsche Rechtsaltertümer [4] [Lpz. 1899] II 429), unterschieden von der Ortspolizei, dem Zaungericht, „Gericht binnen dem Zaune", wie es in einer Gühlenschen Urkunde, der Netzmacherschen Zession vom 20. III. 1662, heißt, zu dessen Unterhalt die Loheschen Untertanen noch 1696 eine besondere Abgabe in Geld zahlten.

den Zweihüfnern Markouw und Achim Sipemann und dem Einhüfner Hans Krugher, wird gesagt, ihre Höfe hätten dem Arnd Friszeke gehört, und gerade diese, nämlich Markouw völlig und Krüger und Sipemann teilweise, zinsen nunmehr dem Gorges Gloden. Schon durch die Weglassung des Adelsprädikats sind diese beiden Herren offenbar als Bürgerliche den Rittern entgegengestellt. Aber mehr: Georg Gloden muß derselbe sein, der am 3. IV. des voraufgegangenen Jahres 1490 an erster Stelle unter den Bürgermeistern und Ratmannen von Neuruppin die Erlaubnis zum Bau eines Hospitals erteilt hatte, und so wird auch sein Vorgänger ein Mitglied der in der Mark verbreiteten, unter anderem in Neuruppin ansässigen Bürgerfamilie der Fritz sein [1]. Die Entstehungsursache dieser bürgerlichen Grundherrschaft kann kaum eine andere gewesen sein als Veräußerung von seiten der adligen Grundherren: darauf führt sowohl die Abwesenheit eines besonderen Eigenhofes Fritzens oder Glodens als die auffallende Kleinheit der Gühlenschen Grundherrschaft, die 1491 nur einen Bauern umfaßte. Wie lange die bürgerlichen Grundherren in Wustrau sich hielten, ist des genaueren nicht festzustellen. An der nächsten Epoche, die eine vollständige Übersicht über den Besitz des Orts ermöglicht, im Anfange des 17. Jahrhunderts, ist sie bereits verschwunden. Der Hof Markows war damals, also anderthalb Jahrhunderte später, noch in der Hand derselben Bauernfamilie. Er ist einer der beiden Zweihüfnershöfe, die ein Verwandter der Wustrauer Zieten, Christoph v. Zieten aus der Wildberger Linie, 1615 von Albrecht v. Gühlen erkaufte und 1629 an Christoph Adam v. Gühlen wieder veräußerte. Krüger gab nach Hentzekes Landbuch dem Bürgermeister nur seine Pfennigpflege, die Kornpächte dagegen an Matthias v. Gühlen auf Nakel. Doch muß sein Hof im Laufe des 16. Jahrhunderts an die Zieten gelangt sein, unter deren Gütern er sich in der Taxe von 1648 findet. Der dritte Glodensche Hof, Sipemanns, hatte schon 1491 von seiner einzigen Abgabe, 2 Wispeln Hartkorn, die Hälfte an Dietrich v. Lohe zu entrichten. Aber auch er ist wohl nicht den Lohes anheimgefallen, die noch bei ihrer Erbteilung von 1604 in Wustrau nur die beiden Bauernhöfe von 1491 besaßen, sondern eine der beiden andern Grundherrschaften, die ihre Bauernzahl früh vermehrten.

Die Verteilung der drei adligen Grundherrschaften über Wustrau gewährt 1491 ebenfalls einen sehr bunten Anblick. Freilich greifen sie auf keinem Hofe ineinander über, indessen sie sind von äußerster Ungleichheit der Ausdehnung. Der einzige stattliche Besitz war der Balthasars v. Zieten, viel-

[1] Riedel, A IV 350, und Heffter, Namenverzeichnis zu Riedels Kodex I 446.

leicht ein Zeugnis für die alte Ansässigkeit seines Geschlechts. Er war Herr über die Hälfte (6) aller Wustrauer Bauern, den Dreihüfner Achim Bammert (den einzigen des Orts, nicht unwahrscheinlich den Schulzen), die Zweihüfner Tewes Kelk, Hans Ronnebeke und Bammert und die Einhüfner Mechill Ludeke und Jakob Weitzke, und über 3 von den 4 Wustrauer Kossäten, Drewes Generdt, Claws Agoten und Achim Czeleke. Diese sind im Landbuch nicht als Kossäten bezeichnet und nur an dem Mangel einer Hufenwirtschaft als solche kenntlich. Auch ihre Abgaben an ihren Grundherrn, die doch sicher auch bei ihnen einen wesentlichen Teil der Untertänigkeit ausmachten [1], sind nicht angegeben. Die Leistungen der Bauern sind zwar auch durchaus nicht für einen jeden gleich oder wenigstens vollständig angegeben, aber das liegt nur an der Urkundensprache des Landbuchs, die vor Wiederholungen eine große Scheu hat und möglichst auch mit sachlichen Opfern nach Abwechslung des Ausdrucks strebt. Es ist unverkennbar, daß die Hufe die Rechnungsgrundlage aller Abgaben bildet, insofern ihr ein gewisses Einfaches von Getreide- und Geldzinsen entspricht. Da scheint nun bei den adligen Bauern eine Abgabe von 1/2 Wispel Roggen, 6 Scheffeln Gerste, 6 Scheffeln Hafer und 8 Schillingen Pfennige von der Hufe die Regel zu sein, wenigstens kommt unter ihnen keine andre Pacht vor. Abseits stehen nur die drei Glodenschen Bauern: Markow und Krüger müssen bei sonst gleicher Zahlung das Doppelte an Roggen geben, Sipemann gibt das Vierfache (2 Wispel) Hartkorn, dafür aber anscheinend nichts weiter. Nach jener Regel aber muß Balthasar v. Zieten von seinen 11 Bauernhufen eine Jahreseinnahme von 5 1/2 Wispeln Roggen, 2 3/4 Wispeln Gerste, ebensoviel Hafer und 88 Schillingen gehabt haben. Allein damit war seine Grundrente nicht erschöpft. Von dem Bauer Bammert wird nach dem Landbuch Dienst und Fleischzehnt (teget) gefordert, von Weitzke (wie vorher von Markow) dies und noch überdies das Rauchhuhn, die uralte Abgabe von der Feuerstelle [2]. Diese Abgaben können nur ganz allgemein alle Bauern getroffen haben. Ein Drittel des Zehnts brauchte der Pfarrer außer dem Ertrage der zwei 1491 ihm zugewiesenen Hufen. Ohne den Dienst der Bauern und ihrer Gespanne konnten die Eigenwirtschaften der Ritter nicht bestellt werden. Schon die Balthasars v. Zieten war im Verhältnis zu seinen Bauernhufen beträchtlich, 9 Hufen groß. Die Gutsanteile Dietrichs v. Lohe und Albrechts v. Gühlen zeigen dies Verhältnis noch wesentlich gesteigert. Jener mußte

[1] Der Text des Zietenschen Lehnbriefs vom 13. III. 1525 (Lehnskopiar R. 78 Nr. 28 des Geh. Staatsarchivs Berlin S. 46) bezieht den allgemeinen Zusatz „mit dinste teget vnnd Rochhun" auch auf die Kossätenhöfe.

[2] Grimm a. a. O. I 518.

mit seinen beiden Bauern Paul Poleman und Albrecht Wotenouw und einem Kossäten, Paul Hintzke, eine Eigenwirtschaft von gleicher Größe wie die Zietensche besorgen, und die Gühlensche wird trotz einer Fläche von nur 6 Hufen mit dem Dienst des einen Untertanen, des Zweihüfners Mechill Borchardt, kaum ausgekommen sein, ohne ein besonderes Arbeitsgesinde auf dem Ritterhofe zu halten.

Man hätte Anlaß sich zu fragen, wie selbst unbedeutenden, etwa aus dem Ministerialenstande hervorgegangenen Adelsfamilien auf so beschränkter Grundlage von Bodenbesitz und abhängigen Arbeitskräften eine standesgemäße Lebenshaltung möglich war, belehrte nicht das Ruppinische Landbuch von 1491 im Zusammenhange darüber, welches in dieser ganzen Landschaft das eigentliche System des Unterhalts eines adligen Kriegerstandes war. Der wissenschaftliche Streit um die Zersplitterung oder Vereinigung der adligen Grundherrschaften in der Mark Brandenburg berührt das Gebiet der Grafschaft nicht unmittelbar, einmal weil das Karolinische Landbuch von 1375 sie als mittelbaren Besitz übergeht, und dann weil sie als solcher auch das ganze 15. Jahrhundert hindurch die Einflüsse der Hohenzollerschen Landesregierung nicht wie die andern Landschaften erfahren zu haben braucht. Dennoch kommt die Betrachtung des Landbuchs von 1491 für die damaligen Zustände in Ruppin zu demselben Resultat, das die neuesten Untersuchungen der gleichzeitigen mittelmärkischen Grundherrschaftsverhältnisse [1] ergeben haben: Daß, was immer der Hergang der ursprünglichen kolonisatorischen Verteilung ritterlicher Grundherren über die örtlichen Siedlungen gewesen sei, doch auf jeden Fall am Ausgange des Mittelalters, entgegen der hergebrachten Vorstellung, von einer regelmäßigen Herrschaft einzelner Ritterfamilien über ganze Ortschaften nicht die Rede sein kann. Der Fall von Wustrau ist nach dem Landbuch 1491 in Ruppin nicht eine Ausnahme, sondern die Regel. Die wirtschaftliche Möglichkeit dieser Tatsache aber wird sogleich klar, wenn eine Mehrzahl von Ortschaften, am besten von benachbarten, im Zusammenhang auf die Personen der darin berechtigten Herren untersucht wird. Es erhellt dann nämlich, daß fast kein adliger Grundherr auf seine Einkünfte aus einer einzigen Ortschaft angewiesen ist, daß vielmehr die überwiegend meisten über einen ebenso stattlichen als verzettelten Streubesitz von Hebungen und Rechten in einer ganzen Reihe von Dörfern verfügen. Hand in Hand mit dieser Verdünnung der individuellen Grundherrschaft geht freilich eine andere Erscheinung, die in gewissem Maße als soziales Gegengewicht dagegen gewirkt haben mag: Die Er-

[1] A. Ernst, Zur Entstehung der Gutsherrschaft in Brandenburg in Forschungen zur Brandenburgischen und Preußischen Geschichte XXII (Lpz. 1909) 493—509.

füllung ganzer Gegenden und Nachbarschaften mit solchem Streubesitz von verschiedenen Familien eines und desselben Geschlechts, so daß zwar längst nicht mehr die einzelne Familie den einzelnen Ort, wohl aber sozusagen das ganze Geschlecht den ganzen Kreis von Orten beherrschte[1]. Daß wie die grundherrlichen Rechte so auch die lehnsmännischen Verpflichtungen dieses Adels ein System von interlokalen Einheiten ausmachten, ist wenigstens aus den gedruckten Roßdienstverzeichnissen der späteren Jahrhunderte, die übrigens sehr flüchtig abgefaßt sind, zu mutmaßen: Sowohl 1588 wie noch 1672 entrichteten die Wustrauer Zieten einen besonderen Dienst gemeinsam mit ihren Wildberger Vettern und den Ketzlin von Ketzlin, während die Gühlen im 16. Jahrhundert zu einem Lehnpferd des ganzen Geschlechts, die Loheschen Gutsnachfolger Seelstrang im 17. zwei Füße zu dem von Karwe beitrugen. Demgegenüber steht bei der hauptsächlichen öffentlichen Berechtigung der Rittergutsbesitzer der Landstandschaft die persönliche Natur nach den mittelmärkischen Adelsverzeichnissen des Landtags von 1572 wenigstens für die Familienhäupter fest, wenn es auch gegen die Ausübung Zweifel erweckt, daß für Wustrau neben Busse v. Gullen und Jochim v. Lochow (so) die Witwe Matthias v. Zieten erscheint[2].

Nach dem unvollständigen Ruppinischen Landbuch Hentzekes besaß Balthasar v. Zieten auf Wustrau 1491 außer den dortigen noch Rechte und Einkünfte in den Dörfern Langen, Walchow und Wildberg. In Langen 2 Untertanen („mit allem Rechte"), deren jeder 1 Wispel Roggen und 1 Wispel Gerste Pacht zahlte. In Walchow 3 Untertanen, von denen einer 1/2 Wispel Roggen und 6 Scheffel Gerste und 7 Schillinge, die beiden übrigen je 2 1/4 Wispel Roggen und 21 Schillinge entrichteten. In Wildberg, wo ein Zweig der Zieten 1525 das Burglehn und zwei Rittergüter besaß, gehörten dem Wustrauer, soviel aus dem Landbuch zu sehen ist, nur einzelne Hebungen sehr verschiedener Art von 9 Bauern, von einem 1 Wispel Roggen, 5 Schillinge Hufenzins, 1 Schilling Straßenzins und 1 1/2 Scheffel Wicken, von einem andern 1 Wispel Roggen, 6 Schillinge, 1 Schilling Wasserzins und 9 Virdunge Weizen, von einem dritten 1/2 Wispel Roggen, 3 Schillinge und 5 1/2 Pfennige Straßenzins, von einem vierten 3 Schillinge Pacht, 6 Pfennige Straßenzins und 1 1/2 Scheffel Weizen, von einem fünften 1/2 Wispel Roggen und 18 Pfennige, von einem sechsten 1 Wispel Roggen, von

[1] Das gilt auch von den gleich aufzuzählenden Dörfern, die 1491 im teilweisen Besitz der Wustrauer Zieten und Gühlen waren; in 5 von 7 war dieser Besitz durch den von anderen Zieten und Gühlen gestützt, und nur in Walchow scheinen die Zieten, in Buskow die Gühlen die einzigen Vertreter ihres Geschlechts gewesen zu sein.

[2] E. v. Eickstedt, Beiträge zu einem neueren Landbuch der Mark Brandenburg (Magdeburg 1840) 82 ff., 127 f., 409.

einem siebenten 3 Schillinge Pfennigpflege, einem achten 6 Schillinge und einem neunten nur 6 Pfennige Straßenzins. Die Gesamteinnahme aus den drei Dörfern betrug mithin 2 Wispel 9 Scheffel Weizen, 11 Wispel Roggen, 2¼ Wispel Gerste und 79 Schillinge 11½ Pfennige, also nicht ganz soviel Gerste und Geld, aber dafür bedeutend mehr Roggen als Balthasar v. Zieten aus Wustrau zustand. Bei der geringen Ausdehnung der Wustrauer Herrschaft Albrechts v. Gühlen nimmt es nicht wunder, daß sich sein Streubesitz gar auf fünf Dörfer der Umgegend erstreckte. In Beeskow hatte er einen Untertanen mit 1 Wispel Roggen, 1 Wispel Hafer und 4 Schillingen Pacht; in Wildberg von einem Bauern 1 Wispel Roggen; in Vicchel desgleichen 2 Scheffel Weizen und 10 Schillinge 9 Pfennige; in Nackel von einem Bauern 13 Scheffel Roggen, 13 Scheffel Gerste, 3 Scheffel Hafer, 11 Schillinge, Dienst und Rauchhuhn, 30 Hühner, 2½ Schillinge und 2 Groschen Bede[1], von einem andern 2 Scheffel Roggen, 2 Scheffel Gerste, 8 Schillinge und 10 Schillinge 4 Pfennige Bede, von einem dritten und vierten bloß 1 Wispel und 6 Scheffel Roggen; in Rohrlack von einem Bauern ½ Wispel Roggen, ½ Wispel Gerste, Dienst und Rauchhuhn, von einem zweiten 6 Scheffel Roggen, 6 Scheffel Gerste, 12 Schillinge, Bede und Dienst, von einem dritten 2½ Scheffel Hafer, 5 Schillinge, Dienst und Rauchhuhn, und von einem vierten 5 Scheffel Roggen, 5 Scheffel Gerste und 4 Schillinge. Das macht alles in allem 2 Scheffel Weizen, 4 Wispel 20 Scheffel Roggen, 1 Wispel 14 Scheffel Gerste, 1 Wispel 5½ Scheffel Hafer, 67 Schillinge, 7 Pfennige und 2 Groschen auswärtige Einkünfte gegen die eine Wustrauer Zweihufenpacht von 1 Wispel Roggen, ½ Wispel Gerste, ½ Wispel Hafer und 16 Schillingen[2]. Das schon 1491 recht verwickelte Bild der bäuerlichen Leistungen an die Wustrauer Grundherren wird durch einige Angaben des Zietenschen Lehnbriefs von 1525 noch mehr kompliziert. Hier werden außer den Höfen der eigentlichen Untertanen noch fünf Geldabgaben im Betrage von je 13 Pfennigen aufgeführt, die Jacob v. Zieten, dem damaligen Grundherrn, zustehen von Pulmans, Borges und Fabian Schultes Hof, von der Pfarre und von Achim von Lohes wüstem Hof. Damals griffen also bereits die Berechtigungen der Wustrauer Ritter in einzelnen Höfen übereinander. Auch Pulmans war ja ein Lohescher Hof. Borges Hof muß mit dem Gühlenschen Hofe, der später Sommerfeld gehörte, einerlei sein, weil er in der Zietenschen Lehnspezifikation von 1630[3]

---

[1] Durch Verpfändung oder Verkauf in Privatbesitz übergegangene landesherrliche Steuer.

[2] Riedel A IV 117 f., 123 ff.; 116, 124, 131 ff., 138.

[3] Wie alle nicht näher bezeichneten Quellen der älteren Gutsgeschichte auszugsweise erhalten in der „Nachricht von den Guts-

in der Reihe dieser Nebenzinse durch ihn ersetzt ist (dort allerdings für 6 Groschen statt 13 Pfennigen). Fabian Schulte war vielleicht schon 1525 wie nachher 1630 Untertan der Zieten selbst.

An dieser Stelle verdient auch hervorgehoben zu werden, daß die Hufeneinteilung Wustraus bald nach 1491 nicht unbedeutende Veränderung erlitten haben muß. Eine Aufstellung des 18. Jahrhunderts[1] bezeichnet als ursprüngliche Besitzverteilung „vor undenklichen Jahren" die von insgesamt 50 Hufen mit 27½ an die Zieten, 12½ an die Lohe und 10 an die Gühlen. Die beiden ersten Teilzahlen stimmen mit denen des Zietenschen und des Loheschen Lehnbriefs von 1525 überein[2]. Die angezogene Epoche ist also die in der ersten Lehnsnahme von dem Kurfürstentum Brandenburg nach dem Heimfall der Grafschaft Ruppin. Darf man sich weiter auf jene Tradition verlassen, so verteilten sich die drei Hufenzahlen des ferneren auf 6½ und 21 Zietenscher, 8½ und 4 Lohescher und 5 und 5 Gühlenscher Eigen- und Bauernwirtschaften. Eine Erklärung dieser Neuerungen nach 1491 wird kaum zu unternehmen sein. Rechnet man zu den 50 Hufen noch die 2 des Pfarrers, so wäre das eine Vergrößerung des Feldareals gegen 1491 um 4 Hufen oder mehr, falls die im Zietenschen Lehnbrief erwähnte Lohesche Wüstung außer Rechnung geblieben sein sollte. Und das ist deshalb nicht unwahrscheinlich, weil sowohl die Eigen- als die Bauernwirtschaft dieser Familie gegen 1491 zu klein beziffert ist. Die Vermehrung der Gühlenschen Wirtschaften würde sich aus der Erwerbung der Glodenschen Höfe begreifen. Bliebe noch die Ausdehnung der Zietenschen Bauernwirtschaft von 11 Hufen 1491 auf nunmehr 21, der nur eine Verminderung der Eigenwirtschaft von 9 auf 6½ gegenübersteht. Hier liegt das eigentliche Geheimnis der Vergrößerung der Feldmark, sei sie eine bloß nominelle, etwa durch Verkleinerung des Maßes, oder eine wirkliche, durch Ausdehnung der Kultur auf sogenanntes Überland[3].

---

besitzern des von Zietenschen Anteils von Wustrau", die der Ortsgeistliche Beuster auf Anregung und nach Vorarbeiten seines Patrons i. J. 1800 aus den Originalen des Gutsarchivs zusammenstellte. Von diesen selbst ist nur ein Teil in zwei Faszikeln „Familien-Nachrichten und Nachrichten von Wustrau" bewahrt. Dazu kommen zwei Bände Akten für den Loheschen und den Gühlenschen Anteil.

[1] In Zietenschen Prozeßakten von 1717, Geh. Staatsarchiv Berlin R. 78 II Z. 13.

[2] Dieser letzte R. 78 Nr. 28 des Geh. Staatsarchivs Berlin S. 57. Das Fehlen eines Lehnbriefs der Gühlen aus derselben Zeit erklärt sich vielleicht durch zeitweilige Erledigung ihres Wustrauer Rittersitzes; die Kirchenmatrikel von 1541 nennt als einen der gutsherrlichen Schuldner des pfarrherrlichen Fleischzehntanteils Peter v. Gühlen zu Rohrlack.

[3] Das Wustrauer Urbar von 1793 gibt Titel I § 5 den Hufenschlag

Schon die Beschreibung Wustraus von 1491 zeigt nicht eine auf den Hufenschlag beschränkte Flur. Das spätere außerordentlich günstige Verhältnis von Wiesen- und Ackerland, größer als 2 : 1, scheint schon damals bestanden zu haben, obwohl weder Flächenmaße gegeben sind noch Viehstandszahlen von der Ausnutzung der Weide und des Grases für die Ackerwirtschaft zeugen. Zweifellos aber will das Landbuch Hentzekes auf eine solche bevorzugte Wirtschaftslage aufmerksam machen, wenn es von den Wustrauer Wiesen sagt: „Desse vorgescreven Wische liggen alle in oren eegen lughen to Wustrouwe beleghenn." Einzeln aufgezählt sind nur die der Bauern bei ihren Höfen. Die beiden Glodenschen Bauern Markow und Krüger sowie der Lohesche Wotenouw haben je zwei, die übrigen Bauern und die Kossäten nur eine. Um das Ausmaß einer „Wische" einigermaßen zu bestimmen, sind jedesmal die Fuderzahlen des geworbenen Heus mitgeteilt, und zwar ist die regelmäßige Ernte vier Fuder, nur die Besitzer zweier Wiesen und der Dreihüfner Achim Bammert gewinnen von der Wiese nur drei. Das macht zusammen 65 Fuder von 18 Wiesen. Daß die Wiesen der Rittergüter nur fortgelassen sind, ergibt sich mit einiger Sicherheit aus den Lehnbriefen von 1525, wo die 9 Zietenschen und die 5 Loheschen Bauernwiesen zu Gesamtzahlen von 19 („15 grosse wisck und 4 korte kagelen") Zietenschen und 14 Loheschen („groß und klein"), also ungefähr den Hufenzahlen der beiden Eigenwirtschaften entsprechend, ergänzt sind [1]. Im Jahre 1586 wurden die langen Wiesen im Wustrauschen Luch für sich vermessen und dabei 31 Stück mit einem Ertrage von je 1 Gulden Mecklenburgisch festgestellt. Davon waren 11 im Eigenbesitz der damaligen Grundherren, nämlich 6 Jacob und Caspar v. Zieten, 5 Bussow v. Gühlen und nur 1 Joachim v. Lohe gehörig. Außer den Luchwiesen besaßen die Zieten nach ihrem ersten Lehnbrief noch ein paar Rohrlaken und die sogen. Wendewische am Bützsee. Diese etwas entlegenen Wiesenparzellen dienten in der bedrängtesten Zeit der Wustrauer Geschichte, im Jahre 1640, dem damaligen Erbherrn Jacob III. v. Zieten zur Aufnahme eines Kapitals von 150 Talern im Wege eines Wiederkaufvertrages mit Joachim v. Woldeck auf Gnewikow, müssen also damals bei Annahme eines Zinsfußes von etwa 6 vom Hundert einen Jahresertrag von 9 Talern abgeworfen haben. Und am 3. VI. 1671 erklärte derselbe Zieten in einer „Anweisung" über seine verpfändbaren Lehnstücke seine Bereit-

---

mit 52 (23½ Ritter-, 26½ Bauer- und 2 Pfarrhufen) an, scheint aber doch mit der alten Hufenzahl 48 zu rechnen, wenn es Titel X § 4 die Roggenabgabe des Küsters, 30 Scheffel, als Produkt aus 10 Metzen von der Hufe erklärt.

[1] Das Gühlensche Rittergut hatte nach der Spezifikation von 1688 3 „breite" Wiesen nebst 1 Ohrt und Kagel.

schaft zur Veräußerung zweier Wiesen von 18 Schwaden, „weil er ohnedies Heu und guten Wiesewachs genug habe“. Überhaupt wurde die Wiesennutzung während des 17. Jahrhunderts derart lässig gehandhabt, daß am Anfange des 18. die Anteilgrenzen durch Verwachsung unkenntlich geworden waren und zu einer neuen Auskavelung in 33 Parzellen geschritten werden mußte. Die Gesamtfläche der Wustrauer Luchwiesen mit Ausnahme der Kirchenwiesen wurde in einer königlichen Resolution vom 8. XI. 1712 auf 2839 Morgen 327 Quadratruten berechnet.

Eigenartige Bestandteile wies von den ältesten Zeiten das Einkommen der Wustrauer Lohe auf. Sie besaßen städtisches Grundeigentum und einige wüste Feldmarken. Das Redorfsche Landbuch von 1525 erzählt unter der Überschrift „Kytz zu Alten Ruppin“: „Achim von Loh zu Wusterow hatt einen garten hoff, liegt an der Molne, ist sein Burgk Lehn, als etzliche sagen, vndt mussen die Kyzer allesambtlich dem genannten Achim Loh von dem gemelten gartenhoff jehrlich geben 3 Pfund vnd 1/2 schock, wissen die Kyzer nicht, aus was grundt oder vrsache; were zu fragen, ob es sein Lehn sey, oder worumb die Kyzer jehrlich solche Zinss geben müssen, so sie doch den hoff nicht gebrauchen.“ Der Hof kann wirklich ein Dienstlehn der Ruppiner Grafen gewesen sein, denn Achims Vater(?) Dietrich war 23. II. 1490 als „ehrbarer Mann“ des Grafen Johann sein Zeuge bei der Leibgedingverschreibung an die Herzogin Anna von Sachsen, seine Gemahlin[1]. Auf Hofdienst der Lohe deutet vielleicht auch eine andere Nachricht des Redorfschen Landbuches: „Schwans gehört der Herrschaft Ruppin halb: in diesem halben Theill gebraucht sich der Landreiter des Ackers für Sattell und Zeume, dass ander halbe Theill gehört Achim von Loeh.“[2] Eine dritte Stelle lautet: „Luetcken Scharlank ist eine wueste Feldmark, gehöret gein der Goldbegke, pflegen darauf zu myten wischen vndt etzlichen Acker die inwohner zu Vsterow, geben jährlich dauon 6 scheffel habern, 6 scheffel hanfsaht, ist gewiss (d. h. fest und nicht mit dem Jahresertrage wechselnd).“[3] Diese Feldmark ist die auch schlechthin Scharlank oder später Zerlang genannte, die seit dem Lehnbrief von 1525 im Besitz der Lohe erscheint. Die Pächter können in Anbetracht der Lage Scharlanks in der Goldbecker Gegend und der ungewöhnlichen slavisierenden Schreibung „Vsterow“ ebenso gut die Bewohner des mecklenburgischen Dorfes Wustrow sein. Aber da nach der Erbteilung von 1604 die Wustrauer Lohe auch dort begütert waren, so sind sie aller Wahrscheinlichkeit

---

[1] Riedel A IV 115.
[2] Riedel A IV 156, 152.
[3] Riedel A II 340.

nach jedenfalls, wenn nicht die Unternehmer, doch die Vermittler dieser Pachtung. Ihr Scharlanker Besitz aber würde sie dann wiederum mit der bischöflich Havelbergschen Burg Goldbeck in Beziehung setzen. Auch eine andere wüste Feldmark des Goldbecker Bezirks, Buchholz, die an der gleichen Stelle der Redorfschen Arbeit mit aufgezählt ist, gehörte übrigens nach dem Lehnbrief von 1525 den Lohe, obwohl auch hier das Landbuch aus demselben Jahre von ihnen schweigt. Wieder von einem solchen Loheschen Lehnstück läßt sich geradezu zeigen, daß es schon vor dem Heimfall der Grafschaft an Brandenburg erworben sein muß. Die Ortschaft Köpernitz bei Neuruppin war noch 2. V. 1463 ein Dorf, in dem der Familie v. Meerkatz durch Lehnbrief des Grafen Johann von Ruppin Höfe und Hufen verliehen wurden[1]. Bereits 1515 ist sie, und zwar durch ein langes Herkommen, als wüste Feldmark aufgeteilt zwischen Achim v. Bredow zur einen Hälfte und dem Kloster Lindow und Achim v. Lohe zur andern, und der Bredowsche Lehnsherr, Kurfürst Joachim I. von Brandenburg, ordnet unter Bestätigung dieses Rechtszustandes an, daß je vier von den Vertretern der Besitzhälften gewählte „Altsessen" die Breiten zu einer Neufeststellung „anzeigen und gehn" sollen[2].

Der volle Besitzstand der Wustrauer Lohe im 16. Jahrhundert ist dann erst aus dem Lehnbrief Joachims vom 25. VI. 1598[3] zu ersehen, noch besser aber, weil eingehender und in wirtschaftlicher Abschätzung, aus der Erbteilung, die seine Söhne nach dem Tode ihrer Mutter Anna geb. v. Bardeleben im Jahre 1604 zwischen sich über ihre hinterlassenen Güter errichteten: „Anfenglichen, obwoll angeregter Landgutter in zimblicher Anzall gewesen, so hatt man sich dennoch beduncken lassen, dass nuhr ihrer drey davon ihre portionem füglichen gewertig sein konten, der virte aber mitt Gelde davon abgefunden werden muste. Domitt nuhn sich einer kegen den andern einger laesion vndt Vorkürzunge nicht zu beschweren, hatt man vorhero alle landgutter in einer gewissen taxation vnd Anschlage, zwar nicht wie landublichen, sondern alss man vor guett angesehen daß es bey dieser bruederlichen Erbvoreinigunge zu halten wehre, gebracht, wornach die Cawellen welche einem jeden durchs Loss gefallen rectificiret worden. Folgig hatt man bey einer jeden Cawell erinnert, was in künftigen Zeiten dobey zu erwegen sein mochte, alss nuhn solches alless zu Pappier gesatzt vndt vmb dessen so viele mehr Bestetigunge, die vier Gebrueder eine jede Cawell, wie dieselbe von ihnen beliebett

---

[1] Riedel A XXIV 444.
[2] Riedel A IV 450 f.
[3] Original im Gutsarchiv.

worden, mitt eigenen Handen vntergeschriben, hatt man ferner vmb vorhuetunge besorglicher vordacht alle vier Cawellzettell, wie sie gar feste zusamengewikkelt, in einen Huete gethan, vndt einen Ackerjungen Achim Platerich genand, von Kerzelin burtig zugeruffen, welcher einen jeden Cawelzettel, wie er denselben zu seinen Handen bekommen einen nach dem andern vorbenanten Gebruedern denen vom Lohe, wie sie nach ihrem Alter in der Reye beyeinandergestanden vorreicht gehabt, do dan nach Verlesunge eines jederen erlangetten Cawellzettelss befunden." Die beiden älteren Brüder Dietrich und Jürgen hatten sich mit zwei gleichen Kaveln im Werte von je 5029 Talern 16 Groschen in Wustrau und die Mehrzahl des übrigen Streubesitzes zu teilen. Dafür war es bequem, daß die Familie im Orte zwei Rittersitze unterhielt, den „rechten", den jetzt der Älteste bekam, und den „alten", der ehemals ein Witwensitz von Joachim v. Lohes Mutter gewesen und nach ihrem Tode durch Vergleich der drei Wustrauer Gutsherrschaften vom 16. VII. 1592 als ein besonderer Rittersitz mit den Rechten und Pflichten eines solchen [1] anerkannt worden war. Diese beiden Brüder hatten sich als Nachbarn und Teilbesitzer gemeinschaftlicher Rechte noch besonders auseinanderzusetzen. Für einen Mehrwert des neueren Hauptsitzes von 400 Gulden ließ sich Jürgen von Joachim durch die Zahlung von 200 Gulden entschädigen. Über das herrschaftliche Jagd- und Fischereiregal einigten sie sich auf teils gemeinsame, teils abwechselnde Ausübung, über das Schafzuchtprivileg auf gleichmäßige Ausnutzung. Eine gemeinsame Kasse sollte für Gerichtskosten, die Amortisation einer von den Wuthenow aufgenommenen Hypothek von 24 Gulden und die Abrechnungen mit den Bauern wegen geldwerter Dienste geführt werden. Ja es sollte für die beiden Eigenwirtschaften, die sich nur einer Mist-„Kave" zusammen bedienten, auch nur ein gemeinsamer Kostknecht gehalten werden. Zum rechten Rittersitz gehörten 4, zum alten 4$^1/_2$ Hufen. Die Dienste der zwei Bauern und drei Kossäten müssen stark in Anspruch genommen worden sein. Ihre Untertanenschaft war ebenfalls gleich verteilt: Der Bauer Paul Wutenow, ein Nachkomme des 1491 erwähnten, und der Kossät Gürgen Kraft gehörten Jürgen, der Bauer Michel Alheit und der Kossät Peter Wrede Dietrich v. Lohe, und diesem fiel zur Ausgleichung seines Mangels am Hufschlag auch der dritte Kossät Claus Meyer zu. Außer ihrem Dienst „mit dem Leibe" gaben die Bauern die schon 1491 beschriebenen Pächte der Zweihüfner (Alheit anscheinend ohne die Gerste), die Kossäten je 10 (Meyer 14) Hühner an ihre Herren. Die

[1] D. h. gegen Beteiligung an den Bau-, Kirchen- und Brückenlasten und den Sandfuhren der „Dorfjunker" namentlich dem Privileg der Haltung von soviel Schafen auf der gemeinen Weide als (im Winter) mit dem selbstgewonnenen Futter unterhalten werden konnten.

zwischen den Wustrauer Brüdern zu halbierenden auswärtigen Pertinenzen bestanden in 2 Schock Holzgeld von Wuthenow, 16 Stendaler Schillingen von Nietweder, den 3 Pfund vom Altruppiner Kietz, 19 Scheffeln Hopfen, 3 Scheffeln 4 Metzen Hanfkörner und 2 Steinen Hanf alle zwei Jahre von Wustrow in Mecklenburg, der Wiesen- und Seenutzung sowie dem Heuerkorn von der Feldmark Köpernitz, dem Gehölz und „fallsaftigen" Heuerkorn von Zerlang[1] und einem Drittel der Schwanower Nutzungen. Eine Gutsherrschaft gewöhnlicher Natur übten die Lohe außer in Wustrau nur noch in dem Dorfe Braunsberg aus. Dieses kam daher mit den zugehörigen Herrschaftsrechten, Schäferei, Kirchlehn und Straßengericht, mit Rittersitz und Eigenhufen auf der dritten Kavel an Balthasar v. Lohe. Dennoch war er damit noch nicht im Besitz aller Braunsberger Einkünfte. So wie er mit 50 Taler Pacht der Braunsberger Bauern von den Zerlanger Wiesen und einem Sechstel der Feldmark Schwanow an einem Besitzstück der beiden älteren Brüder beteiligt war, standen ihnen wiederum ausgedehnte Berechtigungen an seiner Herrschaft zu. Seine Braunsberger Untertanen, 12 Bauern und 5 Kossäten, leisteten ihm nur ihre Dienste und Hühnerabgaben, der Krüger außerdem noch die übliche Abgabe von 1 Viertel Bier und 1 Pfund Pfeffer. Die Pächte der Bauern gehörten den Wustrauer Herren, nämlich ihrer jedem von je sechs Bauern 3 Wispel Roggen, 1½ Wispel Gerste und ebensoviel Hafer und 12 Schillinge Pfennigpflege. Ferner mußten sämtliche Braunsberger Leute jährlich je einen Tag vor (oder spätestens eine Woche nach) Johannis beim Mähen der Wiesen auf den beiden Wustrauer Rittergütern helfen. Und endlich hatte Jürgen v. Lohe, wahrscheinlich zur Ausbesserung seines alten Hofes in Wustrau, für drei Jahre Anspruch auf jährlich 4 Braunsberger Bauernfuhren zur Herbeischaffung von Bau- und anderem Holz. Balthasar v. Lohe bekam als einzigen ungeteilten Besitz die Feldmark Buchholz. Der Anschlag seiner Kavel auf 6072 Taler 22 Groschen muß neben denen der beiden Wustrauer Kaveln unverhältnismäßig hoch erscheinen. Der jüngste Bruder Joachim v. Lohe erlangte mit der vierten Kavel das Einkommen aus dem Kapitalwerte eines Viertels der in den drei ersten Kaveln enthaltenen Lehngüter, 4033 Taler 1½ Groschen, die er auf diesen Gütern als Hypothek zu 6 vom Hundert stehen ließ. Es bezeichnet die damalige Unsicherheit des Geldverkehrs, daß in dieser ganzen Verhandlung nur über einen heute unwesentlich scheinenden Punkt, die Auszahlung

---

[1] Der Wert dieser beiden Feldmarken wurde damals zwecks Beteiligung der beiden jüngeren Brüder an einem etwaigen Mehrerlös aus Verkäufen auf 1400 und 2500 Talern veranschlagt, betrug also viel mehr als ein Drittel des Gesamtwerts der beiden Wustrauer Kaveln.

der Hypothekenzinsen bezw. des etwa gekündigten Kapitals an Joachim, Streit entstand. Weder der Gläubiger noch die Schuldner wollten dabei die Unkosten und die Gefahr übernehmen; zwar sprach die Billigkeit für die Verpflichtung der letzten, aber sie zogen es vor, sich förmlich davon loszukaufen, indem sie ihre angeblichen Viertelsansprüche an eine 100 Gulden schwere Goldkette, ein Geschenk der verstorbenen Mutter an den Jüngsten, zu seinen Gunsten aufgaben. Die einigermaßen prekäre Lage des landlosen Junkers fand im übrigen seitens seiner Brüder darin eine gewisse Anerkennung, daß er von aller Haftung aus Bürgschaften ihres Vaters, auch von Beiträgen zu dem Lehnpferd der Familie befreit, dagegen für den nächsten Fall der Erledigung einer der drei ersten Kaveln mit einem Vorzugserbrecht darauf ausgestattet wurde.

2. Die Verfassung der landwirtschaftlichen Nebenbetriebe.

Ein wichtiger Punkt in der mittelalterlichen Verteilung wirtschaftlicher Rechte war die Müllereiverfassung der Ortschaften und Gegenden, weil das übliche System ausgedehnter Mahlprivilegien nicht bloß hohe gewohnheitsrechtliche Einkünfte in der Hand der Berechtigten ansammelte, sondern für Wasserkraft und Wasserstand sehr einschränkende wirtschaftliche Monopole schuf. Die Wustrauer Wassermühle kann ihr Bestehen so weit wie der Ort selbst in die Vergangenheit verfolgen. Sie war von alters her ein Zubehör des Amtes Ruppin. Von ihrem Metzkorn waren 3 Wispel Roggen und Gerste unter dem Leibgedinge, das der Graf Johann 1490 seiner Gemahlin bestellte. Bereits im 16. Jahrhundert aber muß sie vom Amte verpfändet worden sein. Wenigstens ging sie damals durch „Einlösung“ in den Besitz Christophs v. Mönchhausen auf Bechlin über und wurde dessen Sohn Brandt in seinem Lehnbrief vom 26. V. 1560[1] mit bestätigt. Über ihre Berechtigungen und Verpflichtungen ist Genaueres erst aus dem Ende des folgenden Jahrhunderts bekannt[2]. Damals waren „in die Mühle gewidmet“, d. h. ihrem Mahlzwange unterworfen die Dörfer Langen, Walchow, Protzen, Buskow und Wustrau ohne die Leute der Zieten. Dafür war der Müller mit einer Reihe von Abgaben, sämtlich in Roggen, aus seinen Einnahmen belastet. Er schuldete jährlich 6 Wispel 6 Scheffel dem Erbherrn Mönchhausen auf Bechlin, 5 Wispel dem Schlosse Ruppin, dem damals immer noch die Gerichtsbarkeit über die Mühle gehörte, 2 Wispel

---

[1] Geh. Staatsarchiv Berlin R. 55 Nr. 12.

[2] 10. VI. 1713 beglaubigter Auszug aus dem Altruppiner „Kastenammts-Erbregister“ von 1590 im Gutsarchiv.

Hans Schürberg zu Neuruppin[1], 18 Scheffel den Bredow auf Kließen und 6 Scheffel den Bellin auf Karwesee. Über die Entstehung dieser letzten Rechte außerhalb des Wustrauer Mahlzwanggebiets ist so wenig etwas auszumachen als über den Grund, warum in Wustrau gerade die Zietensche Wirtschaft von dem Zwange frei war, während doch in allen übrigen vier eingewidmeten Orten nach dem Lehnbrief von 1525 Zietenscher Besitz darunter gestanden haben muß. Eine späte Nachricht im Wustrauer Urbar von 1793 (Titel I § 4) behauptet, daß einmal eine eigene Zietensche Mühle „diesseits Altfriesack“ bestanden habe, aber „seit undenklichen Zeiten“ bis auf die damals noch sichtbaren Pfähle eingegangen sei. Man darf fragen, welcher andern Anstalt sich danach die Wustrauer Zieten mit ihren Untertanen für die Befriedigung ihres Mehlbedarfs bedienten. Im 16. Jahrhundert ist die Mühle des benachbarten Altfriesack eine Zeitlang in ihrem Besitze gewesen. Jacob v. Zieten erwarb sie im Jahre 1543 von den Bredow auf Kremmen[2], aber schon sein gleichnamiger Enkel veräußerte sie 1580 für 550 Gulden an Claus Bellin auf Radensleben. Der Besitz einer Mühle war damals mehr eine Kapitalsanlage unter andern als ein wirtschaftliches Betriebsmittel. Die Mühlen blieben in der Regel in dauerndem Betriebe durch sogenannte Erbmüller, wenn sie auch die grundherrlichen Obereigentümer wechselten, so daß ihr hergebrachter Produktionskreis dadurch nicht verändert wurde.

Einer ähnlichen Einschnürung durch eine juristische Verfassung öffentlichrechtlichen Ursprungs war die mittelalterliche Urproduktion der Gewässer, Fischerei, Wasserjagd und Rohrung, ausgesetzt. Auch hier lag der Grund eines solchen Zustandes in der Ausnutzung eines regalen Produktionsmittelmonopols durch die landesherrlichen Gewalten. Nur daß besonders bei der Fischerei die allgemeine raubbauartige Betriebsstufe die Verantwortlichkeit für rationelles Verfahren fast völlig aus dem Bewußtsein verdrängte. Die Fischereiprivilegien brauchten eben nicht wie die Mahlgerechtigkeiten in juristischem Widerspruch aufeinander zu stoßen. Das wurde schon durch ihre Formulierung vermieden, die sich zunächst immer nur auf die Ausdehnung der künstlichen Betriebsmittel, Netze, Kähne und Wehre, sehr selten von vornherein auf die der natürlichen, der Wasserflächen, bezog. Zu dem Zietenschen und Loheschen Rittergute in Wustrau gehörte nach den Lehnbriefen von 1525 je ein „freier Kahn“ im Rhinsee und die

[1] Vermutlich dem derzeitigen Inhaber des Dorotheenlehens in der Marienkirche dort, das nach Riedel A IV 433 im Jahre 1541 mit 1 Wispel Mehl aus der Wustrauer Mühle bestiftet worden war.

[2] Von deren Besitz das Redorfsche Landbuch 1525 bemerkt: „Soll, wie etzliche sagen, versetzt sein von der Herrschaft Ruppin“, Riedel A IV 163.

halbe Fischerei im Rhinfluß, zu dem Zietenschen noch besonders ein Wehr im Rhinsee und ein freier Kahn im Bützsee. Über die Wustrauer Wasserjagd gibt es erst aus dem folgenden Jahrhundert Nachrichten. Mit den Loheschen Rittersitzen war zur Zeit der Erbteilung von 1604 auch Jagd und Entenschlag verbunden, die Zietensche Spezifikation von 1630 enthält die Niederjagden und das Schießen [1] und die Gühlensche von 1688 außer Schießen und Jagen noch eine Entenkörung am Rhin. Fischereirechte besaß das Gühlensche Rittergut nicht. Daraus folgt nun aber keineswegs, daß den beiden andern die Fischereiausbeute der angrenzenden Rhingewässer für ihre Kähne allein zustand. Ähnliche freie Kähne auf dem See werden auch den übrigen anliegenden Rittergütern hier und da schon von jeher verliehen gewesen sein. Die Lohesche Flußfischerei im Rhin begegnete sich schon 1525 an der Langenschen Fährbrücke mit der der dortigen Rittergüter, die Zietensche war wegen der Zietenschen Besitzrechte in Langen lange Zeit nicht streng nach dorthin abgegrenzt, und erst durch Streitigkeiten mit Otto Rudolf v. Redern sah sich Jacob Matthias v. Zieten gezwungen, am 19. V. 1716 vergleichsweise sogar bis zur Wustrau-Langenschen Gutsgrenze zurückzuweichen. Wie wenig sich noch in späterer Zeit die Landesverwaltung vor einer Minderung alter Privilegien durch die Erteilung neuer scheute, zeigt die Entstehung eines Radenslebener Fischereirechts im 16. Jahrhundert. Der brandenburgische Kanzler Lamprecht Diestelmeier war 1560 als Mitinhaber des Angefälles der Arnsbergschen Lehngüter in den Besitz des dortigen Ritterguts gekommen. Nicht als ursprüngliche Pertinenz dieses Guts, sondern als besondere Gerechtigkeit ließ er sich darauf am 22. VII. 1567 einen freien Kahn auf dem Rhin- und Bützsee sowie ein Wehr in dem letzten verleihen [2]. Diese Rechte blieben auch unter seinen Nachfolgern bei dem Gute, und erst Hans Joachim v. Zieten hat sie am 28. XII. 1743 den Quast für 300 Taler abgekauft. Den größten und ältesten Wettbewerb aber machte der Wustrauer Seefischerei der Eigenbetrieb des landesherrlichen Regals durch das Ruppiner Domänenamt. Dieser Betrieb wird schon 1525 von dem Redorfschen Landbuch [3] sehr eingehend geschildert. Danach übte das Amt sein unbeschränktes Fischereirecht im Ruppiner See einmal selbst aus durch seine, „der Herrschaft" Fischer, denen ausschließlich der Fang mit dem größten Werkzeug, dem „Garne", vorbehalten gewesen zu sein scheint, sodann aber auch mittelbar durch die Arbeit des Fischerdorfes Altfriesack zwischen

[1] Freilich berichtet die Taxe von 1648, daß diese Jagdrechte seit Menschengedenken nicht genutzt worden seien.

[2] Vgl. F. Holtze, Lamprecht Diestelmeier in Schriften des Vereins für die Geschichte Berlins XXXII 77 u. 80.

[3] Riedel A IV 162f.

dem eigentlichen Ruppiner See und seinem Anhängsel, dem Bützsee. Dies Dorf war mit Ober- und Niedergericht von dem Amte abhängig, das für das Niedergericht und die Verwaltung seinen Lehnschulzen dort unterhielt. Aber auch wirtschaftlich war das Verhältnis der zwölf Fischer zur Herrschaft enger als ein bloßes Pachtverhältnis. Sie betrieben ihre Fischerei durch eine Anzahl von Wehren, 11 im Bützsee (vielleicht die ursprünglichen) und 7 im Rhinsee, wovon 8 Fischer je 1, 3 je 2 und 1: 3 inne hatten. Das Bezeichnende aber ist, daß sie davon nicht verschiedene, sondern gleiche Zinse zahlten, nämlich ein jeder 8 Schillinge 11 Pfennige „Geld", 1 Schock (Groschen) „Pächte" für die Wehre[1], 5 Aalkörbe auf die Fasten, 12 Schock Krebse zwischen Ostern und Pfingsten und 1 Tonne Bier zu Michaelis. Aber wie schon die Mehrzahl dieser Zinse einen unentbehrlichen Bestandteil des Ruppiner naturalwirtschaftlichen Schloß- und Amtshaushalts gebildet haben muß, so gibt eine Reihe von andern Leistungen den Altfriesackern vollends das Ansehen unmittelbarer Untergebener und Angestellter des Amts Ruppin. Sie mußten nicht nur ihre eignen Fischabgaben, sondern auch den Ertrag der herrschaftlichen Fischzüge auf ihren Kähnen nach dem Schlosse anfahren, während der Lehnschulze insbesondere die Pflicht hatte, die Fischer und andere Diener der Herrschaft zu beköstigen und ihnen mit Stroh und Holz „Ausrichtung zu tun". Zu den ordentlichen Fischabgaben kamen noch außerordentliche, so eine Lieferung zur Speisung der Armen „propter deum" am Gründonnerstag, andre für den Fall, daß im Sommer die Herrschaft „begästigt" würde und Fisch Not hätte, einige zubereitete „Essen" Fische für den Hauptmann des Schlosses oder seine „Geschickten", wenn sie sich zur Einnahme des Holzgeldes in Hertzberge aufhielten. Schließlich wurden die Fischer auch noch zu andern als beruflichen Diensten vom Amte herangezogen. Sie mußten die Ernten der herrschaftlichen Rohrungen nach Ruppin befördern, Ziegelerde graben helfen und überhaupt wie Bauern der Grundherrschaft auf Ansage „Leibdienste" jeder Art verrichten[2].

---

[1] Das „pechte" des Originals ist bei der Gesamtübersicht der Abgaben in „hechte" entstellt.

[2] B. Guttmann, Die Germanisierung der Slawen in der Mark, in Forschungen z. Brand. u. Preuß. Gesch. IX (1896) 499 betont, daß allgemein die Grundherrschaft der Kietze, meist ein landesherrliches Schloß, einen grundsätzlichen Anspruch auf die volle Arbeitskraft der Bewohner in ungemessenen Diensten erhob. Ich will unentschieden lassen, ob Altfriesack ein Kietz, eine Ansiedlung slawischer Fischer, gewesen ist. Die Vornamen der zwölf Fischer und des Schulzen Merten Nietzebandt sind sämtlich nichtdeutsche, teilweise seltene Heiligennamen (Turbahn = Urban, Donnies = Antonius, Borius = Liborius), aber wenn man daraus mit Guttmann a. a. O. 444 auf ihre

Wie bäuerliche Untertanen empfingen sie dabei auch gewohnheitsrechtliche Mahlzeiten und Trinkgelder, so nach jedem Fischtransport 1 „Rege“ Brot, 1 Legel Bier und „etwan“ Käse oder anderes dazu, für das abgebrachte Rohr 1 Schilling zum „Vertrinken“. Selbst an diese doch mit einer allgemeinen Berechtigung ausgestattete Fischergemeinde nun überließ das Amt noch allerlei besondere Fischereiprivilegien. Ein „sonderliches“ Wehr im Rhinsee, das die Herrschaft früher selbst betrieben hatte, wurde 1525 zusammen mit der (Gras-)Nutzung des davor gelegenen Werders in einem dreijährigen Turnus von zwei Mitgliedern der Gemeinde gehandhabt, und zwar gegen einen Zins von 3 Schock (Groschen) zu Ostern und ebensoviel zu Michaelis, sowie 1 Schock Aale zum Leibgedinge der verwitweten Gräfin von Ruppin. Der Unterhalt, den das Amt seinem Lehnschulzen zu Altfriesack angewiesen hatte, war zwar eines Teils bäuerlich. Er besaß ein kleines Stück Acker zur Aussaat von 8 Scheffeln Korn, drei Wiesen, die große, die Bergwische und die Otterschor und eine Art Kruggerechtigkeit, einen freien Bierschank. Aber sein Haupteinkommen bildeten doch bedeutende Fischereirechte, die sich mit denen der benachbarten Rittergutsbesitzer wohl messen konnten, wenn sie sie nicht übertrafen. Wie sie hatte er zunächst einen freien Kahn auf dem Rhin- und Bützsee und ein freies Wehr in dem letzten, daneben aber noch die in seinem Lehnbrief besonders bestätigte Befugnis zur Aufstellung dreier Reusen in seinen und den sogen. Korwischen, d. h. also wohl im Bützrhin.

3. Die Kirchenverfassung.

Die Fischergemeinde von Altfriesack stand zu Wustrau noch in einem näheren Verhältnis als dem nachbarlicher Wohnung und Wirtschaft. Beide bildeten zusammen die Kirchengemeinde der Pfarrkirche von Wustrau. Die Geschichte dieser Gemeinde als eines wirtschaftlichen Ganzen ist von der Reformation der Mark Brandenburg an zu verfolgen. Im Jahre 1541 wurde bei der ersten brandenburgischen Kirchenvisitation auch in den Ländern Löwenberg und Ruppin ein „Befund“ der Kirchen aufgenommen, darunter der Wustrauer unter dem Pfarrer Kersten Merten[1]. Von den seitherigen

---

slavische Stammeszugehörigkeit schließen dürfte, müßte der größte Teil aller märkischen Bauernnamen in den Urbaren ebenfalls slavisch sein.

[1] Riedel A VII 263. Das von ihm angegebene zu frühe Datum 1540 berichtigt sich wohl durch die von ihm selbst A IV 189 unter 1541 abgedruckte Ansage der Visitatoren bei dem Ruppiner Hauptmann aus dem Kopialbuch des Kanzlers Weinleben, Mitgliedes der ersten brandenburgischen Visitationskommission; vgl. H. v. Mühler, Geschichte der evangelischen Kirchenverfassung i. d. Mk. Brandenb. (Weimar 1846) 55 f.

Visitationsprotokollen sind die von 1600 und 1710 unter den Pfarrern Michel Brandt und M. Johann Christian Siebert der Vergleichung erhalten[1]. Danach hat die Wustrauer Kirche niemals zu den vermögenden gehört, aber dennoch hat sich ihr Zustand aus einem offenbaren Verfall in der Reformationszeit langsam zum Besseren entwickelt. Die erste Matrikel enthält ein wichtiges statistisches Datum, nämlich die Zahl der Kommunikanten: „ungeferlich bei 90". Die reformatorischen Veränderungen der Abendmahlsfeier, die ja besonders den Wünschen des Volkes entsprachen, mußten wieder umgekehrt einen Maßstab für die neu erwachende Kirchlichkeit der Gemeinden abgeben. Denkt man an das Dutzend der Altfriesacker Fischer und das Dutzend und Halbdutzend der Wustrauer Bauern und Kossäten, so erscheint die Kommunikantenziffer in der Tat recht hoch und wird die der erwachsenen Bevölkerung nahezu erreicht haben. Am Anfange des 19. Jahrhunderts hatten Wustrau und Altfriesack nach den Kirchenbüchern (1800) 129 (103 + 26) Familienvorstände oder (1798) 509 (399 + 110) Einwohner. Nimmt man an, daß von den 90 Kommunikanten des 16. Jahrhunderts die Hälfte Familienvorstände waren, und daß die damalige durchschnittliche Familienstärke der späteren bereits gleich war, so ergäbe sich für die Pfarrgemeinde Wustrau in ihrer ersten geschichtlichen Zeit eine Einwohnerzahl von etwa 180, für Wustrau allein etwa 125[2]. Das Inventar des Gotteshauses zeigte 1541 noch das Gepräge des römischen Ritus, umfaßte Monstranz und Viaticum mit 2 silbernen Löffeln. Ende des Jahrhunderts ist vom Abendmahlsgerät nur die Patene und von 2 silbernen Kelchen bloß einer noch vorhanden, dafür 3 zinnerne Leuchter. Drei katholische Ornate standen 1541 zur Verfügung, 1600 eine Damast- und eine rote Atlasdecke, vielleicht die Überreste jener, und noch 1710 ein Chorrock, dessen Gebrauch in den lutherischen Kirchen der Mark ja nur durch Friedrich Wilhelm I. für Berlin zeitweilig unterbrochen wurde[3]. Merkwürdig ist, daß nach der ersten Matrikel zum beweglichen Vermögen der Wustrauer Kirche, nicht des Pfarrers oder Küsters, auch noch 2 Bienenstöcke gehörten, wahrscheinlich die Quellen zum Wachsbedarf des vorreformatorischen Gottesdienstes. Das Geld, $3^1/_2$ Schock (Groschen), die die Kirche

---

[1] Archiv des Konsistoriums der Provinz Brandenburg: Regierungsbezirk Potsdam, Superint. Neuruppin, Litt. y Nr. 1.

[2] Also weniger als die Hälfte der von F. W. A. Bratring, Geschichte der Grafschaft Ruppin (Bln. 1799) 607 für 1766 angegebenen nächsten Einwohnerzahl: 288, und ein Sechstel der nach dem Gemeindelexikon des Kgrs. Preußen III (Berlin 1909) 158 und 162 am 1. XII. 1905 für die Landgemeinde und den Gutsbezirk Wustrau festgestellten (235 + 509 =) 744.

[3] O. Hintze, Die Epochen des evangelischen Kirchenregiments in Preußen in seinen Historischen und Politischen Aufsätzen III 134.

besessen hatte, war schon 1541 „verbaut", und die zweite Matrikel stellt ein noch größeres Defizit fest, indem sie berichtet, die Aktiven seien außer durch Bauunternehmungen auch durch Diebstahl erschöpft und darüber noch 100 Gulden und 50 Taler Schulden gemacht worden. Der eigentlich wichtige Vermögensbestandteil war eben auch in der kirchlichen Wirtschaft der unbewegliche. Er bestand bei der Wustrauer Kirche ausschließlich in Wiesengründen[1]. Zwei kleinere, eigentlich „Wischen" genannte Parzellen waren an Rittergutsbesitzer verpachtet, die eine an die Gühlen, die andere an die Zernikow auf Zernikow. Von der ersten kam 1541: 1 Gulden, 1600: 3 Taler ein, von der zweiten wurde augenscheinlich lange keine feste Pacht gegeben, denn die erste Matrikel schärft die Forderung einer solchen zur Vermeidung der Präskription ein, und die zweite verlangt 1½ Taler Pacht oder Rückgabe. Der Rest der Wustrauer Kirchenwiesen ist 1541 kurz als ein Luch von 4—5 Gulden Rente bezeichnet. Man sollte nicht vermuten, daß damit die berühmten Wustrauer Kirchenerbzinswiesen gemeint sind, die mit Hunderten, ja Tausenden von Morgen jahrhundertelang die Wirtschaften der sämtlichen angrenzenden Dörfer als Pachtstücke ergänzten und im Jahre 1796 zwecks Ablösung der darauf ruhenden Weideservitute der Wustrauer Einwohner einer eignen großen Separationsverhandlung unterworfen wurden. Bei der Visitation von 1600 wurde denn auch das Einkommen von diesen Wiesen als „wenig" beanstandet und eine Vermessung als Grundlage einer Neufestsetzung der Zinse angeordnet. Das dabei herkömmliche Maß war die sogen. Hopp-(Hauf-)Stelle (-Stätte); von jeder dieser Flächeneinheiten sollte wenigstens 1 „Dütken" = 3 Groschen gegeben werden. Die Vermessung der Kirchenwiesen wurde schon 1611 durchgeführt. Nicht so leicht war die Ordnung der Abgabenverhältnisse bei der Menge und Beschaffenheit der Pächter, die sehr zahlreich und in ihrer Mehrheit Bauerngemeinden waren. Der Dreißigjährige Krieg verzögerte nicht nur die Verständigung, sondern die Zahlungen selbst, so daß nach langwierigen Rechtsstreitigkeiten[2] die Kirche sich mit ihren Schuldnern vergleichen

---

[1] Erst 1793 erscheint im Wustrauer Urbar ein der Kirche gehöriger „Fleck" des Gemeindeackers von 2½ Scheffeln Aussaat, der vom Prediger gegen eine Zeitpacht von 1½ Th. für Roggen und 18 Gr. für Gerste bebaut wurde. Daß die zwei Wustrauer Pfarrhufen dem Pfarrer selbst, nicht der Kirche gehörten, erklärt wohl, daß die so gewöhnliche Aneignung von seiten der Gutsherrschaft hier nicht versucht worden ist. Daß die Kircheneinkünfte in allgemeinen Notlagen der Güter herhalten mußten, ergeben die Schulden- und Gläubigerverzeichnisse der Zieten von 1648, wo 75, und der Lohe von 1650, wo 50 Taler Kirchengefälle zur Bezahlung von Kontribution verwandt erscheinen.

[2] Sie wurden besonders durch den Pfarrer Peter Hermann (1642 bis 1687 in Wustrau) geführt, der als Sohn eines Neuruppiner Fleisch-

mußte. Erst 1721 regten die Patrone die Frage der Wiesenzinse aufs neue unmittelbar beim Könige, d. h. beim Konsistorium an. Die Lade der Wustrauer Kirche, die während des Dreißigjährigen Krieges in der Neuruppiner Klosterkirche aufbewahrt wurde, war dort einer Plünderung verfallen, aber gerade das Wiesenregister von 1611 war unversehrt geblieben. Auf Grund dieses Registers wurden nun zunächst die einzelnen Pachtanteile der Kirchenwiesen nach der Anzahl ihrer Hoppstellen neu beglichen. Pächter waren wie 1611 Rittergut, Gemeinde und Pfarre von Karwe, Rittergut und Bauern von Radensleben, Rittergut und Gemeinde von Gnewikow, die Gemeinden von Altfriesack und Wustrau selbst sowie Wulkow, Beeskow, Dabergotz und Bechlin, die Pfarre von Lichtenberg, Bauern von Lichtenberg und Kränzlin in einer Hälfte [1] und die Gemeinden Tarmow und Hakenberg, die dann auch der Separation bis 1822 fernblieben, in der andern. Die erste Hälfte zählte 250, die zweite 251½ Hoppstellen. Die Hoppstelle wurde 1721 auf 1290 Quadratruten berechnet, d. h. auf 3 Morgen 90 Quadratruten der älteren Morgenzählung zu 400 Quadratruten und 7 Morgen 30 Quadratruten der neueren Morgenzählung zu 180 Quadratruten [2]. Die Gesamtfläche der Kirchenzinswiesen betrug also nach der Messung von 1721: 3594 Morgen 15 Quadratruten. Von dieser Fläche standen der Wustrauer Kirche laut dem Register von 1611 Zinse im Gesamtbetrage von 68 Gulden 18½ Groschen zu. Aber auch im 18. Jahrhundert war nicht mehr zu erreichen als der regelmäßige Eingang dieser alten Posten. Einem königlichen Befehl von 1722 an die Landinspektion (Superintendentur) zu Neuruppin, auf tunlichste Erhöhung der Wustrauer Wiesenzinse zu sehen, wurde erwidert, daß das schwer zu erreichen sein werde, weil die Zinse „pro canone zu achten", d. h. [3] im Unterschied von äquivalenten Leistungen aus kurzfristigen Pachtverträgen eben als Erbzinse, als bloße Anerkennung eines Obereigentums aufzufassen seien. Über die allerdings be-

---

hauers der wirtschaftlichen Seite seines Amts besondere Teilnahme zuwandte. Es ist überhaupt beachtenswert, wie viele Verweser aus den gleichen Erwerbskreisen diese nicht reiche Pfarre gehabt hat: Martin Koppehel (1687—1695) war der Schwiegersohn des Neubrandenburger Gastwirts und „Vierundzwanzigers" Brösicke, Christian Marwede (1738 bis 1747) der des Mühlenmeisters zu Wittstock und Zechlin, noch Georg Ludwig Beuster (1791—1801) der Sohn eines Neuruppiner Brauers. Erst die Geistlichen des letzten Jahrhunderts sind sämtlich Predigersöhne.

[1] Bis zur Separation von 1796 kamen noch die Güter Lüchfeld und Stöffin und das Altruppiner Amtsvorwerk Schönermark hinzu, wodurch die Zahl der beteiligten Ortschaften auf 16 stieg.

[2] Die beiden Maße sind die der Landmesserinstruktion vom 25. II. 1704 und der königlichen Order vom 11. II. 1750. P. G. Wöhner, Steuerverfassung des platten Landes der Kurmark Brandenburg I (Bln. 1804) 29.

[3] Etwa im Sinne von ALR II 18, 747.

deutende Vervielfachung des Wieseneinkommens von 1540, wie sie wahrscheinlich erstmals durch die Erbverpachtung von 1611 erreicht worden war, kam man also in aller Folgezeit nicht hinaus. Auch aus den großen Steigerungen der Wiesenerträge durch die Torfstiche des 19. Jahrhunderts gelang es der Kirche nicht einmal unter der Form des bei Besitwechseln ihr zustehenden Laudemiums Nutzen zu ziehen, und so war es für sie noch das Vorteilhafteste, sich mit den Pächtern ihrer etwa 2908 Morgen Wiesen, deren Zahl seit der Separationszeit auf etwa 80 einzelne Personen angewachsen war, 1868 über die Aufhebung des dritthalbhundertjährigen Pachtverhältnisses durch Kapitalablösung der etwa 50 Taler jährlicher Zinse zu einigen, zumal ihr dabei auch eine Abfindung für die zweiprozentigen landrechtlichen Laudemien, und zwar nach einem Morgenpreise von 25 Talern anstatt des wirklichen sehr gesunkenen von 4—5 berechnet, zugestanden wurde [1].

Unter den Beamten der Kirchengemeinde hatten ihre eignen Vertreter, die sogen. Kirchenvorsteher, die geringsten Rechte und Pflichten. In der Mark erst durch die große Visitations- und Konsistorialordnung von 1573 allgemein eingeführt, erscheinen sie zu Wustrau erstmals in der Matrikel von 1600. Weder von ihrer Zusammensetzung aus dem Schulzen und zwei Schöppen noch von ihrer Tätigkeit bei der Verwaltung des Kirchenvermögens ist indes die Rede, sondern von einer Entschädigung für diese Tätigkeit: Die Patrone sollen ihnen künftig „etwas an Wiesewachs" einräumen.

Die Wustrauer Pfarre war für ihren Unterhalt auf liegende Gründe, die Zehnten und die sogen. Akzidentien angewiesen. An das erste unter den Immobilien, das Pfarrhaus mit seinem Garten, waren 1541 zahlreiche bewegliche Sachen als Inventar gebunden: an Vieh 1 Kuh, 1 Sau mit 5 Ferkeln und 1 Ochse, der aber dem gemeinen Kasten, d. h. dem Kirchenvermögen, mit 5 Gulden bar zu bezahlen war; an Acker- und Hausgerät 1 Wagen, 1 Pflugeisen, 1 „Gropen", 2 Kessel und 2 alte Spannbetten. Diese Sachen wurden 1541 durch einen besonderen Vergleich des Pfarrers und der Gemeinde derart vermehrt, daß der erste sich verpflichtete, beim Abzuge 1 Wispel Roggen im Hause zu lassen, die letzte hingegen Ankauf und Zustellung weiteren „ewigen" Hausrats übernahm, nämlich von je einem halben Dutzend Zinnkannen

---

[1] Der kapitalisierte Kanon betrug 1269 Taler. Das jährliche Laudemium wurde zufolge dem Ges. vom 2. III. 1850 § 42 nach dem Satze von 4% im Jahrhundert für einen angenommenen Gesamtwert von 72096 Talern auf 29 Taler festgestellt und demnach durch ein Kapital von 721 Talern abgelöst. S. die Akten des Archivs der Generalkommission zu Frankfurt a. O. I 5 W. 502 und des Brandenburgischen Konsistorialarchivs a. a. O. Litt. y Nr. 32.

und Zinnschüsseln („do mahn 2 pfundt kan jn anrichten") und eines „guten" Tisches. Die Landwirtschaft der Pfarre umfaßte die beiden schon 1491 bezeugten Pfarrhufen, die 1541 auf je 1 Wispel Winter- und Sommersaat, 1600 auf nur 20 und 16 Scheffel geschätzt wurden, außerdem aber 4 Wiesen, die Berk- oder Birkwische, die Rohrlake und 2 schmale, mit ebenfalls (1541—1600 von 40 auf 30 Fuder) abnehmendem Ertrage[1]. Von der Rente dieser Grundstücke muß der Pfarrer in der früheren Zeit wesentlich gelebt haben, denn weder Zehnten noch Akzidentien ergaben etwas Beträchliches. Von den ersten nennen die Matrikeln lediglich den Kornzehnt im Betrage von 1541: $2^1/_2$, 1600: 4 Wispeln „allerlei Kornes"[2] und den Fleischzehnt ($^1/_8$ des herrschaftlichen), aber 1541 wurden beide dem Pfarrer unrechtmäßig vorenthalten, und noch 1600 rechtfertigten die Patrone die Vorenthaltung des Fleischzehnts mit der Verabsäumung der Forderung durch den Pfarrer. Das in dem Urbar von 1793 aufgezeichnete Wustrauer örtliche Gewohnheitsrecht kennt außer Korn- und Fleischzehnt noch einen Brachzehnt des Pfarrers, eine Abgabe, die mit der Einführung der Brachenbesömmerung im Dreifeldersystem ihren Ursprung genommen haben muß, denn sie war ein Teil der auf diesem Wege gewonnenen Erbsenernten, 2 Bund vom Fuder bei den Gutsuntertanen und bei der Gutsherrschaft ein Fixum von 3 Fudern. Von diesen Zehnten war in Wustrau nur der Müller befreit, der aber dafür der Pfarre Mahlfreiheit zu gewähren hatte. Zu den Zehnten kam noch eine regelmäßige jährliche Geldabgabe, der vierzehnte Pfennig, der zur Hälfte dem Pfarrer und zur Hälfte dem Kirchenvermögen zugute kam. Er war insofern die allgemeinste Gemeindesteuer, als er schon 1541 auch aus Altfriesack gezahlt wurde, von dessen „Bestellung" der Pfarrer nach der damaligen Matrikel sonst nichts hatte. Später ist dann allerdings die eingepfarrte Fischergemeinde namentlich durch die Ausbildung besonderer Zuschläge auf die Akzidentien, die in der Regel einer Verdoppelung gleichkamen, etwas stärker zu den Unterhaltskosten der Pfarre herangezogen worden. Auf der Grenze der Akzidentien stand die Beichtsteuer der Altfriesacker, die nach dem Urbar von jedem Hause anfänglich mit einer Fischlieferung im Werte von 3 Groschen, von einzelnen „Zuhörern" mit barem Gelde zu entrichten war. Akzidentien im eigentlichen Sinne waren die unregelmäßigen Abgaben bei einzelnen geistlichen Amtshandlungen. Während sie im Einkommen des Pfarrers mehr eine Zugabe ausmachten,

---

[1] Die Fläche der 4 Wiesen und eines zugehörigen Kavels kam bei der Separation von 1771 mit 215 Morgen in Anrechnung.

[2] Nach Urbar von 1793 bestand er in der dreißigsten Mandel, diese beim Winterkorn zu 16, beim Sommerkorn zu 15 Garben gerechnet.

war der Inhaber der Küsterstelle auf sie in hohem Maße angewiesen. Er besaß außer freier Wohnung mit Garten und freier „Holzung“ an festen Einkünften nur eine Roggenabgabe von den Hufen im Gesamtbetrage von 30 Scheffeln und an Geld je 12 Pfennige von Pfarrer und Kirche sowie 1 Pfennig von jedem Hause um Weihnachten und Ostern[1]. Die Matrikel von 1541 führt nur drei Akzidentien bei den wichtigsten Ereignissen des kirchlich-bürgerlichen Lebens auf, bei der „Einführung der Kindelbetterschen“, dem ersten Kirchgange der Wöchnerinnen, beim Einläuten von Bräuten und bei Begräbnissen. Die Abgabe ist für den Pfarrer 1 Groschen (von Wöchnerinnen noch eine Mahlzeit oder 2 Groschen und das wahlfreie „Opfer“), für den Küster die Hälfte. Eine Bereicherung dieses einfachen Systems zeigt schon die nächste Matrikel von 1600. Da begegnet, vielleicht im Zusammenhange mit der verschärften Kirchenzucht, ein neues Akzidens von der Taufe unehelicher Kinder, dem Pfarrer 3 Groschen, dem Küster 4 Pfennige, und das Begräbnisgeld des Küsters zeigt bereits eine Unterscheidung von Leichen alter und junger Personen, für die es auf 1 Groschen erhöht bezw. auf 4 Pfennige ermäßigt wird. Diese Entwicklung führte dann allmählich bis zu der sehr künstlichen Reihe von Akzidentien, die am Ende des 18. Jahrhunderts alle kirchlich wichtigen Handlungen der Pfarrkinder gleichsam auf Schritt und Tritt begleitete. Die Teilnahme an den Festmahlen bei Taufen, Hochzeiten und Begräbnissen war ein mit 6 bezw. 3 Groschen abgelöstes Recht des Pfarrers und des Küsters. Das nunmehr allgemeine Taufgeld betrug für jenen 3 und von Altfriesackern 6, für diesen ½ und 1½ Groschen. Bei Hochzeiten erhielt jeder ein Schnupftuch oder dafür 6 Groschen, und während der Pfarrer allein vom Aufgebot 6 Groschen, von der Trauerpredigt außer dem Opfer 1 Taler bezog, teilte er die Gebühren für das Brautläuten und die sogen. Brautsuppe mit dem Küster so, daß sie für die letzte 6 und 3, für das erste umgekehrt 2 und 6 Groschen bekamen. Die Begräbnisgelder wurden dreifach in solche für kleine, Mittel- und alte Leichen unterschieden und waren danach für den Pfarrer 4½, 6 und 9 Groschen, für den Küster ein Drittel dieser Summen. Die Leichenpredigt kostete ebensoviel wie die Traupredigt. Aber es gab auch sogen. Abdankungen vor dem Altar und Standreden im Sterbehause für nur 16 Groschen. Kranken wurde

[1] Später wurde, wie das Urbar lehrt, dem Küster nicht allein einzelnes in seinem Kirchendienst mit Geld vergütet, so das Waschen des Chorrocks und das Schmieren der Glocken mit je 8 Groschen und das Stellen der Kirchenuhr mit 1 Taler 8 Groschen und 10 Groschen zu Baumwolle, sondern durch Zuteilung einer Wiese im Luch für das Gerätereinigen die bequeme Ausnützung einer Weidegerechtigkeit für 2 Kühe, 2 Schweine und 1 Gans ermöglicht.

das Abendmahl im Hause für 3 Groschen Pfarrer- und 1 Küsterakzidentien gereicht, wovon nicht nur die entfernten Altfriesacker, sondern auch alle Einlieger das Doppelte zahlen mußten. Sondergebühren des Pfarrers bestanden noch bei Fürbitten (2 Groschen) und Kirchgängen (nach Krankheiten, mit Opfer und „Handgeld“ 6½ Groschen). Während bei der Ordnung der Akzidentien der verschiedene Rang der beiden Kirchenbeamten in den meisten Fällen sehr deutlich hervortritt, waren sie in einer eigentümlichen Weise gleichgestellt in bezug auf eine letzte Gemeindesteuer, deren großes Alter schon aus ihrem Charakter als Naturalleistung und sodann aus ihrer Unveränderlichkeit seit der Reformationszeit offenbar wird. Jeder Bauer und Kossät hatte zu Weihnachten eine Mettwurst [1], jede Feuerstelle zu Ostern 2 Eier (1600 die Bauern noch 4) an Pfarrer und Küster gemeinsam zu liefern, und diese teilten zu gleichen Teilen. Daß diese Abgabe schon zur Reformationszeit eigentlich dem Pfarrer nicht mehr recht anstand, scheint die Matrikel von 1541 anzudeuten, wenn sie sie unter den Küstereigefällen bringt und nur anmerkt, daß des Pfarrers die Hälfte sei. Die Wandlung, die seit der Reformation in der gesellschaftlichen Stellung des Pfarrers vorging, wird sehr gut durch zwei wirtschaftliche Tatsachen erläutert. Die Visitation von 1541 setzte durch, daß die Pfarre von der „von Alters“ auf ihr ruhenden Verpflichtung entbunden wurde, in einer Reihe mit den Bauern Hütedienst beim Vieh zu tun; „um die Zeche zu hüten“, wie in dem damals sächsischen Belziger Lande diese lästige Auflage genannt wurde [2]. Ganz wie bei den dortigen reformatorischen Visitationen wurde auch in Wustrau 1541 die Pfarre statt dessen verpflichtet zum Lohne des nunmehr angestellten Dorfhirten beizutragen. So war ursprünglich der Pfarrer der Genosse der Bauern gewesen. Das Wustrauer Urbar von 1793 (Titel X § 3) zeigt, wie er nach anderthalb Jahrhunderten fast auf den entgegengesetzten Punkt des alten Ständesystems gelangt war: Die Gutsherrschaft hatte ihn in einem wichtigen Betracht als ihresgleichen anerkannt, indem sie ihm, wenn auch unter Beschränkung auf die Zahl von 20 und persönliche Ausübung, das grundherrliche Recht der Taubenhaltung zugestanden hatte.

[1] Das Urbar von 1793 bestimmt als Länge der einfachen 2, der doppelten 1 Fuß, als Weihnachtsgabe der Herrschaft 2 Würste und als Ersatz der Weihnachtsgabe für nichtbäuerliche Feuerstellen 1 Groschen.

[2] N. Müller, Die Kirchen- und Schulvisitationen im Kreise Belzig 1530 und 1534 in seinem Jahrbuch für Brandenburgische Kirchengeschichte I (Bln. 1904) 147.

II. Der Verfall der Teilherrschaft.

1. Bis zum Dreißigjährigen Kriege.

Die Landausstattung der kleinen Ruppinischen Rittergüter scheint bei dem zunehmenden Druck der Bevölkerungsvermehrung und der gleichzeitigen Lockerung der Geschlechtsverbände, wozu nach der Reformation eine erhebliche Minderung der Versorgung in nichtlandwirtschaftlichen Berufen kam[1], höchstens bis an den Ausgang des Mittelalters eine genügende Grundlage für die gesellschaftlich hergebrachte Lebensweise ihrer Besitzer gewesen zu sein. Schon das älteste erhaltene „Schoßregister des Adels und der Geistlichkeit im Lande Ruppin" von 1542 entschuldigt in dem bedeutendsten Zweige der Zietenschen Lehnsverwandtschaft Sylvester v. Zieten zu Wildberg wegen seines niedrigen Schosses von 6 Gulden mit der hohen Belastung seines Gutsanteils durch die Leibzucht seiner Mutter und 500 Gulden Schulden. Der Wustrauer Jacob v. Zieten[2] und auch Hans v. Zieten zu Wildberg zahlten zur selben Zeit, wahrscheinlich von noch unbelastetem Vermögen, je 25 Gulden Schoß[3]. Daß zu Wustrau der Zietensche Besitz auch im weiteren Verlaufe des Jahrhunderts in gutem Stande war, zeigt ein zufällig bezeugter Geschäftsvorgang, der zu der später gewöhnlichen Rollenverteilung des Leihkapitalmarkts zwischen

[1] Unter vielleicht zu einseitiger und übertreibender Betonung dieser letzten Tatsache hat die allgemeine Entwicklung doch schon treffend dargestellt Odebrecht, Die Verhältnisse des Märkischen Adels im 16. und 17. Jahrhundert, Märkische Forschungen II (1843) 340 ff.

[2] Der Empfänger des Lehnbriefs von 1525; sein genealogisches Verhältnis zu dem Balthasar des 15. Jahrhunderts ist dunkel, aber es fällt auf, daß dieser letzte Name in der Folge nur noch zu Wildberg auftritt, während zu Wustrau zwei Jahrhunderte lang Jacob und Matthias miteinander abwechseln.

[3] Riedel A IV 191. Außer ihrem Schoß entrichteten diese drei Zieten noch 23, 10 und 8 Groschen „pro familia"; nach dem am Ende des Jahrhunderts üblichen Satze von $2^1/_4$ Groschen für den einzelnen Einlieger ergeben diese Zahlen eine zum Teil stattliche Dienerschaft, aber auch der Pfarrer Kersten Merten (Christianus Martini, der erste bekannte in Wustrau) gab damals neben seinem Schoß von 5 Gulden unter jener Rubrik 6 Groschen (ebd. 192).

Adel und Bürgertum in eigentümlichem Gegensatz steht. Am 12. XI. 1563 wurde von Hippolyta v. Ribbeck, Matthias' I. v. Zieten Witwe, die recht beträchtliche Summe von 1000 Gulden (750 Talern) an die drei Paare von Schwesterstädten Brandenburg, Ruppin und Berlin-Cölln als Solidarschuldner ausgeliehen[1] mit jährlichem Kündigungsrecht und einer Verzinsung von 6 v. Hundert. Allerdings handelte es sich hier wahrscheinlich um eine den Zieten zugebrachte Mitgift, die man nur bei Lebzeiten der Eigentümerin nicht dem landwirtschaftlichen Betriebe anvertrauen wollte. Denn schon am Martinstage 1580 wurden von der Schuldsumme 200 Taler laut einer Dorsualquittung des Schuldbriefs an Hippolytas Sohn und Erben Jacob II. v. Zieten zurückgezahlt, also günstigstenfalls in der Gutswirtschaft gebraucht. Dieser Jacob ist der erste Schuldenmacher unter den Wustrauer Zieten. Daß auch persönliche Eigenheiten und Schwächen ihn zum schlechten Wirt machten, liegt nahe zu vermuten. So geriet er 1598 in Streit mit den Wildberger Vettern über deren Besitzrechte in Wustrau, einen Kossätenhof und einen Fischereianteil. Die Familienfehde muß heftig und hartnäckig gewesen sein. Wegen eines Grenzzaunes, den er eingerissen hatte und wiederherzustellen sich weigerte, ließ er sich vom Landreiter eines jener beliebten leicht beweglichen Wertstücke adligen Erbkapitals, eine goldne Kette von 100 Gulden Schwere, abpfänden. Etwas wie Vergrößerungssucht muß ihn noch in schwieriger Zeit beherrscht haben. Noch 1610 erwarb er für 90 Taler Haus und Hof des Bauern Jasper Sommerfeld und legte dadurch wahrscheinlich den Grund zu der siebenten Bauernstelle, die in der Lehnspezifikation nach seinem Tode 1630 zuerst erscheint und mit der das Zietensche Rittergut im 17. Jahrhundert seinen nominell größten Umfang erreichte.

Geringere Darlehen wurden hier und da bei kleinen Sparern aufgenommen: 1614 bei dem Fischer Kaspar Demens in Altruppin 40 Taler, 1622 und 1623 bei dem Fischer Andreas Möker in Altfriesack 25 Taler und 37 Taler 12 Groschen, 1623 bei dem Salpetersiedemeister der Grafschaft Elias Bote 50 Taler. Aber um dieselbe Zeit erscheinen in den Familienakten zum ersten Male Geschäftsverbindungen mit städtischem kaufmännischem Kapital, die den Zieten in der Folge verhängnisvoll werden sollten. Von dem Neuruppiner Gewandschneider Nikolaus Metzmacher hatte Jacob II. v. Zieten 100 Gulden Mecklenburgisch als Darlehn gegen die drückende Sicherheit einer sogen. Zinssatzung, d. h. den Nießbrauch eines

---

[1] „Zu Nutz und Frommen der Städte wiederum (vielleicht also nach Vorgang anderer Verträge derselben Parteien) zugelegt und hingewandt" Original im Ständischen Archiv der Provinz Brandenburg, Abt. Kurmark, B 7.

seiner Bauernhöfe, aufgenommen. Dieses Pfand löste er offenbar schon nach Ablauf eines Jahres 1612[1] aus, dadurch, daß er die Schuld in großen Getreidelieferungen abtrug. Aber ein anderes Darlehen von gleichem Betrage, 75 Taler schon aus dem Jahre 1600 von dem Belliner Pfarrer Zacharias Bentzin, überlebte die beiden Kontrahenten und war der Anfang sehr empfindlicher Schuld- und Abhängigkeitsverhältnisse für die Wustrauer Wirtschaft.

Allenthalben herrscht um diese Periode eine merkwürdige Unruhe im Verkehr des adligen Geld- und sogar Landkapitals. Im zweiten Jahrzehnt des 17. Jahrhunderts ließ sich einer der Wildberger Vettern, Christoph v. Zieten, der Enkel Sylvesters, in Wustrau nieder, indem er von Albrecht v. Gühlen 1½ freie und 4 Bauernhufen kaufte. Schon 1629 jedoch vertauschte er diesen Besitz an Christoph Adam v. Gühlen gegen gewisse Lehnstücke in Buskow.

Schon bevor der Dreißigjährige Krieg das Wirtschaftsleben der Mark erschütterte, war das Vermögen Jacobs II. v. Zieten bedeutenden Ansprüchen ausgesetzt. Nach Urkunden von 1618 hatte er Außenstände von 400 und 800 Thaler bei seinem Schwager, dem Domherrn Ditloff v. Winterfeld zu Havelberg und bei Ludwig v. Gadow zu Dessow. Große Anforderungen stellte die Versorgung seiner Töchter. Sabine, die Christoph v. Grabow auf Ketzin heiratete, bekam im Jahre 1621, ihre Schwester Hippolyta im Jahre 1625 vier Jahre nach ihrer Vermählung mit Christoph v. Warnstedt 1000 Taler Mitgift, 500 „Geschmückgeld“ und 200 Taler meist in Obligationen. Für diesen Schwiegersohn mußte er in schwerster Kriegszeit 1626 eine Schuld von 400 Talern übernehmen, für einen andern, den Mann seiner Tochter Eva, Hans v. Jürgaß auf Ganzer, im selben Jahre beim dortigen Pfarrer Andreas Falkenthal 100 Taler borgen. Noch beim Konkurs von Jacobs gleichnamigem Enkel 1648 meldeten zwei andere Töchter, Anna Witwe Hund v. Rönnebecks und Ursula Witwe Ernst v. Eickstedts auf Britzke, Forderungen auf das jeder Tochter zugesagte Muttererbe von 75 Taler an, Ursula daneben noch auf einen erheblichen Ehegeldrückstand, für dessen letzten Rest von 600 Taler ihr 1650 zwei Höfe in Wustrau zur Hypothek bestellt werden mußten. Wie hartnäckig die einzelnen Familien in ihrer zweifellos ebenfalls bedrängten Lage

[1] In der Abrechnung kommt nur eine Jahresrate der 6prozentigen Zinsen vor:

3	Wispel Gerste zum Scheffelpreis von	18 Gr. :	60 G. 18 Gr.
12	Scheffel Roggen „ „ „	1 G. :	12 „
9	„ „ „ „ „	1 „ :	9 „
24	„ „ „ „ „	1 „ :	24 „
			105 G. 18 Gr.

solche Rechte verfochten, geht z. B. daraus hervor, daß Christoph v. Warnstedt noch 1672 die Hälfte der auch 1648 angemeldeten Schuld von 200 Taler aus dem Jahre 1623 beim Kürfürsten einklagte.

Sei es nun, daß solche Verpflichtungen allein das Einkommen Jacobs II. v. Zieten überstiegen oder daß persönlicher Aufwand seine Verlegenheiten vermehren half, er hatte schon lange vor seinem Tode abgewirtschaftet: Bereits im Januar 1626 scheint über sein Vermögen der Konkurs eröffnet worden zu sein; das Gesamtverzeichnis seiner Schulden aus dieser Zeit beläuft sich auf 4118 Taler, darunter nahezu die Hälfte aufgesammelte Zinsen von Darlehen, übrigens auch mutmaßliche Notausgaben wie Begräbniskosten und Kaufschulden für Getreide. So erklärt es sich wohl auch, daß während Jacobs letzter fünf Jahre sein Sohn Matthias wiederholt als gemeinsamer oder gar selbständiger Verwalter des Guts auftritt.

Der Besitzstand der Wustrauer Zieten vor dem Dreißigjährigen Kriege ist aus der Lehnspezifikation von 1630 und der Gutstaxe von 1648 zu rekonstruieren. Wie natürlich, gibt die juristische Urkunde die gewohnheitsrechtlich bestimmten Kräfte, die wirtschaftliche die tatsächlichen Werte der Produktion. Und diese sind um so leichter auf die frühere Zeit zu übertragen, als die Entwertung der Wirtschaft in der Taxe, mit wie viel Recht, sei dahingestellt, durch Halbierung der ursprünglichen Werte ausgedrückt ist. Das Vorwerk des Gutsherrn bestand aus 8 Hufen, deren Größe hier zuerst durch Aussaatzahlen bestimmbar wird. In der Dreifelderwirtschaft faßte eine jede 12 Scheffel Roggen, 9 Gerste und 3 Hafer, die ganze Fläche also 4 Wispel Roggen, 3 Gerste und 1 Hafer. Der Kapitalwert dieser Saaten war 800, 600 und 100 Taler, was bei Annahme einer Verzinsung von 10 vom Hundert auf einen Scheffelpreis von 20 Groschen für Roggen und Gerste und 10 für Hafer führen würde. Zu dieser Ackerwirtschaft gehörte eine Viehzucht von 300 Schafen und 40 Haupt Rindvieh. Der Wert eines Schafes betrug 2 Taler, der einer Milchkuh und eines Arbeitsrindes anscheinend gleichmäßig das Zehnfache[1]. Die Nutzung der Fischerei wurde mit der der unbedeutenden Holzbestände des Guts auf den sogen. Wällen ineinander gerechnet und war dann jährlich etwa 20 Taler, entsprechend einem Kapital von 200. Daran kann aber die Holzung nur mit einem ganz verschwindendem Betrage beteiligt gewesen sein. Daß sie den Holzbedarf des Gutes nicht deckte, erhellt schon daraus, daß Jacob (III.) v. Zieten sie 1660 im Austausch gegen

---

[1] Die Taxe gibt 800 Taler als Gesamtwert der Rindviehzucht und rechnet auf 10 Kühe 200, obwohl nur die Hälfte Molkenvieh von je 2 Tonnen Butter und Käse Ertrag war.

eine Bützwiese des (ehemals) Loheschen Guts ganz aufgab. Die Betriebsart der gutsherrlichen Eigenwirtschaft zu damaliger Zeit ist nicht weiter bekannt. Aus dem Permutationsvertrage von 1629 zwischen Christoph v. Zieten und Christoph Adam v. Gühlen und auch aus der später zu behandelnden Metzmacherschen Zession der Gühlen von 1662 sieht man, daß kleinere Gutsanteile der Gutherren gewöhnlich durch Meier bewirtschaftet wurden. Von den öffentlichen Gefällen des Gutes wurde 1648 der Hälftenanteil des Straßengerichts und Kirchlehns zusammen auf 100 Taler Kapitalwert beziffert.

Die unmittelbaren Beiträge, die die Gutsuntertanen neben ihrer Arbeit in der gutsherrlichen Eigenwirtschaft zum Unterhalt des Grundherrn lieferten, hatten sich bis zum 17. Jahrhundert in Einzelheiten geändert, im ganzen aber nichts von ihrer früheren Bedeutung eingebüßt. Die Taxe von 1648 bemerkt allerdings, daß unter den bäuerlichen Abgaben der Fleischzehnt und die Pfennigpflege oder der Geldzins bei Menschendenken weder gefordert noch gegeben worden sei, daß man namentlich über die zu dieser letzten Leistung verpflichteten Personen gar keine Nachricht habe bekommen können. Beachtenswert ist also, daß die Bauern kein bares Geld mehr zu zahlen hatten wie zur Zeit des Landbuchs von 1491. Dagegen gaben sie und die Kossäten neben dem alten Rauchhuhn jetzt noch jeder 18 sogen. Pachthühner und, vielleicht von einer inzwischen eingeführten Brachenbesömmerung mit Flachs, 6 Pfund Hede. War dies bei Taxwerten von 2 Talern 2 Groschen für das Rauchhuhn und 25 Talern für die 18 Pachthühner vielleicht kein voller Ersatz des von allen Viehgattungen fälligen Fleichzehnts, so muß der Abgang dieses und auch des Geldzinses durch die Entwicklung der bäuerlichen Hauptlast, der Kornpacht, mehr als wettgemacht worden sein. Es ist ein glücklicher Zufall, daß die Quellen der Wustrauer Geschichte es möglich machen, zwischen den Jahren 1491 und 1630 eine richtige Verdopplung dieser Abgabe nachzuweisen. Die sieben Zietenschen Bauern des 17. Jahrhunderts gaben: sechs von je 2 Hufen 1 Wispel Roggen, 12 Scheffel Gerste und 12 Scheffel Hafer, einer von $1^1/_2$ Hufen nur 18 Scheffel Roggen, 9 Gerste und 9 Hafer. Die Schwere dieser Belastung tritt besonders im Vergleiche mit den Aussaatzahlen des Vorwerks hervor. Wird für die bäuerlichen Kulturen selbst die Aussaatstärke des Vorwerks angenommen, so erreichten die Pächte die volle Höhe der Aussaat und also, da auf dem mittelguten Wustrauer Boden die damaligen Ernten das vierte Korn auch im günstigsten Fall nicht werden überschritten haben, mit dem Saatgut mindestens die Hälfte des Rohertrages. Es blieb folglich darüber hinaus nur ein Reinertrag von höchstens 2 Wispeln Roggen und 2 Wispeln Sommergetreide, der bei einem Ansatz von 8 Scheffeln Brotgetreide für den Kopf[1] zum Unterhalt der Bauernfamilie und des Viehs nur knapp hinreichte. Jede Art von Mißwachs und Unglück mußte unter diesen Umständen zwischen dem Existenzminimum und den grundherrlichen Forderungen eine gefährliche Spannung erzeugen. Man begreift, weshalb sich im 17. Jahrhundert die Sitte unter den Bauern verbreitete, in Abhängigkeit von fremden wucherischen Unternehmern zu treten, um gegen die härtesten Bedingungen wie die Halbscheid der Ernte, das „halbe Säen", oder die Bestellung fremder Felder „um den Einfall" Aussaatvorschüsse zu erhalten, Mißbräuche, gegen die doch die Bauer- und Gesindeordnungen[2] lediglich vom Standpunkte der Abgabenberechtigten vorgingen. Die Überlastung der Untertanen war zweifellos auch die Ursache, aus der ihre Geldzinse in Vergessenheit geraten waren: Bargeld aus etwaigen Eigenverkäufen war in der Regel nicht mehr vorhanden.

So sind auch einige besondere Geldhebungen, die den Wustrauer Zieten 1630, namentlich von fremden Untertanen, zustanden, es waren neben vier zu 13 Pfennigen und einer zu 6 Groschen auch noch 3 Schillinge Pächte zu Langen, in der Taxe gar nicht mehr zur Veranschlagung gekommen, also wohl zur Zeit ebenfalls aufgegeben worden. In Korn waren die sogen. Außenpächte ergiebiger. Es waren 1648 folgende (übrigens vor dem 17. Jahrhundert nicht bezeugte) Hebungen: In Lentzke 6 Scheffel Gerste, in Betzin je 18 Scheffel Roggen und Gerste, in Karwesee 1/2 Wispel Gerste und in Karwe 1/2 Wispel Wiesenhafer. Ein ungleich wichtigerer Außenbesitz aber waren zwei Bauernhöfe im Dorfe Brunne. Wann und wie dieser Besitz erworben worden war, entzieht sich selbst der Vermutung. Unter den Familienlehen des Lehnbriefs von 1525 ist er nicht. Doch war ja ein anderer Zweig der Zieten in Brunne ansässig. Die früheste Nachricht davon ist eine Taxe, die 1618 für Jacob II. v. Zieten von seinem Vetter Christoph angefertigt wurde. Die beiden Höfe hatten danach den außergewöhnlich hohen Wert von je 1600 Talern. Trotzdem waren darin die Kornfuhren nach Wustrau und die Pfennigpflege noch nicht inbegriffen, sondern zusammen mit den Gerichtseinkünften auf weitere 1000 Taler berechnet. Endlich gehörten damals zum Brunner Besitz noch Kornpächte fremder kurfürstlicher Untertanen in der Gesamthöhe von 2 1/2 Wispeln, die mit dem üblichen Werte von 500 Talern das Gesamtkapital auf 4700 Taler brachten. Über die beiden Untertanen ist im Jahre 1631 gelegentlich ihrer Veräußerung

[1] Vgl. die hübschen Ausführungen über Bauernhaushalt bei H. Schneider, Die Schweizer Kolonie in der Mark (Progr. d. Wilhelmsgymn. Berlin) 11.

[2] Wie zuerst die vom 3. XII. 1644 C. O. Mylius, Corpus Constitutionum Marchicarum V 3, 53.

ein besondres Pacht- und Dienstverzeichnis gemacht worden, das in seiner Ausführlichkeit einen willkommenen Ersatz für die in ostelbischen Gutsarchiven so häufigen[1], in Wustrau jedoch gänzlich fehlenden Annahmebriefe neuvergebener Bauernstellen bietet. Die Getreideabgabe der Brunner Bauern wich durch den Mangel der Haferpacht etwas von der der Wustrauer ab, war aber mit 1 Wispel Roggen und 1 Wispel Gerste ebenso schwer. Ihre Hühnerpacht war, abgesehen vom Rauchhuhn, nur halb so hoch. Dafür war der Fleischzehnt bei ihnen noch in voller Kraft und für die einzelnen Vieharten genau bestimmt: als Naturalzehnt für Schweine, Schafe und Gänse, nämlich 1 „Ferken“ vom Wurf, 1 Lamm und 1 Gans vom halben Dutzend, als Geldzehnt von den weniger fruchtbaren Gattungen, vom Füllen 6 und vom Kalbe 8 Groschen. Von den Diensten wird die Ungemessenheit klar ausgesprochen: Sie „haben keinen Nahmen, besondern sie müssen dienen wenn und wie oft es ihnen angesagt wird.“ Der Folgesatz, „der Woche über oftmals 2 oder 3 Mal“, ist also juristisch der durchaus nicht bindende Ausdruck eines von der Herrschaft einseitig beobachteten Herkommens, das, wenn es gegen die spätere allgemeine Dienstüberbürdung der Bauern[2] maßvoll erscheint, doch anderseits mit der Entfernung des Wustrauer Vorwerks von Brunne nicht ohne Zusammenhang sein dürfte. Die Unterscheidung des auf 200 Taler veranschlagten bäuerlichen Spanndienstes von dem nur halb so hoch bewerteten „Halsdienst“ der Kossäten in der Wustrauer Taxe von 1648[3] bezieht sich also lediglich auf die Dienstausrüstung, die bloß beim Bauern in Vieh[4] bestand. Auch die übrigen näheren Angaben von 1631 über die Brunner Bauerndienste zeigen diese völlige Wahlfreiheit der Herrschaft gegenüber einer grundsätzlich allgemeinen Verpflichtung: „Die Reisen nach Berlin und anderswohin, weiters oder nahers müssen sie mit eigenem Futter auff zwey Tage doch ohne ihr Unkosten an Essen und Trincken bestellen; die Augsten, wie auch insonderheit die Hewzeiten und das Einführen alles Getreides und Hewes haben sie mit zweyen Persohnen zum öfftermahls verrichten müssen; und wass sonsten fürfällt an Misten, Holtz-

---

[1] Sehr ausführlich aus der Zeit 1694—1775 bei S. Passow, Ein märkischer Rittersitz (Eberswalde 1907) II 267—295.

[2] Vgl. O. Hintze, Zur Agrarpolitik Friedrichs des Großen in Forschungen z. Brand. u. Preuß. Gesch. X (1898) 276.

[3] Übereinstimmend in der Taxe des Arnimschen Unterhauses zu Boytzenburg E. D. M. Kirchner, Das Schloß B. und seine Besitzer (Bln. 1860) 222. Die dortige höhere Kapitalisierung der Aussaaten (1 Wispel Roggen 300, Schrothafer 200 Taler) zeigt die Überlegenheit der uckermärkischen Produktion.

[4] Nach der Gühlenschen Lehnspezifikation (Geh. Staatsarchiv Berlin R. 78 G. 90) von 1688: 4 Pferde und Ochsen, nach den Rohrschen Lehnbriefen 1710 und 1714 zwei Gespanne (nebst wöchentlich drei Tagen Frauendienst).

führen, das Korn wegzuschaffen und wass sonsten in der Haussbaltung einfallt sein sie zu thunde schuldig." Hervorgehoben zu werden verdient, daß das Brunnesche Dienstverzeichnis einen Anhang hat, in dem, als seien die aufgezählten Verpflichtungen der Bauern doch nur eine Seite eines ursprünglichen Vertrages zwischen ihnen und der Herrschaft, ihre Berechtigungen gegen diese festgestellt sind: „Hingegen aber ist der von Zieten hinwiederum, wenn sie getreue Dienste leisten, ihnen zu entrichten schuldig gebührlichen Schutz und Schirm zu halten, und in allen christlichen Sachen wider jemands Gewalt zu defendierende." Außer diesem allgemeinen Punkt folgen dann nur noch unter zwei Rubriken die Beköstigungsrechte der dienenden Bauern, nämlich auf Essen und Trinken nach Notdurft bei weitern Reisen, auf eine der drei Tagesmahlzeiten bei Holz- und Mistfuhren und auf alle drei in der Heu- und Kornernte.

Versucht man, nach der gegebenen Übersicht den Gesamtwert des landwirtschaftlichen Vermögens der Wustrauer Zieten vor der Kriegszeit zu überschlagen und läßt man, wie billig oder doch aus Nachrichtenmangel notwendig, einerseits die unbedeutenden Geldzinse, anderseits den Wert der Gebäude und Geräte dabei außer Betracht, so ordnen sich die Vermögensstücke leicht in mehrere Gruppen von sehr ungleicher Bedeutung. Voran steht natürlich das Ackerareal des Vorwerks und das durch die Kornpächte mittelbar genutzte der Bauern. Es belief sich in Wustrau selbst auf 3950, außerhalb Wustraus auf noch 1300 Taler. In zweiter Reihe folgen die Dienste im Werte von 2100 Talern und in dritter Viehzucht, Fischerei und Hühnerpächte im Werte von 1900 Talern. Das macht ohne gerichtliche und andere Gefälle und, wie gesagt, auch ohne Baulichkeiten, einen Marktwert von 9200 Talern. Erst unter Hans Joachim v. Zieten ist dieser Wohlstand wieder erreicht und übertroffen worden.

Zu der grundherrschaftlichen Belastung der landwirtschaftlichen Produktion kam aber noch die öffentliche. Der an die ständische Landschaftsrentei abzuführende Schoß war schon im 16. Jahrhundert eine ordentliche Steuer geworden. Sie fiel rechtlich auf das Vermögen der eigentlichen Produzenten, wurde als Hufenschoß von dem bäuerlichen Feldareal, als Giebelschoß von den einzelnen Hofwirten, als eine Art Gewerbesteuer von Müllern, Schäfern und Hirten nach ihrem Betriebsumfang und endlich als Kopfsteuer von den wirtschaftlich unselbständigen Mietwohnern, den Hausleuten, gefordert. Sieht man die erhaltenen Schoßbücher[1] allein auf den Tarif hin durch, so zeigt sich schon in der ersten Hälfte

[1] Ständisches Archiv der Provinz Brandenburg Abt. Kurmark C 4 b.

des 17. Jahrhunderts eine beträchtliche, wiewohl ungleichmäßige Anspannung. Es zahlten:

	1595		1640		1660		1700[1]	
	T.	Gr.	G.	Gr.	G.	Gr.	T.	Gr.
1 Hufe	—	9	1	—	1	—	—	12
1 Hufner vom Giebel	—	12	1	—	1	—	—	12
1 Kossät	—	9	1	—	1	—	—	12
1 Erbmöller vom Gange	1	—	2	12	2	12	2	—
vom Wispel Pacht	—	12	2	12	—	12	—	12
	G.							
1 Mietmöller	1	1	2	12	2	12	2	—
1 Mühlenknecht	—	—	—	—	—	—	1	—
1 Wohnschmied	—	12	1	—	1	—	—	18
1 Laufschmied[2]	—	6	—	9	—	9	—	9
1 Pacht- oder Bauerschäfer	1	—	2	12	2	—	1	12
1 Knecht vom Schaf	—	$^1/_4$	—	2	1	—	—	1
1 Dorfhirt mit Vieh	1	—	1	6	1	—	—	18
1 Dorfhirt ohne Vieh	$^1/_2$	—	1	—	—	$13^1/_2$	—	$13^1/_2$
1 Paar Hausleute	—	$4^1/_2$	—	9	—	9	—	9
1 Einzelperson	—	$2^1/_4$	—	—	—	—	—	$4^1/_2$

Was die Höhe des Schosses in Wustrau angeht, so ergibt zunächst der Vergleich des Ruppinischen Schoßregisters von 1542 mit dem ersten in der handschriftlich bewahrten Reihe der späteren, dem von 1580, daß in wenig mehr als einem Menschenalter die Steuer sich viel mehr als verdoppelt hatte: sie war in jenem Jahre 25, in diesem $67^1/_2$ Gulden. Und während sie 1595 zeitweilig auf 42 Gulden 1 Groschen sank, betrug sie doch 1625, unmittelbar vor dem Einbruch des Krieges in Wustrau, wieder 52 Gulden 14 Groschen. Und das Register von 1625 zeigt zugleich, wie stockend diese hohen Summen tatsächlich bei der Kreiskasse eingingen: In diesem Jahre nämlich zahlte Wustrau nicht nur in Wirklichkeit nichts, sondern war (wie der ganze Kreis mit 4403 Gulden 11 Pfennigen) der Landschaft mit Ketardaten von 206 Gulden 10 Groschen 9 Pfennigen verschuldet. Nun muß freilich in dieser ganzen Zeit der wahre Zahlungsmodus bei der geschilderten Abhängigkeit der Untertanenwirtschaften von der Herrschaft in einer Überwälzung der Steuer von jenen auf diese als Empfängerin des ganzen verfügbaren Produkts bestanden haben, auch ohne daß ein Rechtssatz der grundherr-

[1] Dieser letzte Tarif wurde im wesentlichen auch dem Fundamentalrezeß vom 18. IX. 1704 zu grunde gelegt, der das Schoßwesen für das folgende Jahrhundert regelte, nur daß der Hufenschoß, entsprechend etwa dem bisherigen tatsächlichen Aufkommen, auf 8 Groschen ermäßigt wurde, Wöhner a. a. O. III (1805) 69.

[2] Außerhalb ansässiger Schmied, der die Ortskundschaft im „Laufen“ versah.

lichen Gesamtschoßhaftung allenthalben gegolten zu haben braucht. Die Anlage des Registers von 1542, wo neben den Geistlichen die Ritter als einzige Zahler „für ihre Güter“ auftreten, scheint das mit Notwendigkeit zu ergeben, und erst, wo in den späteren Schoßbüchern (z. B. 1660) neben dem Gesamtschoß der Ortschaft noch über die einzelnen Posten Rechnung gelegt ist, wird das außer auf rechnerische Kontrolle auch auf allmähliche Ausbildung einer selbständigen Einzelhaftung der ursprünglich Verpflichteten gehn. Aber hinter dieser Entwicklung der Tatsachen stand doch von Anfang das anerkannte Recht des Adels auf die Schoßfreiheit seiner eignen Personen, Höfe, Felder und Wirtschaftsbetriebe, und daß dieses Privileg trotz aller wirklichen Belastung der Gutsherrschaften doch von überragender Bedeutung für sie blieb, beweist vollkommen schlagend ihr fortwährender Kampf mit der Landesherrchaft um die Anwendung der beiden Kategorien der Ritter- und Bauernhufen, des schoßfreien und schoßbaren Landes von Fall zu Fall [1]. Der nächste Anlaß zu solchen Streitigkeiten war im Verlaufe des 17. Jahrhunderts die Erweiterung der gutsherrlichen Vorwerke durch Aneignung von Bauernwirtschaften, und so hatte das Bauernlegen zu dem entfernteren Erfolge einer Umwälzung des Kultursystems auch noch die ganz unmittelbare Wirkung einer Beeinträchtigung des öffentlichen Nutzens durch Schwächung der Steuerträger oder gar Steuerverminderung. Diese wurde in der Periode des ständischen Staats vor dem Großen Kurfürsten von der Landesverwaltung durch sogen. Freiwilligung von Hufen überall da rechtlich anerkannt, wo durch Erwerb von Bauernland ein neuer Rittersitz begründet werden sollte, und das wiederum war zur Versorgung von Altsitzern und Witwen, aber auch sonst in weitestem Maße, grundsätzlich auf jedem Einzelstück adligen Streubesitzes, zulässig [2]. Auch die Geschichte Wustraus wird durch einen solchen Vorgang verwickelt. Im Jahre 1608 brachten, wie der Ausdruck lautete, die Zieten einen Bauernhof, einen Kossätenhof und 3½ Hufen Landes aus dem Schosse. Es ist nicht bloß heute nicht mehr festzustellen, sondern muß noch im selben Jahrhundert in Vergessenheit geraten sein, auf welche Höfe und namentlich Hufen sich das Privileg eigentlich bezog, und diese Unklarheit hat nach dem Tode Jacobs III. v. Zieten 1677 zwischen seinen Nachkommen

[1] So treffend G. v. Below, Der Osten und der Westen Deutschlands in: Territorium und Stadt (München-Leipzig 1900) 37. Es ist ein Hauptfehler der Argumentation für die Beteiligung des Adels am Steueraufkommen bei H. v. Petersdorff, Beiträge zur Geschichte der Mark im 30jährigen Kriege in Forschungen zur Brand. u. Preuß. Gesch. II (1889) 66 f., daß die vor dem Kriege ausgebildete und ihn überdauernde reguläre Schoßbesteuerung außer Betracht bleibt.

[2] Vgl. Odebrecht a. a. O. 344—347.

und den Gühlen zu dem berühmten Prozeß geführt, mit dem noch Hans Joachim v. Zieten zu tun hatte[1]. Durch den mittlerweile zwischen beiden Familien stattgehabten Grundstückverkehr war es nämlich zweifelhaft geworden, wieviel von den neuen Zietenschen Freihufen an die Gühlen veräußert war. Der Meinung der Zieten nach gehörten zu den freigewilligten die $1^1/_2$ Ritterhufen, die Christoph v. Zieten 1629 an Christoph Adam v. Gühlen austauschte. Dabei wurde denn wohl allerdings übersehen, daß Christophs ganzer Wustrauer Besitz ursprünglich von den Gühlen erkauft war. Demgemäß war es Gühlenschen Erachtens nicht der Permutationskontrakt, sondern erst ein Kaufvertrag von 1654 über $5^1/_2$ Hufen, durch den die neuen Zietenschen Ritterhufen, und zwar alle $3^1/_2$, an sie übergegangen waren. Es handelte sich also um einen Unterschied von 2 Hufen in der Anzahl der wechselseitig zu versteuernden Bauernhufen. Merkwürdigerweise aber hatten sich beide Familien unter der Regierung des Großen Kurfürsten die landesherrliche Anerkennung ihres widersprechenden Hufenbesitzstandes zu verschaffen gewußt, insbesondere waren die Gühlen mit ihren zwei strittigen Freihufen nicht, wie ihnen der Zietensche Prozeßbericht von 1717 vorwarf, erst bei der Hufenrevision von 1687 „hervorgewischt", sondern bereits bei der Recherche über eximierte Hufen im Jahre 1669 durchgedrungen[2]. Die ganze Fehde hat typischen Wert für das Verständnis des adligen Steuerprivilegs. Was anfangs ein billiges Mittel zur Familienversorgung, zur Abhilfe wirklichen Notstandes gewesen sein mochte, mußte nach und nach zum Vorwande von Hinterziehungen herhalten, wie sie auch in Wustrau von einer der Parteien mindestens begangen waren, von beiden einander zur Anschuldigung gemacht wurden.

Die einzige bedeutende Abgabe des Adels, die Lehnpferdegelder, die für den ursprünglichen Ritterdienst seiner Güter eingezogen wurden, war keine regelmäßige und scheint im 17. Jahrhundert selbst in ihren höchsten Jahresbeträgen nicht über die Summe hinausgekommen zu sein, die schon 1663 als Norm und dann bei der Allodifikation der Lehen 1717 als jährliche Ablösungsrente festgesetzt wurde. Nach einer Mitteilung der v. Ratenau auf Plönitz an den v. Jürgass auf Ganzer vom 9. VIII. 1707 waren an „Roßdienstgeldern" bezahlt worden:

---

[1] Winter a. a. O. II 4 f. Die Ansicht desselben Verfassers I 9 f., den Uneinigkeiten der Wustrauer Gutsherren habe die Vermögensungleichheit der armen Zieten und der reichen Gühlen und Lohe von vornherein zugrunde gelegen, berichtigt sich durch die bisherige Darstellung.

[2] Eickstedt a. a. O. 369, wo aber statt 1644: 1654 zu lesen ist.

im Jahre 1656:	25 Taler
„ „ 1665:	40 „
„ „ 1668:	8⅛ „
„ „ 1670:	12 „
„ „ 1672:	40 „
„ „ 1678:	7 „
„ „ 1679:	16 „
im Durchschnitt der 7 Jahre also etwa	21 Taler.

Die Belastung des Adels mit eigentlichen außerordentlichen Steuern kann nur während der Kriegszeit die entsprechende der kontribuablen Stände übertroffen haben. Damals kam es auf schleunige Bezahlung an, Stundungen wie beim Schoß konnten nicht stattfinden, und so wandte man sich wie bei den Landsteuern von 1627 und den späteren Kontributionen [1] sogleich auch oder gar vorwiegend an die verhältnismäßig zahlungskräftigste Grundherrenklasse. In den gewöhnlichen Friedensläuften der folgenden Jahrzehnte aber (um das hier gleich vorweg zu nehmen) trafen die außerordentlichen Staatsbedürfnisse keineswegs den Adel in erster Reihe. Die sogen. kurfürstlichen Kopfsteuern, die sich besonders um die Jahrhundertwende drängten, seltner zu friedlichen Sonderzwecken wie die für die französischen „Evangelisten" von 1686, häufiger seit 1690 als allgemeine Kriegssteuern [2], wurden ausnahmslos auf die ganze Ortschaft umgelegt und bildeten so größtenteils einen Zuschlag zu der ordentlichen Grund- und Gewerbesteuer von steigender Höhe, im Jahre 1686 nur 11, dann 1691 schon 32, 1693 nahezu 35 und 1702 etwas über 55 Taler. Der Anteil des gutsherrlichen Vorwerks daran war höchstens im Verhältnis zu seiner Hufengröße. Zur Steuer von 1686 trug Joachim Matthias v. Zieten mit 1 Taler, also nur einem Zehntel, bei. Im Jahre 1711 legte er beim Kommissar v. Rohr gegen ein Kopfgeld von 8 Talern als die Mittel seines Guts übersteigend (freilich vergeblich) Beschwerde ein. Auch die aus dem Lehnsverbande entspringenden außerordentlichen Auflagen bei Familienfesten des Lehnsherrn usw. können drückend nicht gewesen sein. Zum Hochzeitspräsent für die Kurprinzessin Sophie Charlotte gaben die Zieten 1685 nur 20 Groschen, und das anscheinend teurere Geschenk anläßlich der zweiten Heirat des Großen Kurfürsten 1668 wurde auf das Lehnpferdgeld angerechnet.

2. Die Kriegszeit.

Alles in allem müssen die Wustrauer Rittergüter innerhalb der bestehenden Wirtschafts- und Gesellschaftsordnung

[1] Petersdorff a. a. O. 28 f. und 40.

[2] Vgl. A. F. Riedel, Der Brandenburgisch-Preußische Staatshaushalt (Berlin 1866) 48 f.

selbst gegen eine hohe Belastung durch gesteigerten Aufwand widerstandsfähig gewesen sein. Da kam der Krieg und mit ihm die Zerstörung von Kapital, die die geringen Anfänge von Verfall mit großer Schnelligkeit zur äußersten Gefahr, für eine der drei Herrenfamilien sogar zum völligen Ruin steigerte. Gleich die erste Heimsuchung der Ortschaft, die Einquartierung von Truppen des Grafen von Mansfeld auf dem Rückzuge in die Mark, nach seiner Niederlage bei Roßlau im April 1626[1], brachte die schlimmste Schädigung, die es für die Landwirtschaft gibt, die Vernichtung nicht bloß von Ernten und andern ersetzlichen Werten, sondern von Siedlungen und damit der Produktionskräfte selber, und diese in unerhörtem Umfange. Auf dem Zietenschen Anteil, über den allein Nachrichten vorliegen, wurden durch diesen einen Schlag das Vorwerk und sämtliche Hofstellen und Wirtschaften der Bauern und Kossäten „wüst", also von Menschen und Vieh entblößt, und noch mehr als zwanzig Jahre später, zur Zeit der Taxierung von 1648, waren davon nur ein Bauernhof und eine Kossätenstelle[2] wieder besetzt, während der Gutsherr eine andere Kossätenstelle, angeblich die 1608 freigewilligte, zum sogen. neuen Rittersitz umgeschaffen hatte. Das Jahr 1626 zeigt denn auch einen raschen Zuwachs im Zietenschen Schuldbuche. Wiederum wurden neben kleinen Gelegenheitsdarlehen, wie 50 Taler beim Bauern Christian Danike in Gnewikow und 100 beim Wildberger Pfarrer Nikolaus Janticow in Neuruppin größere Schulden kontrahiert, so bei dem Gewandschneider Metzmacher allein in mehreren Posten über 1000 Taler[3]. Es waren sehr wahrscheinlich kurzfristige Darlehen, die mangels Tilgung unter drückenden, wenn nicht wucherischen Bedingungen verlängert werden mußten, und deren bloße Verzinsung dem heruntergekommenen Gute bis zur Unmöglichkeit schwer wurde. Nach Metzmachers Tode 1629 setzten seine Erben, unter denen sein Schwiegersohn, der Neuruppiner Kaufmann Christian Lindholz, obenan stand, zur Wahrung ihrer Interessen einen Kurator nach Wustrau, der mit einem Beköstigungsanspruch von 2 Gulden (zu 18 Groschen)

---

[1] Vgl. J. O. Opel, Der niedersächsisch-dänische Krieg II (Magdeburg 1878) 459.

[2] Diese mit einem unehelichen Sohne Matthias' II. v. Zieten, Christian, der den Namen seines Vaters ohne das Adelsprädikat führte und anfangs als Unterkunft und Unterhalt Wohnung und Schankgewerbe im Kruge hatte.

[3] Nach einem Kammergerichtsbescheid in Sachen der Metzmacherschen Erben gegen Matthias II. v. Zieten vom 10. XII. 1632 waren darunter auch 59 Taler für Tuch und anderes (d. h. doch wohl andere Waren); hier möchte man einmal eine Spur ursprünglichen Luxusverbrauchs zu sehn glauben, wie er zweifellos vielfach die Verschuldung des Adels bei dem Bürgertum begründen half, aber es kann sich ebensogut um wucherische Aufdrängung von Produkten handeln.

die Schuld weiter vermehren half. In diesem Jahre wandte sich denn auch Jacobs II. Sohn Matthias II. v. Zieten um Unterstützung an den andern alten Geschäftsfreund seines Vaters, den Pfarrer Bentzin. Er lieh von ihm unter dem 25. III. 1629 600 Taler, mußte ihm aber als Pfand für die Summe drei Viertel der Brunner Getreidepächte zum Nießbrauch verschreiben. Das letze Viertel verpfändete er schon ein Jahr später in derselben Weise für eine entsprechende Schuld von 200 Talern an die Erben des Neuruppiner Kaufmanns Thomas Stenger. In demselben Jahre 1630 starb der alte Jacob II. v. Zieten, und die Ausgaben des Trauerfalles zugleich mit den damals besonders hohen Landkriegssteuern zwangen seinen Sohn schon im folgenden Jahre zur ersten Verminderung seiner überkommenen Lehngüter durch Veräußerung der beiden Brunner Untertanen. Er verkaufte sie am 2. II. 1631 auf Wiederkauf für 400 Taler an Zacharias Bentzin. Wirkliche Not spricht aus der Begründung, mit der er in der Verkaufsurkunde seinen Entschluß rechtfertigt: „da er mit Krieges Execution hatt sollen beleget werden, auch sein lieber Vater an Bahren gestanden, so woll auch einen Curatorem fast bey zwey Jahren in seinen Gütern sitzend gehabt, auch wegen sonsten bedränglicher Schulden zur Verhütung weitern Schaden und Ungelegenheit.“ Die Haupteinkünfte der beiden Bauern waren durch die früheren Schuldverträge ohnehin seiner Verfügung entzogen, jetzt war Gelegenheit, unter der damals gebräuchlichsten Mischform von Verpfändung und Veräußerung außer der Konversion jener alten Anleihen (denn es versteht sich angesichts des niedrigen Preises doch wohl, daß der Käufer zuvor diese mit übernahm) auf den Gesamtwert der Pertinenz noch ein neues Kapital flüssig zu machen, und er hatte dabei den Vorteil, die ganze Sache lediglich mit diesem letzten als Wiederkaufsumme einlösen zu können. Daß er mit der Einlösung überhaupt rechnete, läßt die kurze Gültigkeitsdauer von zunächst 4 Jahren vermuten, über die hinaus der Vertrag bei beiderseitiger halbjähriger Kündigung von drei zu drei Jahren stillschweigend weiter laufen sollte. Die Frage ist nur, ob die Wiederkaufsumme selbst eine angemessene Entschädigung für die Hingabe sämtlicher übrigen, auch der öffentlichen Rechte über die Brunner Bauern war, und das ist zweifelhaft, wenn mitten in so unsicheren Zeiten die völlige Haftung des Verkäufers für Entwertung dieser Rechte durch Kriegsbesteuerung und alle Art menschlicher und natürlicher Schädigung zur Bedingung gesetzt wurde. In den ersten zwölf Jahren nach dem Vertrage müssen die Brunner Nutzungen solchen Minderungen in hohem Grade ausgesetzt gewesen sein. Denn im Jahre 1649 machte der Neuruppiner Stadtrichter Joachim Kriel als Erbe Bentzins neben der alten Obligation von 75 Talern aus dem

Jahre 1600 und 108 Talern darauf „versessener“ Zinsen auch eine Forderung von 627 Talern aus der Haftung für die Brunner Pächte gegen Matthias' II. Sohn, Jacob III. v. Zieten, geltend und nötigte ihn dadurch zur Errichtung eines neuen Wiederkaufs über die Pächte von Lentzke, Karwesee und Betzin, also noch etwa 2 Wispel Hartkorn. Und die wucherische Natur des Genusses von Eigentum und Nutzung zugleich trat immer stärker hervor, je mehr in Friedenszeiten diese letzte ihren vollen Wert wieder erreichte. So konnte, als im Jahre 1668 der Bürgermeister gewordene Kriel Jacob III. v. Zieten und seine Frau auf Zahlung einer Schuld von 1200 Talern verklagte (übrigens mehr als die beiden Wiederkaufsummen zusammen), das Kammergericht zunächst einmal eine Untersuchung darüber anordnen, ob nicht den Beklagten durch die klägerische Nutzung der 1300 Taler werten Brunner Pertinenzen „zu nahe“ geschehen sei. Und zwei Gutachten der Juristenfakultäten von Jena und Altorf, die im weiteren Verlaufe des Rechtsstreits 1682 und 1692 eingeholt wurden, scheinen sich ebenfalls auf die Seite der Zieten gestellt und die Ansprüche auf das Wiederkaufskapital durch den langen Nießbrauch für aufgehoben erachtet zu haben. Erst kurz vor Ende des Jahrhunderts gelang es dann Hans Joachim von Zietens Vater, Joachim Matthias, seine beiden Brunner Untertanen wieder einzulösen mit einem Kapital von 1000 Talern, das ihm Adam Christian v. Brunne auf Lentzke gegen Verpflichtung zu rascher Tilgung (bis 1705 war die Hälfte zurückgezahlt) zur Verfügung stellte.

Aber auch das Mittel der Wiederkaufverträge verminderte die wirkliche verzinsliche Schuld kaum. Als nach Matthias' II. Tode 1636 sein Sohn Jacob III. v. Zieten das Wustrauer Gut übernahm, wurde es zum ersten Male offen für überschuldet erklärt. Wenn bei dem „Summarischen Anschlag gegen das aes alienum“ das Gut (wie die Taxe von 1648 zeigt, durch Annahme der halben Werte für die wüsten Höfe) immer noch ein Kapital von 5722 Taler 20 Groschen darstellte, so beliefen sich doch die Verbindlichkeiten bereits auf 6445 Taler. Im Sommer 1638 bezogen die kaiserlichen Truppen des Generals Gallas auf der Rückkehr von der Verfolgung Baners aus Mecklenburg auf vier Wochen ein Feldlager um Fehrbellin[1] und nahmen dafür auch Wustrau in Anspruch. Die ganze Ortschaft soll dabei eingeäschert worden sein, aber wenigstens im Zietenschen Anteil kann kaum noch etwas zu zerstören gewesen sein, ein Lazarett der Einquartierung fand in dem doch gewiß nicht geräumigen Hause des herrschaftlichen Fischers die einzige hinreichend geschützte Unterkunft. Auch

[1] Vgl. Bittkau, Ältere Geschichte der Stadt Neuruppin (Neur. 1887) 97.

bei der eignen guten und sparsamen Wirtschaft, die er gehalten zu haben scheint, konnte Jacob III. der nun schon in der dritten Generation vererbten Schuldenlast nicht Herr werden. Die ganze Grafschaft war damals verelendet. Aus dem Anfange des fünften Jahrzehnts ist eine Denkschrift der Ruppinischen Stände erhalten, in der die Sorge um Nahrung und Bevölkerung zu erschreckendem Ausdruck kommt: Vor der Steuerlast seien die Bürger aus den Städten entlaufen, die Landbewohner hielten sich im Land Bellin versteckt. Brot für die Lieferungen an die Truppen müsse in Mecklenburg, zu Neubrandenburg gekauft werden, und zwar aus Geldmangel in höchst unvorteilhaftem Tausch gegen Kupfer und Zinn, Eisen zu 2 und Federn zu 3 Pfennigen das Pfund [1]. Im Jahre 1648 muß Jacob III. v. Zieten mit den Gläubigern seines Vaters einen Zwangsvergleich geschlossen haben. Ein langes Schuldenverzeichnis vom 11. VI. 1648 enthält Ansprüche auf insgesamt etwa 4500 Taler, denen allerdings in der Taxe vom 14. VII. Werte im Gesamtbetrage von mehr als 5400 Talern, also wieder geringe Aktiva gegenübertraten. Der größte Posten darunter waren die etwa 1000 Taler der Metzmacherschen Darlehen. Diese übernahm am 11. VI. 1649 Metzmachers Schwiegersohn, der Neuruppiner Kaufmann Christian Lindholz, zugleich mit Obligationen des Wildberger Pfarrers und des Ruppiner Salpetersiedemeisters samt Zinsen für 1500 Taler und kaufte dafür auf Wiederkauf mit zunächst 18 Jahren Gültigkeit von dem Wustrauer Gute zwei Bauernhöfe, einen Kossätenhof und eine Ritterhufe, die erste Veräußerung von Land in Wustrau selbst. Der Wert dieser Stücke wurde dabei nicht mehr wie im Vorjahre zur Hälfte, sondern zum vollen Betrage angesetzt, vielleicht ein Zeichen, daß man mit Wiederbesetzung der Stellen oder doch Wiederaufnahme des Wirtschaftsbetriebes zur nunmehr wiedergekehrten Friedenszeit rechnete oder bereits den Anfang gemacht hatte.

Um dieselbe Zeit, um die zuerst Zietenscher Besitz in Wustrau in fremde Hände kam, verließ die andre älteste Grundherrenfamilie des Ortes, die der Lohe, ihr dortiges Rittergut auf immer. Die Linie, die es im Jahre 1604 geerbt hatte, muß mit dem zweiten Bruder Georg und dem Sohne des ersten Bruders Dietrich, Georg Joachim, schon während der ersten Hälfte des Jahrhunderts im Mannesstamme ausgestorben sein. Gegen die Witwen der drei letzten Besitzer, geborene v. Fabian, v. Redern und v. Woldeck, erging bereits 1646 ein Prioritätsurteil des Kammergerichts zugunsten zahlreicher Gläubiger, und am 5. IV. 1650 wurden von diesen

[1] Vorstellung vom 28. IX. 1644 wegen Erlaß einer durch Schwarzenberg ausgeschriebenen Kontribution von 1639, Geh. Staatsarchiv Berlin, R. 55 Nr. 13.

die beiden Loheschen Lehngüter, mit Ausnahme der Pertinenzen zu Köpernitz und Braunsberg[1], zu Wustrau für 2000 und 2250 Taler, also viel weniger als die Hälfte ihres Taxwerts von 1604, an einen Verwandten der Lohe, Balthasar v. Seelstrang, wiederkäuflich auf 40 Jahre und weiter von 40 zu 40 veräußert. Von der Schuldenmasse kann dieser Erlös nur einen geringen Teil zu tilgen imstande gewesen sein. Vergleicht man das kurfürstliche Patentum ad domum, durch das 27. V. 1650 die Gesamtheit der Loheschen Gläubiger vor den Konsistorialpräsidenten Joachim Kemnitz[2] zur Geltendmachung ihrer Ansprüche entboten wurde, mit der am 4. VII. desselben Jahres vollzogenen Distribution der Kaufgelder, so mag man die größtmögliche Verzettelung ursprünglicher Obligationen durch Abtretungen und familienrechtliche Übertragungen in Ansatz bringen: immer bleibt merkwürdig, daß von zwanzig bürgerlichen und ebensoviel adligen Gläubigern nur etwa der vierte Teil befriedigt werden konnte. Abgesehen davon, daß unter den adligen Gläubigern in erster Reihe die Witwen der drei letzten Lohes mit ihrer Verwandtschaft, wahrscheinlich infolge von Ablehnung der Loheschen Erbschaft, zur Abfindung kamen, empfing die vermutlich am schlechtesten ausgestattete Georg Joachims von den Hauptgläubigern sowie von dem Gutsnachfolger Seelstrang außer einem Anteil von 50 Talern am Kauferlös noch Geschenke im Betrage von über 250 Talern.

Wenn die Vermögensumstände der dritten Gutsherrenfamilie, der Gühlen, sich länger aufrecht erhielten, so lag das wohl vor allem daran, daß gerade ihr kleineres Gut vom Kriege weniger geschädigt worden war. In einer bald nach dem Friedensschluß aufgenommenen Untertanenliste der Landschaft[3] ist Wustrau mit nur 6 besetzten Kossätenstellen gegen wüste 14 Hüfner- und 4½ Kossätenhöfe eingetragen. Von den 6 mit Namen bezeichneten Kossäten aber lassen sich mindestens 4 aus der Gühlenschen Lehnspezifikation von 1688 als Gühlensche Untertanen nachweisen. Paul Leppin war Vorfahr Michel Heitepriems auf einem der beiden alten Kossätenhöfe, Bories

---

[1] Hier war das Rittergut 1640 zerstört, aber vor 1650 wieder aufgebaut worden, wurde noch bis zum Aussterben der Lohe 1696 von ihnen bewohnt, als eingezognes Lehen 1699 zu einer Kolonie von Pfälzern und Franzosen eingerichtet.

[2] Er war es 1648 geworden. A. Stölzel, Brandenburg-Preußens Rechtsverwaltung und Rechtsverfassung I (Bln. 1888) 360.

[3] Geh. Staatsarchiv Berlin, R. 55 Nr. 14. Gründliche Nachricht wass zu dieser Zeit in allen Flecken und Dörffern der Grafschaft Ruppin, sowoll Sr. Churf. Durchl. zu Brandenburg unserm gnädigsten Herrn alss dero getreuen Vasallen und Lehnleuten zugehörigk vohr Unterthanen würklich vorhanden, und wass auch wie viel Stellen oder Pawer- und Cossätenhöfe wüste liegen, auf Gnädigsten Befehl höchstgedachter Sr. Churf. Durchl. verzeichnet im Martio Ao. 1652.

Kampraht der Marx Cammeraths und Görges Heitepriems auf einem der beiden 1629 ertauschten Kossätenhöfe, der von alters eine „freie Schneiderstelle" war. Auffällig ist, daß Martin Krempe und Martin Lünckefiel 1688 als Vorgänger von Wichman Krempe und Peter Schröder auf zwei Bauerhöfen erscheinen; vielleicht wurden sie 1652 von ihrer Herrschaft fälschlich für Kossäten ausgegeben, vielleicht aber auch erst nach diesem Datum von Kossäten auf Bauernstellen umgesetzt[1]. Zwei Jahre nach dieser Besitzaufnahme wurde die Überlegenheit der Gühlen über ihre Nachbarn noch vergrößert. Obwohl es auch ihnen zurzeit an einem volljährigen Familienhaupte fehlte und für Christoph Adams hinterlassene Söhne der Oberstleutnant Hans Dietrich v. Barstorff auf Radensleben und der Rittmeister Friedrich v. Zieten auf Lögow als Vormünder die Geschäfte führten, wurde doch eben damals, ein typisches Beispiel für die Konzentration des adligen Besitzes aus der Streulage, durch Verkauf von Lehnstücken in Buskow an Lindholz in Neuruppin eine Abrundung des Wustrauer Guts ermöglicht. Als Kaufpreis nämlich trat Lindholz seine Forderung von 2000 Talern gegen Jacob III. v. Zieten ab und mit diesem einigten sich nun die Gühlen derart, daß Joachim Christoph v. Zieten zu Wildberg 600 Taler als Lehnsvetter abtrug, zur Begleichung des Restes dagegen ansehnliche Zietensche Lehnstücke zu Wustrau durch Erbkauf vom 1. II. 1654 in Gühlensches Eigentum übergingen. Durch diesen Vertrag wurde gleichsam ein neuer Rittersitz von den Gühlen begründet. Denn außer den Bauernhöfen des Joachim Chemnitz und des Thomas Möller und dem Kossätenhofe des Joachim Miericke erwarben sie noch zwei Ritterhufen, ein Drittel der Zietenschen Schäfereigerechtigkeit, also das Recht auf 100 Schafe, Rindvieh im Werte von 100 Talern mit einer Wiese von 24 Hoppstellen oder etwa 170 Morgen zur Ausfütterung und sogar die Hälfte des Zietenschen Anteils, mithin ein Viertel des ganzen Wustrauer, Straßengerichts und Kirchlehns. In dem Vertrage ist bemerkenswert, daß einerseits der Wert der Schäferei mit 400 Talern, d. h. 4 für das Schaf, noch einmal so hoch, dafür anderseits der der Untertanenstellen, auf die von der Kaufsumme zusammen nur 450 Taler kommen, ganz erheblich niedriger eingeschätzt ist als in der Zietenschen Taxe von 1648. Diese letzte Verschiedenheit ist nur der Ausdruck für den Wertüberschuß des Gühlenschen Erbkaufes über den dadurch gelöschten Lindholzschen Wiederkauf vom 11. VI. 1649, deren Objekte einander bei der geringen Differenz der Kaufsummen (1400 und 1500 Taler) annähernd gleichwertig hätten

---

[1] Der fünfte Wustrauer Kossät von 1652 ist der Zietensche Krüger Christian Zieten, der sechste Adam Reinssbergk ist nicht zu identifizieren.

sein müssen. Den etwas bedeutenderen und noch dazu dauernden Güterverlust aber ließen sich die Zieten wohl gefallen, wo sie den lästigen bürgerlichen Gläubiger und Eindringling durch die Vergrößerung des alten Nachbarn los wurden.

Wie aber die jungen Gühlen heranwuchsen, müssen auch bei ihnen augenblickliche Bedürfnisse die Sorge für Erhaltung und Vermehrung der Grundrente überwogen haben. In den fünfziger und sechziger Jahren tritt auch in den Zietenschen Familiennachrichten ein neuer Zweig der Metzmacherschen Familie, die eines andern Schwiegersohns Heinrich Thomschläger zu Neuruppin, in der gewöhnlichen Rolle des Lieferanten und Kapitalbeleihers auf. Während Jacob III. nur wenige Hundert Taler bei diesem neuen Gläubiger aufnahm, wurden ihm die Gühlen, deren Kredit weniger erschöpft war, bis zu 800 Taler „theils in eingelöseten Posten, auch sonst in andern Crahmwahren" verpflichtet. Da gab Thomschlägers Tod seiner Witwe Anna Metzmacherin Anlaß oder Vorwand auf Befriedigung „gar inständig anzuhalten", so daß die Vormünder, „weil im allodio sonsten nichts zur Zahlung vorhanden, der gedachten Frau Thomschlägerin in Bezahlung nicht anders begegnen können, wofern sie sich nicht auf einigen Hoff ihrer Zahlung halber verweisen wolte lassen." Man mußte sich also dazu verstehn, ihr im Abtretungsvertrage vom 20. III. 1662 als durch Schuldtilgung einzulösenden, mithin wiederkäuflichen Besitz auf eine von 6 zu 6 Jahren laufende Frist[1] den 1629 ertauschten Ritterhof mit 2 Hufen 2 Morgen Acker, 2 Wiesen, 1 Graskavel, Garten und allem übrigen Zubehör sowie von Balthasar Markaus Bauernhof eine Hufe mit Beiländern in allen drei Feldern „zu einer Spezialhypothek" einzuräumen. Kaum war durch den Gühlen-Zietenschen Kaufvertrag von 1654 der eine bürgerliche Gläubiger aus den Grenzen Wustraus entfernt worden, so zog ein neuer desselben Kreises mit noch bedeutenderen Rechten in einen wirklichen Rittersitz ein. Denn daß die Metzmacherin ihr Land in tatsächliche Eigenwirtschaft nahm, lehrt der Vertrag selbst: Die Bauerhufe wurde nur deshalb zu dem Ritterlande zugelegt, um bei der geringen Beschaffenheit des dazu gehörigen Ackers einen eignen Meier darauf halten zu können. Reparatur von Scheune und „Häussichen" in Dach und Fach und Umhegung des Hofes wurden der Gläubigerin unter dem Versprechen der Entschädigung freigestellt, „daß sie ihr Vieh und Korn in Sicherheit haben möge." Wann diese Gühlenschen Lehnstücke

[1] Die Kürze dieser Frist und die Umgehung der Benennung des Geschäfts als Wiederkauf erinnern an den Widerstand, den gerade damals die lehnsherrliche Gewalt gegen die Bedrohung der Lehnsverfassung durch solche Verträge erhob: Das kurfürstliche Reskript ans Kammergericht vom 18. 12. 1666 beschränkte dann die Konsense dazu auf höchstens 25 Jahre. Mylius VI 1, 511.

wieder eingelöst worden sind, steht nicht fest. Nach dem Tode der Metzmacherin gingen sie auf ihre Erben über. Ihr Schwiegersohn, der Bürger und Handelsmann Matthias Litzmann in Neuruppin, errichtete 1679 darüber einen neuen Wiederkauf für 20 Jahre, unterließ auch bei der Lehenrevision von 1684[1] nicht, seine Rechte geltend zu machen und auf den Schutz seiner Kinder dabei anzutragen. Aber die Gühlensche Lehnspezifikation von 1688 schweigt von der Veräußerung gänzlich.

Die Vermögenslage der Zieten hätte durch die Verheiratung Jacobs III. mit Engelburg, Tochter Christoph v. Witstrucks auf Berlit, eine Verbesserung erfahren können, die Mitgift war 1020 Taler. Aber abgesehen von Zerwürfnissen, die sich sofort zwischen Schwiegervater und Schwiegersohn erhoben (in einem Rechtsstreit wurde dieser 14. VIII. 1660 vom Kurfürsten zur Ausstellung einer Ehegeldquittung und Tragung der Konsenskosten verurteilt), entstanden eben damals aus einer andern Familienverbindung neue pekuniäre Schwierigkeiten. Im Jahre 1654 hatte Jacob seine Schwester Sabine an den Leutnant Abel v. Barstorff verheiratet und ihr 400 Taler als Aussteuer versprochen. Diese Zusage konnte er nicht einhalten. So mußte er 27. XI. 1661 für den Betrag 1 Ritterhufe und die 2 Bauerhufen des ehemals Fabian Schultz gehörigen Hofes auf 9 Jahre und weiter von 3 zu 3 Jahren wiederkäuflich dem Schwager überlassen. Dieser übernahm dafür, wie denn überhaupt die damaligen Wiederkaufverträge vielfach mit Meliorationsabsichten verknüpft gewesen zu sein scheinen, den Wiederaufbau des völlig wüsten Hofes. Auch hier suchten sich die Parteien die Lasten der Einholung einer lehnsherrlichen Genehmigung zu ersparen, und das wäre dem Zietenschen Gute beinahe verhängnisvoll geworden, denn im Jahre 1685 wurde gegen Barstorff wegen Versäumnis dieser Pflicht der Prozeß auf Einziehung des erworbenen Lehnguts angestrengt, und nur im Gnadenwege erteilte der Kurfürst Absolution und nachträglichen Konsens[2]. Das Gütchen war für Barstorff nicht bloß Unterhalt, sondern vermutlich nach seinem Austritt aus dem Heerdienst auch Wohnsitz. Als am 22. III. 1697 Joachim Matthias v. Zieten die 3 Hufen endlich gegen das Schuldkapital und 125 Taler Entschädigung für die Gebäude wieder einlöste (freilich wurden nur 25 bar bezahlt, der Rest gegen eine leichte Sicherheit stehen gelassen), blieb der inzwischen verwitweten Sabine v. Barstorff und ihrer Tochter Magdalene Elisabeth auf dem einstigen Bauernhofe eine Wohnung in Gestalt des Nießbrauchs an einer Stube mit zwei Schlaf-

---

[1] Auf Grund des Edikts wegen Mutung, Belehnung, Gesamthand, Konsensen und Tituli Possessionis. Mylius II 5, 33—36.

[2] Geh. Staatsarchiv Berlin R 78 II Z. 13.

kammern, Keller und Garten eingeräumt. Die Tochter ging später eine bürgerliche Ehe mit David Vettermann ein, und dieser wurde 26. VIII. 1708 von Joachim Matthias v. Zieten mit den letzten 500 Talern der Barstorffschen Schuld abgefunden.

Mit eigner Meliorations- und Besiedlungsunternehmung an den Wiederaufbau ihrer Gutsherrschaften zu gehn hatte den Rittergutsbesitzern mittlerweile der Landtagsrezeß vom 26. VII. 1653 nahe gelegt, der die Befreiung wüster Höfe im Betrieb der Herrschaft von Kontributions- und andern Reallasten untersagte[1]. In der Tat lehren die Schoßregister, wie die während des Krieges zum tatsächlichen Stillstand gekommene Steuerzahlung langsam wieder aufgenommen wurde. Noch 1640 hatte der ganze Kreis Ruppin nicht einen Pfennig an die Landschaft abgeführt, sondern einen Schoßrest von 79904 Gulden 9 Groschen 3 Pfennigen gehabt, an dem Wustrau mit dem hohen Betrage von 1654 Gulden 16 Groschen 3 Pfennigen beteiligt war. Zwanzig Jahre später zahlte die Ortschaft schon einen Schoß von 18 Gulden 3 Groschen. Dazu gaben der Schäfer 2, Schmied und Hirte je 1 Gulden, der Müller 6 Gulden 12 Groschen, schließlich und vornehmlich 5 „Hüfner" 7 Gulden 9 Groschen. Bei einem Vergleich mit dem Untertanenregister von 1652 nimmt es wunder, daß der Kreis der schoßpflichtigen Hofbesitzer sich in acht Jahren von 6 Kossäten in 5 Bauern verwandelt haben sollte. Auch ist ja vorhin gezeigt worden, daß 2 der 6 Kossäten von 1652 in der Tat mit späteren Bauernstellen zusammenhängen. Und allgemein wird der wenn auch zeitweilige Übergang von kossätischen Arbeitskräften auf wüste Bauerhöfe als das natürlichste Auskunftsmittel nicht selten gewesen sein: so bewohnte und versorgte der Kossät Zieten vorübergehend den Krug. Dahin gehört auch, daß laut der Gühlenschen Lehnspezifikation von 1688 die beiden ältesten Gühlenschen Kossätenstellen abweichend vom Herkommen mit je einer halben Hufe ausgestattet waren. Im Urbar 1793 erscheinen endlich alle Kossäten als Einhüfner. Es sieht überhaupt beinahe so aus, als sei in dieser Periode angestrengter und wechselnd glücklicher Neusiedlungen der alte soziale und verwaltungsrechtliche Begriffsunterschied zwischen dem Ackerbauern und dem ackerlosen Hofbesitzer verloren gegangen oder doch ins Schwanken geraten. Darauf deutet vielleicht auch, daß die Wustrauer „Hüfner" von 1660 nicht den im Tarif des Jahres vorgesehenen Bauernsatz von je 1 Gulden für die Hufe und den Giebel, sondern mit $1^1/_2$ Gulden den anderthalbfachen Satz der Kossäten zahlen. Zur Kontribution, die seit dem Rezeß vom 28. VI. 1643 in wechselnden Beträgen monatlich von den Kreisen nach dem Schoßkataster

---

[1] Wöhner a. a. O. III 28.

von 1624 aufgebracht wurde[1], mußten nach Ausweis der Zietenschen Quittungen von der wüsten Bauerhufe 1668—1675: 1 Groschen 9 Pfennige, 1680: 10 Groschen, 1682/3: 11 Groschen 4 Pfennige, später sogar 2 Taler gegeben werden[2]. Kein Wunder, daß gerade aus diesen Jahren die erste Nachricht von einer größeren, im Gegensatz zur gelegentlichen Hausnutzung unternehmerhaften Ausbeutung des Wustrauer Luchs durch Austorfung erhalten ist. In demselben Sommer von 1671, da Jacob III. v. Zieten erklärte, Heu und Wieswachs mehr als genug zu haben, legte Samuel Friedrich v. Gühlen einen neuen Stich an, der vielleicht auch die Wiesen seiner Gutsnachbarn mit umfaßte.

Dabei war die zweite Hälfte des Jahrhunderts nun nicht etwa eine ununterbrochene Erholung vom Kriege. Der Einfall der Schweden in die Mark 1675 muß auch Wustrau mit nicht geringerer Schwere betroffen haben als die Einquartierungen der zwanziger und dreißiger Jahre. Diesmal hatte das Gühlensche Gut besonders zu leiden. Das erfährt man zufällig aus den Lehnsakten dieser Familie. Die Lehnskanzlei nämlich verfolgte die Gühlen wegen einer Konsensgebührenschuld im Betrage von 25 Talern, die seit dem Kaufvertrag mit den Zieten 1654 namentlich auch durch die Belehnung des großjährigen Samuel Friedrich 1673 aufgelaufen war; diesem wurden 1678 auf Betrieb des Lehnsdirektors Kanzler Friedrich v. Jena wenigstens 10 Taler davon erlassen, weil ihn „die Schwedische Invasion gantz ruinieret gehabt“[3]. Aber auch das Zietensche Gut wird aufs neue heruntergekommen sein. Im Jahre 1677 starb Jacob III. v. Zieten mit Hinterlassung so zahlreicher Schulden, daß seine Witwe die Annahme der Erbschaft verweigerte und nur zur Bezahlung einer Schuld von 100 Talern an die Wustrauer Kirche ein Darlehn des großen Neuruppiner Kaufmanns Valentin Schnakenburg[4] gegen Sicherheit von 1 Wispel Roggenpacht des mit Joachim Sommerfeld neubesetzten Kruges aufnahm. Bei der Katasterrevision von 1687 waren noch 14 von den 22 Wustrauer Untertanenhöfen wüst[5]. Im letzten Schoßregister von 1700 heißt es bei Wustrau wieder wie nach dem Dreißigjährigen Kriege: „dedit nihil“, und zu einer Veranlagung von 19 Talern 8 Groschen 6 Pfennigen kommt ein angestandner Rest von 10 Talern 22 Groschen.

---

[1] F. G. Schimmelpfennig, Direkte Besteuerung in Preußen I[2] (Bln. 1843) 342—344.

[2] Auch Schoß wurde von genutzten Wüstungen gefordert, nach dem letzten Register von 1700 1 Groschen für den Scheffel Aussaat, also etwa 1 Taler für die Hufe.

[3] Geh. Staatsarchiv Berlin R. 78 G. 90. Über Jena vgl. Stölzel a. a. O. I 391.

[4] Über ihn vgl. Bittkau a. a. O. 136.

[5] Bratring a. a. O. 607.

3. Anfänge von Melioration.

Die Anstrengungen der Gutsherren, am Ende des Jahrhunderts aus dieser Notlage herauszukommen, haben verursacht, daß man für diese Zeit zum ersten Mal auch in die bäuerlichen Besitzverhältnisse etwas klarer sieht. Die Lobredner der feudalistischen Staatsordnungen haben wohl in dem Nebeneinander von Eigentumsbeschränkung und Besitzsicherheit einen wohltätigen Schutz für die Vererbung der Bauernstellen sehen wollen, der sie geradezu in „unverschuldbare Familienfideikommisse“ [1] verwandelt habe. Daß diese witzige juristische Konstruktion doch die wirtschaftlichen Tatsachen der erbuntertänigen Produktion arg vernachlässigt, lehrt gerade die Geschichte von Wustrau schon für die älteste Zeit mit hinreichender Bestimmtheit. Von allen Bauernfamilien der Ortschaft, deren Namen das Hentzekesche Landbuch von 1491 aufbehalten hat, haben nur zwei, die Markaus auf dem Gühlenschen und die Wuthenows [2] auf dem Loheschen Gute, in ihrer Ansässigkeit das 16. Jahrhundert überdauert, und auch von ihnen ist nachweislich die erste noch während des 17. verschwunden. Die geschilderte Verelendung schon vor dem Kriege brachte diese Menschengeschlechter früh entweder zum Aussterben oder doch zu einer wirtschaftlichen Unbrauchbarkeit, die der Herrschaft den tatsächlichen und gewohnheitsrechtlichen Eviktionsgrund an die Hand gab. Und wenn dann durch alles Unglück des Kriegsjahrhunderts selbst der Besitz von Gutsherren wie der Lohe ein Ende nahm, so begreift man, weshalb schon nach der ersten Heimsuchung von 1626 die ganze bäuerliche Bevölkerung wie zerstoben erscheint. In einzelnen Fällen mögen die Besitzer der verwüsteten Hofstellen bei den Nachbarn oder in den Herrenhöfen Unterkunft ge-

---

[1] F. A. L. v. d. Marwitz, Von dem Zustande des Vermögens der Grundbesitzer des platten Landes der Mark Brandenburg, mitgeteilt von F. Meusel in Forschungen zur Brand. u. Preuß. Gesch. XXII (1909) 195.

[2] Vielleicht war es kein Zufall, sondern die Äußerung einer gewissen Entartung und zugleich eines Gegensatzes in der Einwohnerschaft, wenn die Witwe Paul Wuthenows 1616 die Wustrauer Annalen mit einem Hexenprozeß bereicherte. Jacob II. v. Zieten, vermutlich als stellvertretender Gerichtsherr, sah sich durch Lärm unter den Bauern, aber auch (so gleich war die Bildungshöhe von Herrschaft und Untertanen) durch den Verdacht eignen Viehschadens genötigt, beim Schöppenstuhl der Altstadt Magdeburg über den Rechtsgang gegen die Beschuldigte, Folterung oder bloße Verhaftung, anzufragen. Die Belastung bestand hauptsächlich in der unter Tortur gemachten Aussage einer Lindower Amtsuntertanin, „nicht nur, daß sie zaubern könne, sondern sie auch vor 17 Jahren ihr die Zauberkunst gelehrt, ihr einen Buben in ganz grünen Kleidern zugeführt, welcher ihr darauf einen harten Taler, und sie ihm hierauf ihr Blut aus den Fingern gegeben, und habe auch sie die Wuthenowsche daselbst alsbald mit ihrem Buhlen die erste Buhlschaft getrieben“.

funden haben und mag so ihre Arbeitskraft den Gütern bewahrt geblieben sein, aber aus der Benennung der wüsten Höfe mit Bauernnamen ist das durchaus nicht immer zu schließen, und was in der Regel geschah, beweisen die Neusiedlungen oder doch neuen Namen am Ende des Jahrhunderts: die Abgebrannten wurden heimatlos und suchten oft in weiter Ferne ein neues Schicksal[1]. Da ist es denn sehr merkwürdig, wie als Ersatz der Fortgezogenen ganze neue Bauerngeschlechter, oft aus mehreren Familien bestehend, herbeigezogen werden, in die sich die einzelnen Gutsherrschaften mitunter teilen. So wurde Peter Cammerrath nach 1648 auf einem Zietenschen Bauernhofe angesiedelt, während Bories zuerst 1652 auf einem Gühlenschen Kossätenhofe vorkommt. Von dem Paar Gühlenscher Kossäten Namens Heitepriem (1688) war bereits die Rede. Auch Übergang von der einen zur andern Gutsherrschaft ist wahrscheinlich. Der oben erwähnte Joachim Sommerfeld, der an der Statt von Matthias' II. unehelicher Nachkommenschaft zuerst in den siebziger Jahren im Besitz des Kruges gefunden wird, war entweder derselbe oder ein Verwandter desjenigen, der 1629 auf einem der beiden von Christoph v. Zieten an die Gühlen eingetauschten Bauerhöfe saß. Und ebenso scheinen die Familien von Fabian Schulz und Joachim Miericke, nach denen 1648 ein Bauer- und ein Kossätenhof der Zieten heißen, sich in dem Gühlenschen Bauern und Kossäten Joachim Schulz und Michel Miericke fortzusetzen. Wie wenig dauerhaft bisweilen solche neuen Niederlassungen waren, zeigen die ferneren Geschicke des Cammerathschen Bauerhofes. Bereits 1676 mußte ein neuer Bauer Namens Hefter angenommen werden, und auch der hielt sich nur wenige Jahre. Anfangs der achtziger Jahre gewannen dann die Zieten ein Paar Ansiedler, vermutlich Brüder, mit Namen Settermann oder schlechthin Setter, vielleicht ein mit Bezug auf die Kolonistentätigkeit neu angenommener Name. Der eine, Jürgen, rückte in Hefters Stelle, der andre, Matthias, bekam Franz Dornes Bauerhof. Ihnen beiden wurde ein Freijahr rücksichtlich ihrer Leistungen bewilligt; trotzdem war Matthias, gewiß infolge mangelhaften Viehinventars, nur eine von Dornes zwei Hufen zu übernehmen imstande. Er wurde denn auch sehr bald durch Friedrich Formert ersetzt. Aber auch Georg Settermann räumte schon

[1] Gottberger Kirchenchronik z. J. 1638: „In diesem Jahre ist das Volk armuthalber aus dem Lande gelaufen, nach Hamburg und Lübeck, allwo sie geblieben, sonderlich das junge Volk." E. Schmidt, Die Bevölkerung unseres Kreises nach ihrer Abstammung im Ruppiner Kreiskalender 1911. In der Renovierten Gesindeordnung vom 3. XII. 1644. Mylius, Corpus Constitutionum Marchicarum, V 3, 42 erscheint zum erstenmal der später in allen Gesindeordnungen an dieser Stelle wiederkehrende vierte Artikel „Vom Weglauffen der Pawren".

1693 August Protz den Hof, dessen Verwandter Joachim Protz früher im selben Jahr den durch Brand abermals freigewordenen Krug übernommen hatte. Mit den beiden Ebel, dem Bauern Georg und dem Kossäten Christian, mit Melchior Brunnemann, der an Formerts, und Georg Kühl, der an des Kossäten Zieten Stelle kam, hatte der letzte Zieten des 17. Jahrhunderts, Joachim Mathias, noch vor seinem Tode 1719 die Bevölkerung seines Guts vollends erneuert[1].

Ebensogut wie man neue Untertanen durch Gewährung günstiger Abgabenbedingungen zu gewinnen suchte, wird bei den alten eine äußerste Anspannung der Leistung vielfach versucht worden sein. Die Lehnspezifikation der Gühlen von 1688 gibt, irre ich nicht, dafür einigen Anhalt. Es wurde schon berührt, daß die beiden ältesten Gühlenschen Kossätenhöfe, sei es von jeher oder in dieser Zeit, ausnahmsweise mit Ackerland ausgestattet waren; dafür gaben sie auch wie die Bauern Kornpächte, nämlich 6 Scheffel Roggen, 3 Scheffel Gerste und 3 Scheffel Hafer. Aber auch sonst bestand, wenigstens auf dem Papier, zwischen dem Abgabensystem der Gühlenschen Untertanen und dem früher geschilderten der Zietenschen eine nicht unerhebliche Spannung zugunsten der letzten. Von jenen wurde, wie von den Brunner Bauern der Zieten, der Fleischzehnt in Gestalt des sechsten Hauptes nach alter Weise erhoben. An Hühnern gaben freilich die Bauern nur ihr Rauchhuhn und auch die Kossäten (die beiden ältesten 10, die beiden von 1629 17) weniger Pachthühner als ihre Zietenschen Nachbarn. Dafür bestand indes hier das alte Dienstgeld des Hentzekeschen Landbuchs von 1491 fort, und zwar für den älteren Bauernhof in doppelter Höhe des damaligen Betrages: 16 Stendalschen Schillingen, für die beiden jüngeren nur in etwa der alten von 7½, sogar für die Kossäten, mit Ausnahme des Schneiders, in Höhe von 4 Schillingen. Am merkwürdigsten ist bei 2 Bauern das außerordentliche Maß ihrer Roggenpacht, 2 Wispel, das die Summe ihrer Kornpächte auf die geradezu unverständliche Forderung von 3 Wispeln bringt.

Über das Lohesche Gut in Wustrau fließen die Nachrichten jeder Art am spärlichsten. Doch hat ein Zufall eine Urkunde auf die Gegenwart gebracht, die wenigstens eins lehrt: daß der Nachfolger der Lohe, Balthasar v. Seelstrang, und sein Sohn Vollrath kräftige Teilnehmer, wenn nicht überhaupt die Führer jener Meliorationsbestrebungen am Ende des 17. Jahrhunderts gewesen sind. Da im Kaufvertrage von 1650 für den Fall des Wiederkaufs eine Entschädigung für „Besserungen"

[1] Wüst geblieben war nach einer Aufstellung vom 8. IX. 1714 nur ein Bauernhof, von dessen Acker das Vorwerk die eine, ein Kossät die andere Hufe bebaute.

des Guts vorgesehen war, ist über diese sorgfältig Buch geführt worden. Eine am 21. III. 1674 durch Joachim Bulss und den Wustrauer Pfarrer Peter Hermann aufgenommene und für die zwanzig folgenden Jahre durch Vollraths eigne Aufzeichnungen ergänzte Liste von Ausgaben, namentlich für Bauten, ergibt eine rastlose Tätigkeit in der äußeren Herstellung des ganz verwahrlosten Gutes. Die einzelnen Posten der Rechnung beziehen sich teils auf ganze Unternehmungen, teils auf einzelnen Verbrauch von Material und Arbeit, von dem nicht recht ersichtlich wird, ob er zu den großen Arbeiten gehörte oder weshalb man ihn sonst besondrer Rechnung für wert hielt. Das Nächstliegende war der Aufbau des ursprünglichen alten Rittersitzes. Darauf waren bis 1674 die meisten Gelder verwandt:

	T.	Gr.
Ausmauern und Neubau des Kellers	36	—
„Umbdecken" des Hauses, Ausbesserung eines Giebels mit Holz	15	—
Holz mit den Fuhren	2	16
Zimmerlohn	4	—
6 Tage Arbeit (Maurers und 3 Gehilfen). . . . (also durchschnittlich 1 Tagelohn = 6 Gr.)[1]	6	—
1 Tonne Kalk	—	16
Kleiben (Verputz) ohne Graben und Anfuhr des „Leims"	1	9
Reparatur des Giebels seewärts	8	—
Ein neuer gewölbter Bockofen[2]	10	—
Eine neue Kammer (also Verschlag) auf dem Flur	6	—
„Abbau" einer Küche nebst Treppe am „Flohr" . .	6	—
Ein neuer gewölbter Dorofen	6	—
Belegen mit Bohlen und Ausschlagen mit Leinen von 5 „Boden"[3]	12	—
Ein „neu Kammerchen" auf dem Boden	5	—
22 neue Türen mit Hespen und Klinken	15	—
Anbau einer Kammer von 3 Gebind (Fachwerk) bei der unteren Stube	36	—
Glas für 20 Fenster, jedes von 4 Fach (zu 15 Gr.)	50	—
Übertrag	219	17

[1] Um diesen Betrag als Durchschnitt bewegen sich auch die in Vollrath v. Seelstrangs späteren Einzelrechnungen gebuchten Tagelöhne der Zimmerleute und Dachdecker, wobei aber der Wert der Speisung stets inbegriffen ist; auffallend hoch ist dagegen der Lohn eines „Kleibers", der in 9 Tagen mit Speisung 5 Taler 16 Groschen verdiente.

[2] Von dem eisernen Feuerbock für den Holzbrand s. M. Heyne, Fünf Bücher Deutscher Hausaltertümer I, Wohnung (Lpz. 1899) 118, 243; die Entgegensetzung zu „Dorofen" ergibt die Bedeutung: Kamin, die sich in dem späteren Pachtinventar des Guts von 1707 bestätigt.

[3] Zimmerdecken des untern, Fußböden des obern (Dach-)Stockwerks: Heyne a. a. O. 79, 221.

	T.	Gr.
Übertrag	219	17
Tischlerarbeit für Zargen und Fensterrähmen . .	8	—
6 Bänke in Stube und Flur	5	—
2 Kachelöfen in Unter- und Oberstube	12	—
Maurerlohn und Speisung für Pflasterung der Unterstube und Kammer	3	—
Verputz und Verschmierung von Haus, Stube und Kammer	10	—
Kalk, Schwärze und Leim	3	—
Strohdeckung eines Viehstalles von 8 Gebinden . .	50	—
Verschwellen, Durchbauen, Kleiben und Dachen eines Stalles von 8 Gebinden	50	—
Dasselbe bei der Scheune, neue Ständer und Ziegel auf einer, Scheideln auf beiden Seiten, 2 neue Gebinde an einem Giebel	100	—
Anbau einer Abseite[1] an der Scheune	8	—
Torwege und Hege „weitläuftig herumbbegriffen" .	40	—
Für eine Gesamtausgabe von	508	17

muß der neue Herrenhof in der Tat recht dauerhaft, das Haus, dessen immer noch schöne Reste bis auf den heutigen Tag im Wustrauer Park stehen, mit seinen kostbaren Glasfenstern und zahlreichen Öfen sehr schmuck und behaglich hergerichtet gewesen sein.

Auf dem zweiten oder alten Rittersitz, den 1604 Georg v. Lohe bekommen hatte, waren die Ausbesserungen, namentlich des Wohnhauses, zunächst zurückgestellt und dringendere Neuanlagen, offenbar zum Nutzen der dort untergebrachten Schäferei, vorgenommen worden. Auch im ganzen war die Ausgabe dafür gering:

	T.	Gr.
Ein neues (Tagelöhner-) Häuschen von 3 Gebind .	15	—
Decken, Verschwellen und Ausbessern des Schafstalls	20	—
Ausbessern eines zweiten Schafstalls	3	—
Ausgraben und Anfertigen eines Brunnens (Pumpe) mit Stiel, Schwengel und Trog	6	—
Ausgraben eines Teiches	10	—
Ausbessern des Hausbodens	15	—

In der Folgezeit aber wurde unter anderem auch dieser Hof in allen Gebäuden einer gründlichen Erneuerung unterworfen. Es wurden nämlich aufgewandt für:

	T.	Gr.
Reparaturen am Wohnhaus Jürgen v. Lohes noch 1674	26	16
Bau eines neuen Hauses auf diesem Hofe 1674 . .	36	9

[1] Von der ahd. Verdeutschung absis absite: Heyne a. a. O. 89 N. 75.

	T.	Gr.
Reparaturen an Scheune und kleinem Schafstall 1674	3	21
„Umbdecken“ von Küche, Keller und einer Hausseite mit 8000 Rathenower Dachsteinen[1] 1675 . . .	27	10
Neudeckung des Daches („weil der starke Wind fast alles auf einmal runtergerissen“) 1677	28	8
Reparatur von Felbigs (des Schäfers) langem Schafstall 1688	11	8
Neubau eines großen Schornsteins in der Küche 1690	16	—
Deckerlohn 1690	4	—
Ein neues Backhaus 1690.	14	—
Eine Abseite an der Scheune 1690	7	—
Dachreparatur 1692	2	8
Neuer Torweg 1692.	7	—
„Voneinanderbauen“ des andern Hauses zur Trennung der Wohnungen für Schäfer und Weinmeister 1692	8	—
Neubar des Kellers im großen Hause („welcher ganz eingegangen, weil das Gewölbe einfiel“) 1692 . .	8	—
Ausbau des Küchengiebels 1694	5	18
Hühnerhaus auf dem alten Hofe 1694	20	—
Neubau eines (Tagelöhner-) Hauses von 3 Gebind im Garten gegenüber dem Kruge 1694	24	—

Wesentlich für den andern Rittersitz wurden also noch 319 Taler 2 Groschen ausgegeben, das macht mit der ersten Summe 827 Taler 19 Groschen bloß in die Vorwerke gestecktes Meliorationskapital. Mit den Aufwendungen für die Untertanenhöfe übersteigen die Opfer der Seelstrang ein Viertel des Kaufpreises, den sie vor fast 50 Jahren für das Lohesche Gut in Wustrau gezahlt hatten. Von diesen letzten Aufwendungen sind aus dem Verzeichnis von 1674 lediglich die bis dahin gemachten bekannt. Sie bestanden teils in der Übernahme von Bauten, teils in der Anschaffung von Hofwehren, Inventaren an Vieh und Gerätschaften für die Untertanen. Dem Bauern Hans Jakob Bundeman, der Michel Aleits Hof übernommen hatte, waren ein Haus mit Abseite und eine Scheune von je 6 Gebind für 120 Taler gebaut und dazu 2 Ochsen für 18, 1 Pferd für 7 und ein Wagen und Haken für 6 Taler gegeben. Von den Kossätenhöfen war einer mit Matthias Dietert besetzt, der außer seiner nach Art des sächsischen Bauernhauses mit der Scheune unter einem Dach gebauten Wohnung im Werte von 75 Talern eine Hofwehr ebenfalls im Betrage von 31 Talern, bloß mit Kuh und Kalb statt des Pferdes, erhielt. Auf einem der beiden andern Kossätenhöfe wurde nur das Haus für 50 Taler neu erbaut und — vermutlich ohne Ausstattung mit Vieh und Gerät — zu einer

[1] Deren Preis 15 Taler war nebst 15 Groschen Zollgeld und 4 Taler Anfuhr (bis Drätz zu Wasser).

später sogen. Nebenstelle für einen Häusler eingerichtet. Daß die Seelstrang trotz der Beschränkung ihrer Erwerbung durch die Wiederkaufsbedingungen auch sonst nicht bloß nach Art der damals so häufigen bürgerlichen Konkurserwerber das Kaufkapital womöglich durch Verpachtung herauszuschlagen suchten, sondern sich als wirkliche Familiennachfolger der Lohe auf einen längeren Erbbesitz in Wustrau einrichteten, lehrt der kleine Zug, daß sie für 10 Taler das Begräbnisgewölbe ihrer Vorgänger ausbessern und schon 1653 neue Kirchenstühle für sich setzen ließen [1].

Da erweckt es denn eine wehmütige Empfindung, daß nach weniger als einem Jahrhundert auch diese anscheinend so tapfer und erfolgreich begonnene Herrschaft zusammenbrach. Wieder kann zwischen verschiedenen Erklärungen nur die Vermutung hin und her gehen. Bemerkt man den Überschuß der vor 1674 angelegten Meliorationskapitalien über die späteren, so wird man vielleicht auch hier an eine Störung hoffnungsvoller Anfänge durch das Kriegsjahr 1675 denken wollen. Nach Vollrath v. Seelstrangs Tode legten seine Erben, fünf durch Hans Kaspar v. Fratz vertretene unmündige Kinder aus zweiter und eine großjährige Tochter aus erster Ehe, folgenden Sachverhalt dem Kammergericht vor. Seit dem Erwerb 1650 war der Besitz durch Verkauf wichtiger Pertinenzen beeinträchtigt worden. Außer 6 Scheffeln Mühlenpächten und einer „Partie Eichen“ von je 100 Talern Wert war namentlich die Feldmark Zerlang für 1000 (gegenüber dem 1604 festgestellten Wert von 2500 Talern) ganz veräußert worden. Legte man der Schätzung des Gutes den letzten Kaufpreis zugrunde, so beliefen sich demnach die Aktiven nur noch auf 3000 Taler. Ihnen aber standen Vollraths hinterlassene Schulden in Höhe von 3800 Taler gegenüber. Da überdies nach so viel Arbeit und Kosten der Zustand der Gebäude noch immer zu wünschen ließ, ist es durchaus verständlich, daß „die fructus des Gutes denen Zinsen nicht gleich“ waren. Das zur Auseinandersetzung der Erben (die älteste Tochter beanspruchte allein 750 Taler Muttergut) nachgesuchte decretum de alienando wurde deshalb unter dem 22. I. 1696 erteilt. Bereits im folgenden Monat fand sich ein Käufer in der Person des Amtmanns Gottfried Sieber oder Siebert von Fehrbellin, eines Schwiegersohns von Lindholz und also ebenfalls Angehörigen der Metzmacherschen Verwandtschaft, vermutlich eines jener emporgekommenen „Arendatoren“, gegen deren Rücksichtslosigkeit in der Ausnützung der Domänen für ihre Privatunternehmungen die Bauernordnungen der Zeit Vorsorge zu treffen suchten [2]. Er trat schon in einem vor-

---

[1] Vgl. Wackernagel, Wustrau im Spiegel seiner Kirchenbücher in der Märkischen Zeitung vom 21. und 28. VI. 1899.

[2] S. z. B. § 9 des Dienstreglements in der Neumark vom 26. X. 1720: Mylius, Corpus Constitutionum Marchicarum VI, Nachlese 59.

läufigen Vertrage vom 18. II. 1696 für 4700 Taler an Stelle der Seelstrang in ihren Wiederkaufvertrag ein und erhielt dann in dritter Versteigerung das Gut am 18. X. 1697 gegen ein Gebot von nur 4000 Taler. Dieser Preis blieb allerdings beträchtlich unter dem Werte, der in kurfürstlichem Auftrage von dem Landeshauptmann Kuno Albrecht v. Quast und Joachim Friedrich v. Zieten auf Protzen und Brunne am 6. XI. 1696 durch landesübliche Taxe dafür gefunden worden war. Diese Taxe ist im Vergleich sowohl mit der ein halbes Jahrhundert älteren des Zietenschen Gutes als auch mit den früheren Nachrichten von dem Seelstrangschen selbst äußerst lehrreich. Der Gebäudewert war mit 718 Taler geringer als die Summe der bis dahin zu seiner Hebung unternommenen Meliorationen; dem so oft ausgebesserten Schafstall, wird hier gesagt, sei „nicht mehr zu helfen". Dementsprechend zeigt sich dann die Ackerwirtschaft der Vorwerke sehr ertragarm. Auf die Hufe wurden nur 8 Scheffel Roggen und 7 Scheffel Gerste, gar kein Hafer, gesät, und auch die Güte des Getreides kann nicht hervorragend gewesen sein: Die ganze Aussaat der 2 Wispel 20 Scheffel Roggen und 2 Wispel 11½ Scheffel Gerste auf die 8½ Ritterhufen ist mit nur 566 Taler 16 Groschen kapitalisiert, das ergibt selbst bei Annahme eines Rechnungszinsfußes von 10 vom Hundert bloß einen Preisansatz von etwas über 10 Groschen durchschnittlich für den Scheffel. Die zugehörige Viehwirtschaft macht ebenfalls einen heruntergekommenen Eindruck. Die Veranschlagung von 30 Haupt Rindvieh zu 562 Talern 12 Groschen und der als „völlig abgenutzt" bezeichneten Schäferei von 300 Stück zu 600 Talern führt annähernd auf die Werte der sehr schlechten Zeiten von 1648. Allerdings wurde dabei der Kapitalisierung ein jährlicher Ertragsnutzen von nur 4 vom Hundert zugrunde gelegt, 8 Taler für das Hundert Schafe, 1½ Taler für die Milchkuh; anderseits aber wurde nach Maßgabe dieses letzten Satzes in den Kaufpreis der Rinderzucht das nichtmilchende Vieh noch gar nicht eingeschlossen und so gewissermaßen als Draufgabe angesehen. Die Fischerei ist wie die Zietensche von 1648 mit 200 Talern bewertet, dazu kommen aber hier auch wieder die andern grundherrlichen Nutzungen, als Sommerfischerei auf den Pfühlen im Wustrauschen Felde, Entenschlag und Niederjagden, die für 25, 30 und 50 Taler verrechnet werden. In den Seelstrangschen Meliorationsverzeichnissen begegnet 1692 zuerst eine Weinmeisterwohnung. Es ist nicht anzunehmen, daß der Weinbau in Wustrau erst zu dieser Zeit und auf diesem einen Gute anfing betrieben zu werden. Gleichwohl liegen frühere Zeugnisse darüber nicht vor. In der Taxe von 1696 erscheint mit einem Male der Seelstrangsche Weinberg für den ganz stattlichen Wert von 400 Talern. Die Lohesche Hälfte des Kirchlehns und Straßengerichts machte wie 1648 die damals noch ungeteilte Zietensche 100 Taler aus. Unter den Außenpertinenzen war die von den ehemaligen Loheschen Feldmarken allein bei Wustrau gebliebene Schwanower Heide die bedeutendste, wenn der jetzige Wert von 400 Talern (nebst 30 der Abgabe des Teerbrenners und 6 des Fleichzehnts aus einem dortigen Hirtenstall) auch wohl wie der der Zerlanger gegen frühere Zeiten sehr gesunken war. Die andern aus dem Betande von 1604 noch übrigen „Hebungen aus den dabei herumliegenden Dörfern“ Nietwerder, Wutenow und Kietz-Altruppin, zu denen inzwischen noch welche aus Walchow gekommen waren, stellten bei sechsprozentiger Kapitalisierung nur 147 Taler 18 Groschen 9 Pfennige dar. Der Wert der Untertanenhöfe wurde in den Hauptstücken wie 1648 ermittelt, indem man den Bauern- und Kossätendienst auf 200 und 100 Taler, die Bauernkornpächte auf insgesamt 2 Wispel (nämlich 1 Wispel Roggen, 16 Scheffel Gerste und 8 Scheffel Hafer) oder 400 Taler anschlug. Dieser Grundstock des Abgabensystems wurde ergänzt durch die Zehnten und Geldabgaben, nämlich bei Bauern und Kossäten den Fleischzehnt von 12 und 6 und das eigentümliche „Zaungericht“ von 6 und 3 Groschen, bei den Bauern allein das Rauchhuhn zu 2 Groschen und die Pfennigpflege von 16 Schillingen [1], bei den Kossäten allein die 10 Pachthühner zu je 4 Groschen. Diese Nebenabgaben wurden in merkwürdig ungleichmäßiger Kapitalisierung (z. B. Zaungerichte und Fleischzehnten zu 4, Rauchhühner und Pachthühner zu 6 vom Hundert) den Hauptabgaben zugeschlagen und so (Gebäudewerte sind nicht berechnet) auf den besetzten Bauernhof 596 Taler 12 Groschen 8 Pfennige, auf den besetzten Kossätenhof 137 Taler 3 Groschen 8 Pfennige, auf die beiden wüsten Stellen je die Hälfte dieser Summen gerechnet, während der Wert der kleinen Kossätenstelle von 33 Talern 8 Groschen ganz auf ihrer jährlichen Abgabe von 2 Talern, einer Art Erbzins wie der der spätern Büdner, beruhte. Alle diese Posten brachten die Hauptsumme der Taxe auf 5435 Taler 15 Groschen 3 Pfennige. Davon wurden als einzige dauernde öffentliche und private Lasten des Guts der Hälftenbeitrag zum Karweschen Lehnpferd und 1 Taler 9 Pfennige Erbzins für die Parzelle des Guts in den Kirchenwiesen als Kapitalien von 500 Talern und 17 Talern 4 Groschen 6 Pfennigen abgezogen, so daß ein freier Wert von 4918 Talern 10 Groschen 9 Pfennigen herauskam. Ein tiefster Punkt der Entwicklung ostdeutscher Landwirtschaft scheint bei diesem ersten (und einzigen) Übergange eines Wustrauer Ritterguts in bürgerliche Hände erreicht: Die Lehnsausstattung eines

[1] Die Kapitalisation zu 8 Taler 8 Groschen ergibt bei Voraussetzung von 4 v. H. die interessante Währungsgleichung 1 Groschen = 2 Schillingen.

Adelsgeschlechts fand im freien Verkehr keinen Preis zur Höhe des Wertes mehr.

Es gibt in der Wirtschaftsgeschichte fortwährend Wendungen, wo bestimmte, doch erst durch den Entschluß einzelner Personen bedingte Geschehnisse durch Beispiel und Umgebung großer allgemeiner Abläufe eine an Gewißheit grenzende Verteilung von Wahrscheinlichkeit für ihren Eintritt bekommen. Auch bei den Leitern von Produktionsvorgängen hat die Kraft wirtschaftlicher Leistungen in Einsicht, Lust und Tüchtigkeit nur selten größere Spielräume individueller Entscheidung, und wenn vielleicht rückgängige Bewegungen durch die Abwesenheit dieser Momente noch wesentlich beschleunigt werden können, wird der Erfolg von aufstrebenden allemal auf dem breiteren Grunde günstiger Konjunkturen im weitesten Sinne ruhen müssen. Jacob III. v. Zieten hatte bei seinem Tode zwei minderjährige Söhne hinterlassen. Aber schon drei Jahre darauf trat der jüngere, Hans Dietrich, als gemeiner Soldat in eine Infanteriekompagnie des Obersten v. Nostiz in Spandau, der erste Fall in der Geschichte der Wustrauer Zieten, daß die neue Berufsmöglichkeit der stehenden Heere den Mitgliedern einer verschwundnen Kriegsverfassung zu Hilfe kam. Dieser jüngere Sohn war bereits zwei Jahre Leutnant und diente in den Niederlanden gegen Frankreich, als am 22. I. 1692 die förmliche Erbteilung zwischen ihm und seinem Bruder Joachim Matthias in Form einer Verlosung vor sich ging. Den einen der beiden Anteile, die so „verspielt“ wurden, bildete das Wustrauer Rittergut, den andern ein Kapital von der Hälfte seines Wertes, das als Hypothek mit 4 vom Hundert verzinslich darauf stehen blieb. Man wundert sich, daß zugunsten einer alten Förmlichkeit hier eine tatsächlich bereits vollzogene Interessenteilung, denn der Ältere hatte sich als Gutsherr in Wustrau lange eingerichtet, aufs Spiel gesetzt wurde, und wenigstens wurde der Sachlage so weit Rechnung getragen, daß für jeden Fall eine dreijährige Fortdauer des bisherigen Zustandes vorgesehen war. Glücklicherweise bestätigte das Los diesen Zustand für immer. Da ist nun höchst merkwürdig, wie die Verrechung im einzelnen geschah. Der Wert des Gutes wurde in landesüblicher Taxe mit Ausnahme des Inventars, das Joachim Matthias ohne Entschädigung „geschenkt“ erhielt, zu 4409 Taler 14 Groschen angesetzt. Das Inventar war sehr unbedeutend (an Vieh sind aufgezählt 4 Pferde, 31 Rinder und nur 40 Schafe) und nur 183 Taler 16 Groschen wert, aber auch so erklärt sich der Unterschied von 1000 Taler gegen die Taxe von 1648 trotz der inzwischen gelungenen Besetzung von zwei weiteren Untertanenstellen durch die Verminderung des Guts im Kaufvertrage mit den Gühlen von 1654. Selbst dann jedoch erkannte man, was sich etwas später bei dem Seelstrangschen Konkurse erweisen sollte, daß „die Taxe keinen

Kauf ausmache", und zog sogar aus dem Grunde neuerdings 1000 Taler davon ab. Der so verbleibenden Aktivsumme wurden nur 236 Taler Schulden gegenüber gesetzt, das müssen entweder Buchschulden oder kleine Hypotheken gewesen sein; die beiden großen Belastungen des Guts durch die Wiederkaufverträge mit den Kriel und Barstorff sind gar nicht erwähnt, obwohl sie erst später von Joachim Matthias v. Zieten getilgt wurden. Die dem andern Bruder zustehenden Zinsen von der Hälfte der Bilanz waren jährlich 63 Taler 19 Groschen und wurden vergleichsweise auf 66 Taler erhöht. Und selbst von dieser geringfügigen Verbindlichkeit wurde Wustrau schon kurz nach ihrer Entstehung durch den Tod Hans Dietrich v. Zietens befreit. Er starb am 22. XI. 1693 zu Brüssel und hinterließ nach Abzug von Schulden ein Barvermögen von 46 Talern 4 Groschen 4 Pfennigen. Die ersten modernen Kriegsdienste hatten eben nur gerade hingereicht, das landwirtschaftliche Familieneinkommen aufs notdürftigste zu stützen.

Andere glückliche Umstände kamen dazu. Schon 1689 hatte Joachim Matthias v. Zieten an den Bau eines neuen herrschaftlichen Wohnhauses gedacht, offenbar weil die Wohnung in einem Kossätenhause ihm nicht mehr genügte. Dazu bewilligte ihm der Kurfürst eine Lieferung von 5 Schock kienen Bauholz aus den Domänenforsten zum halben Preise. Das war keine Belohnung von Staatsdiensten, wie die Geschenke, die später der Enkel des Fürsten dem Sohne des Untertanen machte, sondern einfach das Eintreten des Lehnsherrn für den Lehnsmann, um ihm wieder zu einer standesgemäßen Lebensweise zu verhelfen. Der Bau hat sich dann durch mehr als ein halbes Jahrzehnt hingezogen. Noch 1697 wurden bei dem Vetter Wiprecht v. Zieten auf Dechtow und dem Kaufmann Valentin Schnakenburg in Neuruppin fünfprozentige Darlehen von 150 und 100 Talern dafür aufgenommen. Um dieselbe Zeit aber verheiratete sich Joachim Matthias v. Zieten mit Elsabe Katharina, Tochter Hans Joachims v. Jürgaß auf Ganzer. Der Ehevertrag vom 27. XI. 1695 geht zwar mit dem darin stipulierten Geldkapital über das Maß des zu Anfang des Jahrhunderts Üblichen nicht hinaus. Die eigentliche „Ausstattung" waren 1200 Taler, binnen Jahresfrist bar zu erlegen oder zu verzinsen, und dazu kamen nur noch 100 Taler eines der Braut von einem Vetter aus der Familie v. Quast hinterlassenen Legats. Aber das reiche Inventar an Schmuck und Kleidern, Silber und Gold, Betten und Leinen, Kisten, Kästen und Geräten, die die junge Frau in die Ehe brachte, zeigt, daß hier in der Tat eine Familienverbindung geschlossen war, die für den Kredit und auch den wirklichen Wohlstand der Zieten die besten Folgen haben konnte. Und die Verpflichtungen des Ehemannes lehren auf der andern Seite, daß ohnedies auch seine Lage bereits als gekräftigt gelten konnte. Außer dem gebräuchlichen Gegenvermächtnis in der genauen Höhe der Geldmitgift brachte er 150 Taler zu einer goldnen Kette als Morgengabe und bestimmte für den Fall seines früheren Todes eine ebenso reichliche als mannigfaltige Alimentation aus dem Wustrauer Gut, nämlich jährlich je $1^1/_2$ Wispel Roggen, Gerste und Hafer (zusammen etwa die Hälfte der Vorwerksernte), 12 Scheffel Hopfen und je 2 Erbsen und Buchweizen, 15 Taler zu einem fetten Ochsen, 2 fette Schweine oder 8 Taler, 3 gute fette Hammel, 15 Hühner, 4 Achtenteil[1] gute Kuhbutter, 6 Schock Kuh- und 2 Schock Schafkäse, 3 Schock weiße Kohlköpfe, endlich 18 Taler zur Wohnung und 6 Taler Holzgeld.

Die Befestigung der Zietenschen Vermögensverhältnisse in Wustrau äußerte sich sofort in einer keinesfalls planlosen Abrundungspolitik für das Gut. Die an ihrem Ort bereits erzählte Ausübung des Wiederkaufrechts gegen die Barstorff und die Kriel, die eine lästige Teilung der Gutsherrschaft beseitigte, geschah zunächst zwar nicht mit barem Gelde, sondern als Konversion der gemachten Anleihen durch Veränderung entweder der Sicherheit oder auch des Gläubigers, aber diese war doch der erste Schritt zu endgültiger Tilgung, und die bloße Möglichkeit bezeugt neben einer allgemeinen Entwicklung der Schuldrechtsformen doch auch die Besserung der individuellen Lage. Daß das Ziel dabei höher war als bloße Finanzoperationen, lehrt ein andres Geschäft des Joachim Matthias v. Zieten schon im neuen Jahrhundert. In dem vergangnen, man weiß nicht, ob auch bereits früher, hatten einige Hebungen von Zietenschen Bauernhöfen in Wustrau, dem Kruge und dem ehemals Kemnitzschen und Krügerschen, den Lehnsvettern in Langen gehört. Sie waren nicht bloß durch ihr Bestehen eine Störung der einheitlichen Gutswirtschaft, sondern auch durch ihre Beschaffenheit, indem sie außer (22) Pachthühnern besonders Haferabgaben im Gesamtbetrage von mehr als 1 Wispel umfaßten. Denn eine ganze Anzahl von Zeugnissen, die Beschränktheit des Haferbaus und der Pferdehaltung auf dem Zietenschen, die Abwesenheit beider auf dem Seelstrangschen Gute, lassen keinen Zweifel darüber, daß der Haferbedarf der Landwirtschaft damals wenigstens im Eigenbau nur sehr ungenügend gedeckt gewesen sein kann. Nunmehr war durch den Übergang der Zietenschen Gutsherrschaft in Langen an die Familie v. Redern noch ein äußerer Anstoß zur Beendigung dieses Streuverhältnisses gegeben. Am 6. I. 1706 trat Georg Wilhelm v. Redern gegen eine Bezahlung von 165 Talern seine Wustrauer Be-

---

[1] Das Viertel Butter wog nach den gewiß auch für Niederdeutschland maßgebenden holländischen Handelsgewohnheiten des 18. Jahrhunderts 80 Pfund. J. Le Long, De Koophandel van Amsterdam I[8] (Rotterdam 1763) 443.

rechtigungen an Joachim Matthias v. Zieten ab. Das Kaufobjekt wurde zur Höhe dieses Wertes vervollständigt durch einen Teil der alten Wustrauer Holzung, die sogen. mittelsten Hoppenwälle [1], die vielleicht einst in ähnlicher Weise zusammen mit den Wustrauer Pächten nach Langen entfremdet worden waren. So wertlos dieser Flurteil in seinem früheren Zustande zwischen Forst- und Wiesennutzung von jeher gewesen war, eben jetzt begann die neu angeregte Unternehmung auch auf seine Verwendung Aussicht zu bieten. Einen andern Teil der Hoppenwälle hatte der Amtmann Sieber noch vor seinem Besitzantritt in Wustrau am 1. IX. 1697 von Joachim Matthias v. Zieten auf 12 Jahre in Pacht genommen mit der Auflage, die Fläche innerhalb dieser Frist zum Gebrauch als Wiese zu roden und einen alten Graben darin wiederherzustellen.

Eine wesentliche Stütze für die gesellschaftliche Stellung des Ritteradels war seit dem Mittelalter die Zusammenfassung des Besitzes ganzer Geschlechter im Erbgange durch die „gesamte Hand". Diese ständische Versicherung des Rittergutsbesitzes hatte mit dem zunehmenden Abschluß der einzelnen Familiengüter und der Familienvermehrung in der Neuzeit wohl an Bedeutung eingebüßt, aber dennoch eine genügend große behalten, um die Formen ihres Rechts im Gebrauch zu bewahren. Ja, es sieht fast so aus, als habe im Anfang des 18. Jahrhunderts das Streben der Regierung nach Auflösung des öffentlichen Lehnsverbandes durch die Allodifikation in den Kreisen des Adels eine allgemeine Bemühung erzeugt, die privatrechtlichen Folgen der so bedrohten Gesellschaftsverfassung desto fester zusammenzuziehen. In Wustrau hatten Jacob III. und 1688 auch Joachim Matthias v. Zieten es versäumt, bei Mutung ihrer Lehen auf die gesamte Hand über die ihrer Lehnsvettern zu Brunne und Wildberg besonders anzutragen. Erst ein Gesuch, das Joachim Matthias zu diesem Zwecke im Jahre 1712 an die Lehnskanzlei richtete, führte zur Beanstandung dieses Rechtsfehlers und zur Einholung eines lehnsherrlichen Pardon dafür. Und wenn die Aufrechterhaltung der Lehnstradition gerade für den Fall von Besitzveränderungen vornehmlich wichtig war, die die ursprüngliche Rechtslage des Geschlechts verwischen konnten, so gab 1716 der Übergang der Wildberger Zieten auf Metzeltin sofort die Gelegenheit zur Verfolgung des neuerdings erworbenen Gesamthandanspruchs. Eine der letzten Handlungen Joachim Matthias

[1] Diese Erweiterung des alten Namens „Wälle" hat schwerlich etwas mit Hopfenkultur zu tun, von der man doch auch sonst hören würde; der Vergleich mit der Maßbezeichnung „Hoppstelle" und den Altfriesacker „Hoppegärten", die aus dem Sumpf durch die Erde des dortigen Burgwalls gewonnen wurden (vgl. Flurnamen und dorfgeschichtliche Beiträge 847, wo indes die Ableitung von Hopfen gegegeben ist), läßt auch hier an „Haufenwälle" denken.

v. Zietens war 1719 nach tatsächlicher Aufhebung der Lehnbarkeit die Eintragung seiner sämtlichen Lehnrechte in das neuangelegte Hypothekenbuch der Mittelmärkischen Ritterschaft.

Noch zu seinen Lebzeiten kam auch das Lohesche Nachbargut durch einen dritten Wechsel der Herrschaft wieder in adlige Hände. Der Amtmann Sieber muß durch vermutlich zu ausgedehnte Wirtschafts- oder Geldunternehmungen doch in Schwierigkeiten geraten sein. Schon seit 1698 war er gezwungen, zur „Anrichtung und Verbesserung" des Wustrauer Guts, aber daneben auch zur Bezahlung von Amtsgefällen, d. h. seiner Domänenpacht, Hypotheken von 1400 und 1000 Talern bei dem Kaufmann Lohmeyer zu Berlin (die erste Verbindung Wustraus mit dem Kapital der entfernten Hauptstadt) und bei der Witwe Elisabeth Ney geborenen Bulss in Neuruppin (die schon als Gläubigerin der Seelstrang, im Besitz einer langen Rhinwiese zu Wustrau war) mit auf das Gut zu nehmen. Aber dieses wird ihm ohnehin lediglich eine billig erworbene Ware gewesen sein, die er bei der ersten Aussicht auf einigen Gewinn im Markte loszuschlagen bereit war. Als er es schon am 19. III. 1707 an den Oberstleutnant Joachim Friedrich v. Rohr verkaufte, erhielt er dafür das Doppelte des von ihm vor zehn Jahren gezahlten Kaufpreises: 8000 Taler. Diese Wertsteigerung ist aber noch kein genügender Maßstab der Vorteile, die Sieber für sich und seine Erben aus dem vorübergehenden Besitz von Wustrau zu ziehen verstand. Als er bald darauf starb, wandten sich die beiden erwähnten Hypothekengläubiger wegen ihrer Kapitalien und rückständiger Zinsen an seinen Nachfolger in Wustrau, und dieser sah sich in der Tat genötigt, zunächst am 1. VI. 1710 die Lohmeyersche und vier Jahre später, nach vergeblichem Prozessieren, am 6. VII. 1714 auch die Neysche Forderung zu honorieren. Aber damit nicht genug, Siebers Hinterlassenschaft muß so dürftig gewesen sein, daß auch die Kurmärkische Amtskammer mit ihren Pachtrestansprüchen an den Verstorbenen auf Wustrau zurückkam, und obwohl Joachim Friedrich v. Rohr beim Abschluß mit Sieber bereits 6000 Taler auf den Kaufpreis angezahlt hatte, hatte noch sein Bruder und Nachfolger Otto Albrecht, der Landrat des Kreises Ruppin, am 2. XII. 1721 2898 Taler an die Kammer abzuführen, wofür ihm lediglich ihre sicher mehr als zweifelhaften Ansprüche gegen Siebers Erben übertragen wurden.

Wenige Tage nach Übergabe des Gutes zu dem gewöhnlichen Termin von Mariä Verkündigung verpachtete es Joachim Friedrich v. Rohr an den „Pensionarius" Joachim Dietrich Meyer[1]. Das zu diesem Zwecke aufgenommene Inventar zeigt nun

[1] Aus der Vollziehung des Pachtinventars ergibt sich, daß dieser Verwalter Analphabet war.

doch, daß die Preissteigerung der Wirtschaft nach Siebers Verwaltung keine völlig ungerechtfertigte Bereicherung darstellte. Auch hier hatte sich schon während eines kurzen Interregnum die Tüchtigkeit jenes besonderen Standes von Landwirten bewährt, der mitten in der feudalen Agrarverfassung durch die moderne Wirtschaftsmethode kurzfristiger Verpachtungen auf den Domänen gebildet worden war. Zunächst hatte die von den Seelstrang begonnene Wiederbevölkerung mit abhängigen Arbeitskräften weitere Fortschritte gemacht. Neben dem Kossäten Wuerstedt und dem Nebenstellenbesitzer Joachim Sommerfeld, der vielleicht mit dem 1693 abgebrannten Zietenschen Krüger einerlei ist oder zusammenhängt, gab es nun wieder zwei Bauern, Peter Jericke oder Jennerich und Erdmann Dieterich (möglicherweise war der Seelstrangsche Kossät Dietert in einen Bauernhof aufgerückt), und außerdem noch zwei Einlieger oder Tagelöhner, Christian Vogeler und Stephan Wegener, Angehörige einer landwirtschaftlichen Bevölkerungsklasse, die sich eben damals aus den Überbleibseln verelendeter und heimatloser Bauernfamilien abzusondern und an der Seite des gesetzlichen Gesindes der Bauernkinder den steigenden Bedarf nach freier (mit Landbesitz nicht mehr ausgestatteter) Landarbeit decken zu helfen anfing.

Auch die Ackerwirtschaft hatte sich gegen 1697 gehoben. Damals waren auf die 8½ Vorwerkshufen nur etwas über 5 Wispel Aussaat gerechnet worden. Nun wurden dem Pächter allein zur Sommersaat 3½ Wispel Gerste, 1½ Wispel Hafer und ½ Wispel Erbsen (diese wahrscheinlich für die Brache) geliefert. Was außer diesem Saatgut an Körnerinventar mit dem Gute übergeben wurde, dürfte den damaligen Halbjahrsbedarf in der Wirtschaft eines kleineren Ritterguts wiedergeben. Es war: an Weizen nur 2 Scheffel, noch dazu „etwas unrein“; an Roggen 1 Wispel 5 Scheffel, wovon 12 Scheffel gemahlen, 6 für die Ochsen geschrotet waren; an Gerste neben 1 Wispel 4 Scheffeln „guter“ zu Malz noch 3 Scheffel „Ackergerste“; an Hafer 7 Scheffel; an Erbsen 4 Scheffel gute und 2½ Scheffel unreine; alles in allem etwas über 3 Wispel. Eine Ergänzung dazu bildeten Grütze von je 1 Scheffel Gerste und Hafer, eine 20pfündige Speckseite und ein Viertel Salz. Unter dem Viehstande waren in der Taxe von 1697 nur Rinder und Schafe gewertet worden, jetzt erhielt Meyer von jeder Gattung wohlgezählte Herden. Sechs „mit allem Sielenzeug“ ausgerüstete Pferde waren damals bei der fast unbeschränkten Verfügung über die Bauerngespanne eine ungewöhnlich reiche Ausstattung eines Vorwerks. Dasselbe gilt von einer Rinder- und Schweinezucht von 33 und 32 Häuptern. Die erste umfaßte 4 Zugochsen zu 12 Talern und 2 zu 10; 8 „mülcke“, 3 tragende und 2 „güste“ (unfruchtbare) Kühe zu je 6 Talern; 3 Stiere von 3 Jahren, 2 von

$1^1/_2$ und 3 von $^1/_2$ (Spankälber[1]); 4 Stärken von $2^1/_2$ Jahren, 2 von $^1/_2$ und 1 Spankalbstärke; endlich sogar einen eigenen Bullen. Von den Schweinen waren 4 Zuchtsäue, 9 zweijährige, 15 einjährige „Pölken" und 4 „Fercken so gespänet". Die Schäferei erreichte zwar mit insgesamt 493 Haupt nicht die zwei Rittersitzen angemessene Zahl von zweimal 300, überstieg aber scheinbar den Bestand von 1697 ganz beträchtlich. Der Unterschied erklärt sich, wenn man auf die sehr eigentümliche Zusammensetzung der Herde dem Eigentum nach sieht. Es war eine alte Einrichtung der ostdeutschen Landwirtschaft, daß das Schäfergewerbe namentlich in den großen grundherrschaftlichen Zuchten als Teilhaberschaft nicht bloß am Ertrage, sondern am Eigentum des Herdenkapitals betrieben wurde. Ein Überblick über die Entwicklung dieser Wirtschaftsmethode, die den Hauptanlaß zur Ausbildung der verwickelten territorialen Schäfereirechte abgab, enthüllt nun, gewiß in Entsprechung zu der allgemeinen Vervollkommnung der Zuchtarten, ein stetiges Sinken des Besitzanteils und damit des wirtschaftlichen Einflusses der Schäfer. Die ältesten märkischen Schäfereiordnungen des 16. und 17. Jahrhunderts gehen von der Hälfte der Herden als der höchsten zulässigen Beteiligung aus, der gegenwärtige, freilich schon auf Menschengedenken zurückgehende Betrieb der Wustrauer Rittergutsschäferei beschränkt das Eigentum der Schäferei auf das Dreizehntel. Im Jahre 1697 war die Seelstrangsche Schäferei von 300 Häuptern, wenn man diese Zahl als „eigne" Schafe der Herrschaft, den Schäferanteil als ungenannt auffaßt, trotz ihrer „völligen Abnutzung" doch noch in zahlenmäßig gutem Stande. Im Jahre 1707 besaßen Schäfer und Knecht mit 240 alten Schafen und 98 Lämmern weit mehr als die halbe Herde; an „eignen" Schafen waren von Siebers Verwaltung nur 49 tragende, 33 Hammel, 15 jährige Zieb- und 25 jährige Hammellämmer vorhanden, dazu lieferte Rohr dem Pächter neu 13 Zieb- und 20 Hammellämmer. Der Geflügelhof hatte 17 Gänse mit den Gänten und 22 Hühner mit den Hahnen; 8 Enten und 2 Erpel, die das Inventar aufzählte, ließ Meyer in einer Randbemerkung bestreiten empfangen zu haben[2].

Der Rest des Inventars waren Gebäude und Hausgerät. Der Zustand der ersten war in der Hauptsache der durch die Seelstrangsche Herrschaft erreichte — diese wichtige Grundlage der Wirtschaft ist jedenfalls ihr Verdienst. Nur einige neue Einzelheiten der Beschreibung namentlich auf dem zweiten Rittersitz, der jetzt nur noch der Viehhof hieß, gehen vielleicht auf Sieber zurück. So waren die hölzernen Gehege nach der

---

[1] Die Vorsilbe bezeichnet bekanntlich ganz allgemein das gesäugte junge Tier. Heyne, Hausaltertümer II, Nahrung (1901) 181 N. 87.

[2] In gleicher Form behauptete er sonderbarerweise auch nur 24 Schweine und 98 (eigene) Schafe bekommen zu haben.

Wetterseite überall durch sogen. Wetterwände von Ziegeln und Spohn verstärkt. Zu Ausbesserungen blieb ein ansehnlicher Bauholzvorrat beim Gute, 12 Klafter Birkenholz, 4 Fuder Ellerndauerholz, etliche Stück groß Tannenholz und etliche Bohlen, die ausdrücklich zur Reparatur des schadhaften Geheges bestimmt waren. Der Wert des „Wagenzeugs, Ackerwerks und Hausgeräts“ war beim Erwerb des Guts vom Oberstleutnant Rohr durch einen besonderen Aufschlag von 200 Talern auf den Preis anerkannt worden. Es gab auf dem Hofe nur Leiterwagen, davon aber vier, weiter 5 Schlitten, 5 „fertige“ Haken, 6 „Egden“, 3 „fertige“ Futterladen, 4 Topketten, 2 Echsen (Äxte) und je 3 Heuforken, Mistforken und „Spaden“. Wenn nun nicht bloß diese schweren und kostbaren Werkzeuge der äußeren Wirtschaft zum Sachbestande des Gutes gehörten, sondern mit Haus und Hof auch deren innere bewegliche Ausstattung übertragen wurde, so ist die Ursache doch nicht allein die Zeitweiligkeit der Verwaltung durch eine mit dem allen mangelhaft gerüstete Wirtschaftsperson. Es lag vielmehr in den Bedingungen der alten Naturalwirtschaft, daß sich nur sehr wenige Mobilien minderen Werts und Gewichts im Sachverkehr wirklich als solche von dem Immobiliarbesitz unterschieden, für die übrigen hingegen unter normalen Verhältnissen dauernde Verbindung mit irgendeinem Stücke des letzten die wirtschaftliche Regel war. Auch in den obersten und wohlhabendsten Klassen der Bevölkerung gehörte das Mobiliar nur mittelbar den Familien, zunächst ihren Wohnungen, den Häusern und Höfen [1]. Obenan steht die Einrichtung von Brauerei und Meierei, Küche und Keller. Das waren 2 große alte eingemauerte Kessel von $1^1/_2$ Tonnen Inhalt und 2 kleinere zu 1 und 2—3 Eimern Wasser, 20 Milchtubben, Butterfaß und Käsebank und -kanne, der Rost und der Bratspieß mit seinen zwei Böcken, Speisefaß und Kohltonne, Drahtsieb und Deg-(Back-)Trog, Achtenteil und Wetzstein, Mehl- und Grützkasten, 4 Weinfässer, 2 Tienen, 5 Tonnen, 7 „Lögeln“, 3 Haus- und 2 Stalleimer, endlich das „Kleingefäß“: 4 irdene Schüsseln, 1 Napf, 6 Teller, 3 Holzkannen und 1 große hölzerne Butterbüchse. Möbel im heutigen Sinne waren vor allem die Betten, eines „mit dem Himmel“ für den Hausherrn, ein zweites und drittes für Knechte und Mägde, dann 2 Tische und 12 Schemel, 1 Kleiderschaff, 2 Spinde und 2 Koffer. Unentbehrlich und wohl knapp hinreichend war das Feuerwehrgerät: 2 große Spritzen und 4 Ledereimer.

4. Die Gutswirtschaft Hans Joachim v. Zietens.

Einen merkwürdigen Anhalt dafür, daß die Entstehung der kleineren Rittergüter auf einer planvoll gleichmäßigen

---

[1] So ist noch heute im Wustrauer Herrenhause ein großer Teil der Einrichtung Bestandstück des Gutsfideikommisses.

Ausstattung eines Heeres von Adelsfamilien beruht, gibt die wirtschaftsgeschichtliche Tatsache, daß durch Jahrhunderte mit allen ihren Verschiebungen und Vertauschungen eines anfangs verstreuten, dann örtlich immer mehr gesammelten Besitzes der Wert der einzelnen Familiengüter unter gleichen Bedingungen der ökonomischen Entwicklung und eines Mindestmaßes persönlicher Energie dauernd fast genau gleichgeblieben ist. Der des Loheschen Guts in Wustrau, der zu Anfang des 17. Jahrhunderts mit den bedeutendsten Außenzubehören nur wenig über 10000 Taler betragen hatte, erreichte trotz größter vorübergehender Entwertung in der Mitte dieses Zeitraums doch an seinem Ende infolge einer ganz kurzen Periode steigender Konjunkturen und tüchtiger Verwaltung mit 8000 Talern wieder beinahe mehr, als was der inzwischen verminderten Menge der Güter entsprach. Ebendieselbe Wertsteigerung war auf dem Nachbargute das Ergebnis der wohl in der Tat auch persönlich durchgreifenden Verwaltung Joachim Matthias v. Zietens. Er starb am 19. I. 1720, aber die vermögensrechtliche Auseinandersetzung verzögerte sich um ein volles Jahrfünft. Schwierigkeit scheint zunächst die Bestellung eines Vormundes für den einzigen Sohn Hans Joachim, den damaligen Freikorporal beim Schwendyschen Regimente in Neuruppin, gemacht zu haben. Wenigstens hat sich der vom Kammergericht zunächst ausersehene Lehnsvetter, der Hauptmann Hans Christian v. Zieten auf Brunne, mit Angabe der triftigsten Gründe, wie der Sorge für eine kranke Frau, der Erziehung eines Neffen und der Vormundschaft über neun andere, geweigert, das neue Familienamt anzutreten. Es steht dann gewiß im Zusammenhange mit Hans Joachims Ernennung zum Leutnant bei den Wuthenowschen Dragonern im entfernten Insterburg im Januar 1726[1], wenn am 26. II. dieses Jahres zum förmlichen Erbvergleich der Mutter und der Kinder untereinander geschritten wurde. Nach Maßgabe der jüngsten gesetzlichen Regelung des Intestaterbrechts für Lehen[2] erhielten dabei die weiblichen Kinder je ein Fünftel von dem Anteil des hier einzigen männlichen, also Hans Joachim vier Siebentel, die Schwestern Engelburg Maria, Frau des Feldwebels Kühn im Forcadeschen Regiment, Dorothea Sophie und Margarete Juliane je ein Siebentel vom Werte des Wustrauer Guts, und nachdem man übereingekommen war, die Anteile der Töchter darauf stehen zu lassen, wurde es zum Zweck ihrer Ermittlung einer Taxe unterworfen. Dabei wurde der Bruttowert des Lehnguts zu 8616 Talern 12 Groschen angenommen, der Nettowert zu 6888 Talern 16 Groschen.

---

[1] Winter a. a. O. II 9f.

[2] Constitution über die Sukzession der Agnaten vom 1. VI. 1723 § 12. Mylius II 5, 130.

Die Differenz, die Belastung, enthielt neben dem Wert der Staatsabgaben als größten Posten die „inferierten" 1300 Taler Ehegelder der Witwe. Diese hätte ihr der Sohn nebst dem gleich hohen Gegenvermächtnis und der Morgengabe mit 110 Talern verzinsen müssen, sie erklärte sich aber mit 52 zufrieden und erleichterte ihm auch sonst die Übernahme durch die Überlassung der letzten beiden Ehevertragsrechte und durch eine bequemere Ordnung ihrer Alimentation (sie vertauschte hauptsächlich die Hopfen-, Buchweizen- und Molkereilieferungen mit der Nutzung von 2 Kühen des Inventars). Jedenfalls war auch dies Gut anfangs des 18 Jahrhunderts gar nicht mehr so weit von der Werthöhe entfernt, die sich aus der Taxe von 1648 für die davor liegende Zeit ermitteln ließ. Und ein bewegliches Allodialvermögen von 1909 Talern (darunter 940 an Barschaft und 170 an Silber), das gleichzeitig festgestellt wurde, war sicherlich mehr als die Wustrauer Zieten seit Jahrhunderten zur Verfügung gehabt hatten.

Über den Zustand des Gutes kurz vor dem Zeitpunkt, da ihm mit der ungewöhnlichen Laufbahn seines Besitzers ungewöhnliche Mittel zuzuwachsen begannen, gibt die Taxe von 1726 trotz aller Lückenhaftigkeit auch im einzelnen die reichhaltigste Auskunft. Die Ackerwirtschaft des Vorwerks ist durch die Aussaatzahlen genau umschrieben. Sie beanspruchte an Roggen 3 Wispel 5 Scheffel 8 Metzen, an Gerste 2 Wispel 10 Scheffel, an Hafer 1 Wispel 1 Scheffel, an Lein 3 und an Erbsen 8 Scheffel, erreichte also im gesamten noch nicht ganz das 1648 angenommene Normalverhältnis von 1 Wispel auf jede der 8 Hufen. Eigentümlich sind die sogen. Lehnstaxen, die für die verschiedenen Früchte der Wertberechnung zugrunde gelegt sind. Die von 250 Talern für den Wispel Roggen höher ist, die (nicht ausdrücklich angegebene, aber aus der Kapitalisation zu errechnende) von 168 Talern für den Wispel Gerste niedriger, die von 100 Talern für den Wispel Hafer ebenso hoch als die Ansätze von 1648. Die Erbsen sind, zu 200 Talern der Wispel, höher als die Gerste, die Leinsaat mit 480 Talern auf den Wispel am höchsten von allen angeschlagen [1]. Vom lebenden Inventar ist nur die Schäferei berücksichtigt. Sie war wie auf dem Loheschen, ebenso auch auf dem Zietenschen Gute im Laufe des 17. Jahrhunderts sehr verwahrlost. Aber hier zählte sie noch jetzt 2 Hundert Tiere, von denen ein jedes Hundert den aus der Seelstrangschen Taxe von 1696 bekannten Minimalbetrag von 8 Talern abwarf.

---

[1] Da der Erbvergleich als damalige Scheffelpreise für Roggen 13 Groschen, für Gerste 9 Groschen 3 Pfennige und für Erbsen 16 Groschen angibt, so zeigen die Lehnstaxen dieser Früchte wiederum eine überraschend ungleichmäßige Kapitalisation zu ca. 4, $5^1/_2$ und 8 v. v. H.

Eine Taxe der Rinderzucht sollte wohl in der des Wieswachses mit enthalten sein, der mit 80 Fudern Heu zu 16 Groschen auf 53 Taler 8 Groschen berechnet war. Nun besaß aber das Gut nach dem gleichzeitig aufgenommenen Inventar einen ganz armseligen Rindviehstand von 32 Haupt im Gesamtwerte von (abzüglich dreier nicht angeschlagner jüngerer Stiere) nur 101 Taler 9 Groschen. Seine Nutzung war also gewiß, wenn überhaupt, bloß mit einem verschwindenden Betrage am Gesamtwerte des Wieswachses beteiligt. Die Hauptart der Wiesennutzung muß damals noch mehr wie heute im Heuhandel wirklich bestanden haben, zumal ja auch die Viehhaltung durchaus nicht allein auf diesen Teil der Flur angewiesen war. Die zweite Kategorie der Viehweide, die Brachen und raumen Hutungen, hatte allerdings gerade zur damaligen Zeit allgemein den Tiefstand ihrer wirtschaftlichen Brauchbarkeit erreicht[1], aber sie dürfte in Wustrau für eine noch dazu so unbedeutende Schäferei allein zu groß gewesen sein. Daß auf alle Fälle die Viehzucht der Zieten weit entfernt war, die Möglichkeiten eines so hervorragenden Wiesengutes auszufüllen, darauf deutet auch der sehr beträchtliche Posten, mit dem neben dem Wieswachs noch andre „vermietete“ Wiesen aufgeführt sind. Die Höhe der Pachtgelder, 61 Taler, läßt im Vergleich mit der freilich besonders unwirtschaftlichen Erbverpachtung der Kirchenwiesen für etwa 50 immerhin auf eine ansehnliche Fläche schließen.

Für die bäuerlichen Verhältnisse des Zietenschen Gutes lehrt die Taxe von 1726 neben dem Hentzekeschen Landbuch von 1491 und den Lehnspezifikationen des 17. Jahrhunderts eine dritte wichtige Epoche kennen, deren Vollendung wie die der Neubesiedlung unter die Verwaltung des Joachim Matthias fallen muß. Sei es, daß die lehnrechtlichen Ansprüche gegen die Untertanen in ihrer geschilderten gefährlichen Schärfe gegen die wirtschaftliche Wirklichkeit niemals durchgesetzt werden konnten oder daß erst in der letzten Periode die wechselnd glücklichen Kolonisationsversuche alte Forderungen zu mäßigen gezwungen hatten — wenigstens läßt sich eine nicht unbedeutende Minderung der Pächte gerade in dieser Zeit, für das Jahr 1698, nachweisen, da sich die Wustrauer Gutsherren oder Gerichtsinteressenten, wie sie sich nach ihrem wichtigsten öffentlichen Rechte nannten, darüber vereinigten, ihre Untertanen künftig bei Hofdiensten außer der Ernte nicht mehr zu speisen und ihnen dafür 8 Scheffel Roggen und 4 Gerste an Abgaben zu erlassen —: auch für das Abgabensystem bedeutete der Zustand von 1726 wesentlich eine Rückkehr zu den Anfängen der Gutswirtschaft. Der Betrag der

[1] Sprechende Belege Acta Borussica Getreidehandelspolitik III (Darstellung von A. Skalweit 24).

Kornpächte der Bauern ist wiederum der des 15. Jahrhunderts: 12 Scheffel Roggen, je 6 Gerste und Hafer. Als Geldwert dieser Abgabe sind nur $10^1/_2$ Taler angenommen, weil als Scheffelpreis für Roggen und Gerste 12 Groschen und für Hafer halb soviel angesetzt ist[1]. Auf dieselbe Weise sind die Pächte der beiden Brunner Bauern berechnet, deren Menge jedoch mit je 1 Wispel Roggen und Gerste die alte geblieben war. Von den Diensten findet sich hier zum ersten Male ein bestimmter, den früheren Kapitalisationen entsprechender Jahresanschlag in Geld, und zwar für die Handdienste der Kossäten 6, für die Spanndienste der Bauern in Wustrau 12, in Brunne sogar 15 Taler. Wie man auf die Beträge kam, bleibt dahingestellt. Wollte man einheitlich die damals auf den Domänen übliche Bewertung des Spanndiensttages mit 2 Groschen zugrunde legen, so ergäbe sich in Wustrau etwas weniger, in Brunne bedeutend mehr als die durchschnittliche Inanspruchnahme der Bauerngespanne an drei Wochentagen. Daß man aber tatsächlich von der Domanialtaxe abwich, zeigt doch das hälftige Verhältnis von Spann- und Handdienst, das nach jener vielmehr zuungunsten des letzten ($2:1^1/_2$ Groschen) hätte verändert werden müssen. An Fleischabgaben liefern zunächst die Wustrauer Bauern ihr Rauchhuhn (allein Martin Protz und Melchior Brunnemann wahrscheinlich aus besonderen Verträgen als Entgelt irgend eines Vorteils noch 11 Pachthühner dazu), die Kossäten, wie schon früher die Brunner Bauern, je 10 Hühner; die Werteinheit ist in allen Fällen 2 Groschen. Daneben erscheinen dann (in Wustrau zum ersten Male seit dem 15. Jahrhundert) wieder Zehnten, aber aus dem ganzen reichen System, wie es noch im 17. Jahrhundert in Brunne sich erhalten hatte, jetzt auch dort nur ein Schweinezehnt von 4 Groschen und ein sogen. ungewisser Zehnt, vermutlich eine Ablösung des Zehnten von der immer eingeschränkteren bäuerlichen Großviehhaltung (in Wustrau 1, im wohlhabenderen Brunne 4 Groschen). Die Wustrauer Hedeabgabe von 6 Pfund auf den Untertan war mit 1 Pfennig für das Pfund nur 18 Groschen wert, der Zapfenzins des Krügers, bestehend hauptsächlich aus der Tonne Bier und dem Pfunde Pfeffer, 2 Taler und die Pacht des Fischers nach Abzug der Konsumtion, d. h. doch wohl der in Natur der Herrschaft gelieferten Fische im Werte von 7 Talern, noch 5. Von den zahlreichen Außenpächten des 17. Jahrhunderts treten, gewiß ein Ergebnis der allgemeinen Bewegung auf Abschluß der Gutswirtschaften, nur die 12 Scheffel Weidehafer aus Karwe zu den aufgezählten Abgaben und bringen ihren Jahreswert dadurch auf genau 110 Taler.

[1] Das entspricht den niedrigsten Sätzen der sogen. Kammertaxen auf den preußischen Domänen des 18. Jahrhunderts. Skalweit a. a. O. 12f.

Die Liste der „Prästationen" in der Taxe von 1726 ist nicht minder interessant als die der Aktiven. Sie umschließt außer dem ganz geringen Betrage des Erbzinses für Kirchenwiesen in der Pacht des Ritterguts (20 Groschen) lauter öffentliche Lasten und gestattet so einen Vergleich mit der sonst bekannten Belastung, namentlich der ganzen Ortschaft Wustrau. Das Ergebnis ist, daß das Zietensche Gut von jeder Steuereinheit nur einen verhältnismäßig kleinen Teil zu tragen hatte. An Lehnpferdegeld schuldete es von Wustrau 10 Taler 2 Groschen 2 Pfennige, von Brunne 2 Taler 19 Groschen 8 Pfennige, zusammen also nur etwa ein Drittel des jährlichen Ablösungsbetrages von 1717. Ein Schoß von 16 Groschen, vermutlich zusammengesetzt aus den Kopfsteuern der gutsherrlichen Hausleute, kann auch nach dem Tarif des Fundamentalrezesses von 1704 bloß wenige Prozente des Wustrauer Gesamtschosses ausgemacht haben. Zu den neuen Heeressteuern war das Vorwerk nur wenig stärker herangezogen. Es zahlte 9 Taler 18 Groschen Kontribution und 5 Taler 21 Groschen „Reutergeld", das 1717 aufgelegte Kavalleriegeld. Nun ist man über die Kontributionserhebung in Wustrau seit der Katasterrevision von 1687 sehr genau unterrichtet. Es gehörte als zwanzigster Ort unter dreißig in die zweite der vier von 3 zu 24 Groschen aufsteigenden Steuerklassen, die monatlich 9 Groschen zu entrichten hatte, besaß 26½ Katasterhufen und Beiländer zu 5 Scheffeln Aussaat, die gleichfalls zu einem mittleren Satze von 7 Groschen für den Scheffel und den Monat angeschlagen waren. Sonach gab es im Jahre eine Kontribution von 10 Talern 1 Groschen 5 Pfennigen oder mit dem immer häufiger erhobenen Zuschlage des sogen. Dreizehnten Monats 10 Taler 21 Groschen 7 Pfennige. Das Kavalleriegeld der Ortschaft belief sich nach seiner Fixierung im Jahre 1740 auf monatlich 5 Taler 7 Pfennige[1]. Somit erhält man für beide Kriegssteuern ein annähernd gleiches Verhältnis der Belastung des Zietenschen Vorwerks zu der Wustraus insgesamt: Der Jahresbetrag jener entsprach fast genau einem Monatsbetrage dieser.

Hans Joachim v. Zieten mußte zu seinem neuen Regimente aufbrechen, bevor er noch die künftige Bewirtschaftung seines Guts persönlich hatte regeln können. In seinem Auftrage wurde im April 1726 zum ersten Mal ein Pächter Namens Michael Fullgrapp angenommen. Die Absicht dabei scheint außer auf eine Vertretung in der Wirtschaftsführung auch darauf gegangen zu sein, zunächst einmal etwas bares

[1] Wöhner a. a. O. II 82 f. Zu diesen Posten trat 1736 die Kriegsmetze oder das Metzkorngeld von jährlich 4 Taler 21 Groschen, 1749 eine Erhöhung der Monatskontribution um 1 Groschen und 1780 eine weitere von 7 Pfennigen im Taler.

Geld in die Hand zu bekommen; allein zur Verzinsung des Erbkapitals waren ja nun jährlich etwa 150 Taler notwendig. Der Viehstand des Guts sollte Fullgrapp nicht als Pachtinventar übergeben werden, sondern gegen Barbezahlung in sein Eigentum übergehen. Während also anscheinend auf ein dauerhaftes Verhältnis schon mit dem ersten Pächter gerechnet war, stellte sich gerade seine Wahl sogleich als völlig unglücklich heraus. Er zeigte sich beim Antritt zahlungsunfähig, und es war noch günstig, daß jene vorsichtige Bestimmung die Übergabe verhinderte. Die Witwe entschloß sich, das Gut, wie sie es bisher getan hatte, noch auf ein Jahr weiter für Rechnung ihres Sohnes zu verwalten. Die Verschiebung der Entscheidung erwies sich auch hier als wohltätig. Der „Verwalter“ Bath, der das Gut zu Trinitatis 8. VI. 1727 in Pacht nahm, hat es von da an in einer fünf- und drei dreijährigen Periode durch fünfzehn Jahre mit dem besten Erfolg bewirtschaftet. Die Grundzüge seines Vertrages haben sich sogar weit über seine Verwaltung hinaus bis auf die Herrschaft des letzten Zieten in Wustrau bewährt. Sie lagen darin, daß das Gut in den zur Verpachtung gestellten Hauptteil und die sogen. Reservationen, eine Gruppe von Realien und Forderungen im vorbehaltnen Besitz der Gutsherrschaft, geschieden wurde. Zu den letzten gehörten hauptsächlich die Geldeinkünfte von den Wiesen, die in Verzeichnissen von 1725 und 1726 (außer 2 Gänsen) mit 145 Talern 8 Groschen und 153 Talern 12 Groschen erheblich höher angegeben werden als in der Taxe von 1726, und der ungewisse Zehnt der Bauern und Kossäten; daß die Herrschaft diese Hebung trotz ihrer Geringfügigkeit nicht abgab, zeigt wiederum die Schätzung alles verfügbaren Bargeldes. Von dem gleichen Gesichtspunkt war es wichtig, daß Bath in die Vorausbezahlung seiner Pacht willigte, von der nun jährlich, wie von den Kautionen anderer Pächter, die Zinsen zum Ertrage gerechnet werden konnten. Die Pachtsumme von 400 Talern war für Zieten entschieden vorteilhaft. Denn nicht nur waren die Gutslasten zwischen Pächter und Herrschaft so geteilt, daß diese die Steuern und den Kirchenwiesenzins, jener als Inhaber der Wirtschaft den Predigerzehnten und die Küster- und Schmiedeabgaben[1] trug. Es wurde auch 1727 die Hälfte des Gartens der Gutsherrschaft reserviert (diese übernahm

[1] Die Wustrauer Schmiede war wie alle „Wohnschmieden“ ein Betrieb, der nach altertümlichen (im Tit. VIII des Urbars von 1793 niedergelegten) Grundsätzen von der ganzen Gemeinde unterhalten und dafür genutzt wurde: Für das Schleifen der Hakeisen genoß sie das „Schärfkorn“, 12 Metzen Roggen von jeder Hufe, für das des Schneidezeugs freie Brennstoffe (Sonderreparaturen wurden nach festem Tarif vergütet), für kleine Arbeiten an Kirche und Gehegen Garten, 2 Wiesen und Weiderecht von 2 Kühen, 4 Schweinen und 1 Zuchtgans.

dafür die Löhnung des vom Pächter beköstigten Gärtners) und von Bath die Lieferung freien Brennholzes für das Herrenhaus eingegangen. Aber erst, als sein Kontrakt 1733 unter Steigerung der Pachtsumme auf 450 Taler erneuert wurde, sieht man, daß ihm gleichzeitig der Unterhalt des Herrenhauses zum großen Teil auferlegt wurde. Er verpflichtete sich damals zur Gestellung nicht nur von Nebenprodukten seiner Wirtschaft, wie Kaff für den herrschaftlichen Schweinestall, Mist- und Sandfuhren in den Garten, sondern auch eines Untertanendienstes für die Zeit von Michaelis bis Marien (Lichtmeß, 2. II., oder Verkündigung, 25. III.?) und von Platz und Futter für drei herrschaftliche Kühe in seinem Stall. Bei der vierten Erneuerung der Bathschen Pacht im Jahre 1739 konnten ungeachtet dieser Leistungen bereits 500 Taler erzielt werden.

Wie aber das Glück solcher Pachtungen doch noch überwiegend an der Entdeckung geeigneter Persönlichkeiten hing und ein zuverlässiger Stand von Pächtern privater Gutsherrschaften, wenigstens in den Gegenden mit vorherrschendem kleinem Rittergutsbesitz, erst in den Anfängen der Bildung war, machte sich fühlbar, als durch Tod oder Abzug Baths das Zietensche Gut anfangs 1742 abermals erledigt wurde. Der Oberst Hans Joachim v. Zieten unternahm gerade zu der Zeit im Zweiten Schlesischen Kriege den berühmten Vorstoß auf Wien. In seinem Auftrage nahm sein Nachbar Wiprecht Gottfried v. d. Hagen auf Langen als neuen Pächter Levin Heinrich Kaphengst an, der als früherer Pächter des Lüderitzschen Guts in Segeletz und als Schwager des dortigen Pfarrers Joachim Heinrich Fiedler einigermaßen empfohlen schien. Die Bedingungen waren denen Baths ähnlich. Zwar war die Pacht von 500 Talern nunmehr nachträglich zahlbar und als erste Sicherheit wurde eine unverzinsliche Kaution von bloß 400 Talern bestellt. Aber dafür wurde der Kreis der vom Pächter übernommenen Lasten durch die Entlohnung des Nachtwächters und des Hirten erweitert und die Naturalentschädigung des wie früher doppelt verpflichteten Gärtners in ihren zahlreichen Einzelposten genau vereinbart. Diese Gärtnerstelle, die 1742 im Herbst ebenfalls neu besetzt wurde, muß für die herrschaftliche Reservatwirtschaft die Bedeutung eines allgemeinen Verwaltungsamts gehabt haben. Schon 1726 hatte der von der Herrschaft bestrittene Lohn von 14 Talern die gleichzeitigen Knechtelöhne von 10—11 überstiegen; jetzt verlangte der neue Gärtner beinahe noch einmal so viel: 26 Taler. In seinem Deputat waren auch 3 Fuder Heu für die Kühe der jungen Frau v. Zieten. Im übrigen bestand es aus 12 Scheffeln Roggen, 8 Gerste, 1 Grützhafer, 1 Buchweizen und Land zu 3 Metzen Leinsaat; einem fetten Schwein, einem Küchenschaf (1742 zu 22 Groschen, 1745 zu 1 Taler 10 Groschen

155.

	1726 Wispel	1726 Scheffel	1726 Metzen	1727 Wispel	1727 Scheffel	1727 Metzen	1742 Wispel	1742 Scheffel	1742 Metzen	1748[1] Wispel	1748[1] Scheffel	1748[1] Metzen
Weizen	—	—	—	—	—	—	—	—	—	—	2	—
Roggen	3	5	8	3	3	—	3	3	—	3	6	—
Gerste	2	10	—	2	9	—	2	9	—	2	12	—
Hafer	1	1	—	1	4	2	1	4	—	—	18	—
Brachhafer	—	—	—	—	2	—	—	2	—	—	—	—
Erbsen	—	8	—	—	8	—	—	8	—	—	8	—
Leinen	—	3	—	—	3	12	—	3	12	—	3	—
Aussaat zusammen	7	3	8	7	5	14	7	5	12	7	1	—

[1] Ergänzt aus dem Entwurf zu einem Pachtanschlag vom 3. III. 1748. Dasselbe Schriftstück ergibt die damalige Ertragsberechnung aus der Ackerwirtschaft: Geerntet wurde das vierte Korn, als „Wirtschaftskorn" 1 von 4 beansprucht, so daß die doppelte Aussaat als Reinertrag zum Verkauf blieb.

	1726	T.	Gr.	= T.	Gr.	1727	T.	Gr.	= T.	Gr.	1742	T.	Gr.	= T.	Gr.	1745	T.	Gr.	= T.	Gr.
Pferde	— zu	—	—	—	—	4 zu	6	12	26	—	— zu	—	—	—	—	— zu	—	—	—	—
Fohlen	— „	—	—	—	—	1 „	—	—	—	10	— „	—	—	—	—	— „	—	—	—	—
Zusammen	—	—	—	—	—	5	—	—	26	10	= „	—	—	—	—	—	—	—	—	—
Ochsen	—	—	—	—	—	6 „	9	18	58	12	6 „	12	4	73	—	6 „	15	11	92	18
Bullen	1 „	—	—	7	—	2 „	7	—	14	—	1 „	—	—	10	8	1 „	—	—	12	20
Milchkühe	15 „	4	3	61	21	16 „	5	11	87	8	19 „	6	11 1/3	122	23 1/3	18 „	8	3	146	6
Stiere	3 „	6	—	18	—	5 „	5	2	25	10	2 „	4	8	8	16	2 „	6	12	13	—
Stärken	— „	—	—	—	—	2 „	3	—	6	—	— „	—	—	—	—	1 „	—	—	5	12
Jungstiere	3[1] „	—	—	—	—	— „	—	—	—	—	— „	—	—	—	—	— „	—	—	—	—
Jährige Kälber	7 „	1	12	10	12 }	8[2]	—	—	—	—	— „	—	—	—	—	— „	—	—	—	—
Spänkälber	4 „	1	—	4	— }						2 „	1	22	3	20	2 „	1	—	2	—
Rindvieh zusammen	33[3]	—	—	101	9	39[4]	—	—	191	6	30	—	—	218	19 1/3	30 „	—	—	272	8

Säue	2 „ 2 12 = 5 —	1 „ — — = 1 12	2 „ 2 10 = 4 20	2 „ 3[5] — = 6 —
Große Schweine	11 „ 2 8 = 25 16	5 „ 2 12 = 12 12	4 „ 2 10 = 9 16	5 „ 2 12 = 10 —
Pölken	6 „ 1 4 = 7 —	7 „ 2 — = 14 —	4 „ 1 12 = 6 —	4 „ 2 — = 8 —
Kleine Pölken	7 „ — 16 = 4 16	6 „ 1 12 = 9 —	12 „ 1 2²/₃ = 13 8	6 „ 1 22 = 11 12
Spanferkel	— „ — — = — —	9 „ — 6 = 2 6	9 „ — 14 = 5 6	10 „ — 16 = 6 16
Schweine zusammen	26 — — = 42 8	28 — — = 39 6	31 — — = 39 2	35 „ — — = 42 4
Alte Hammel	49 „ — 18 = 36 18	66 „ — 20 = 55 —	66 „ 1 6 = 82 12	32 „ 1 12 = 48 —
Tragende Schafe	80 „ — 16 = 53 8	87 „ — 18 = 65 6	87 „ — 22 = 79 18	55 „ 1 10 = 77 22
Tietschafe	32 „ — 14 = 18 16	29 „ — 14 = 16 22	29 „ — 22 = 26 14	8 „ 1 6 = 10 —
Tiethammel	28 „ — 14 = 16 8	15 „ — 14 = 8 18	15 „ — 18 = 11 6	16 „ 1 6 = 20 —
Jährige Hammel }	20 „ — 3 = 1 12	— „ — — = — —	— — — = — —	25 „ 1 6 = 31 6
Jährige Lämmer }		— „ — — = — —	— — — = — —	42 „ 1 4 = 49 —
Hammellämmer	— „ — — = — —	44 „ — 8 = 14 6	41 „ — 12 = 20 12	15 „ — 12 = 7 12
Zieblämmer	— „ — — = — —	38 „ — 8 = 12 16	38 „ — 12 = 14 20	19 „ — 12 = 9 12
Schafe zusammen	209 — — = 127 14	279 — — = 173 6	276 — — = 235 10	212 — — = 253 4
Alte Gänse }	24 „ — 6 = 6 —	24 „ — 6 = 6 —	21 „ — 6 = 5 6	20 „ — 6 = 5 —
Junge Gänse }		30 „ — 2¹/₂ = 3 3	30 „ — 2¹/₂ = 3 3	30 „ — 2 = 2 12
Alte Enten }	17 „ 3 2 = 3 —	17 „ — 3 = 2 3	17 „ — 3 = 2 3	11 „ — 3 = 1 9
Junge Enten }		17 „ — 1 = — 17	17 „ — 1 = — 17	14 „ — 1 = — 14
Hühner	50 „ — 2 = 4 4	33 „ — 2 = 2 18	20 „ — 2 = 1 16	20 „ — 2¹/₂ = 2 2
Kuhnen (Truthühner)	12 „ — 10 = 5 —	— — — = — —	— — — = — —	— — — = — —
Geflügel zusammen	103 — — = 17 7	121 — — = 14 17	105 — — = 12 21	95 — — = 11 13
Bienenstöcke	11 „ — 1 = — 11	— — — = — —	— — — = — —	— — — = — —

[1] Nicht bewertet.
[2] Nicht bewertet.
[3] — 3 Jungtieren.
[4] — 8 Spänkälbern.
[5] Mit 9 Ferkeln.

veranschlagt), 1 Taler Bargeld zu Rindfleisch und 4 Metzen Salz; je 1/2 Schock Kuh- und Schafkäse und je 12 Pfund Kuh- und Schafbutter. Unter den Vertragsbestimmungen über die Tragung von Unglückfällen, wo sonst nur auf das Remissionsrecht der königlichen Ämter verwiesen war, fällt eine auf, die dem Pächter für „ruchloses“ Umgehen mit Tabakspfeifen die alleinige Verantwortung auflegt. Das richtete sich nicht etwa gegen Kaphengst, sondern gegen seine Frau, von der bereits bekannt gewesen sein muß, daß sie „die üble Gewohnheit hatte als den Tabak zu rauchen“. Aber ihre Sitten zeigten sich sogleich noch gröber und unwirtschaftlicher. Wie ein späteres Verhör feststellte, hatte sie sich nicht nur beim Antritt der Pacht und an den zwei folgenden Tagen „gänzlich in Branntwein besoffen“, sondern war auch sonst oft selbst nach dem Kruge gegangen. Dieses Leben, das vielleicht für die unsichere und losgelöste gesellschaftliche Stellung der Pächterklasse zwischen Bauern und Gutsherren ganz bezeichnend ist, scheint der Hauptgrund gewesen zu sein, weshalb sich ihr Mann in seiner neuen Stellung nicht länger als drei Jahre halten konnte; wenigstens sagten die vernommenen Leute zugleich aus, „wie sie nüchtern sei, ginge die Wirtschaft all gut“. Die allgemeine Wirtschaftslage hätte eine Fortsetzung der aufstrebenden Bathschen Verwaltung durchaus begünstigt. Die Getreidepreise, wie sie in dem Rückgabeprotokoll bei Kaphengsts Abzug 1745 angegeben sind, waren seit 1726 durch die Kriegszeit auf nahezu das Doppelte gestiegen: Hafer kostete im November und Dezember 1744 10 und 11 Groschen, Gerste im März desselben Jahres 15, im März und April des folgenden 17, Roggen 1745 1 Taler 2 Groschen, Erbsen im November des ersten Jahres ebensoviel, im März des zweiten 1 Taler 4 Groschen. Trotzdem blieb Kaphengst bald mit seinen Pachtzahlungen so weit im Rückstande, daß er bei seinem Weggange seine Kaution als verfallen zurücklassen mußte.

Von den Einzelheiten der Acker- und Viehwirtschaft in den zwanziger Jahren seit der Zietenschen Erbteilung geben die bei der Auseinandersetzung selbst, beim An- und Abzuge Baths und beim Abzuge Kaphengsts aufgenommenen Inventare das folgende Entwicklungsbild (s. Tabelle S. 72 u. 73).

Man sieht: Eine nennenswerte wirkliche Verbesserung kann höchstens zu Anfang vor der ersten Verpachtung stattgefunden haben, als man vielleicht von dem zahlungsunfähigen Fullgrapp doch einiges Vieh übernommen hatte. Damals stieg die Aussaat wenigstens um ein geringes und man hielt vorübergehend einen Pferdestall. Aber unverkennbar ist das natürliche, allerdings eine gewisse Tüchtigkeit der Wirtschaftsleitung fortwährend voraussetzende Wachstum der Herden nach Zahlen und Werten, von außen offenbar begleitet durch eine der Getreidervertenerung entsprechende Erhöhung der

Viehpreise. Man ist nicht erstaunt, in dem Entwurf zu einem Pachtanschlage von 1748 den Ertrag von 200 Schafen mit 36 Talern auf mehr als das Doppelte, den von 40 Milchkühen mit 160 Talern auf nahezu das Dreifache der Taxwerte des 17. Jahrhunderts erhöht zu finden (20 „güste" oder unfruchtbare Kühe sind mit 8 Groschen für das Haupt verrechnet).

Mittlerweile hatten auf die Vermögenslage des Gutsherrn von außen günstige Einflüsse erheblicher Natur zu wirken angefangen. Zunächst hatte er sich 1737 mit seiner Base Leopoldine Judith v. Jürgaß verheiratet, und sein Schwiegervater, der Hauptmann Christian Sigismund v. Jürgaß, war imstande gewesen, ihm bei Abschluß des Ehevertrages am 22. XI. eine Mitgift von 2000 Talern bar auszuzahlen[1], wo-

[1] Die andern Leistungswerte zeigen gegen die vierzig Jahre frühere Ehestiftung seines Vaters doch nicht dieselbe Steigerung: Während das Gegenvermächtnis natürlich der Mitgift gleich war und außerdem noch eine standesmäßige Trauerausstattung mit zweispänniger Kutsche befaßte, betrug die Morgengabe 200 Taler, und die Alimentation war um 3 Kälber, 3 Küchenschafe, 8 Gänse, 3 Stein gehechelten Flachs, 8 Taler zu Gewürz und Salz, 6 Taler Wohnungsgeld und 6 Scheffel Roggen anstatt der 12 Hopfen vermehrt. Die einzelnen Posten der Alimentation sind sämtlich zwecks Kommutation auch in Geldwerten gegeben; die zugrunde gelegten Preise fügen sich gut in die Entwicklungsreihe der oben mitgeteilten Pachtprotokolle:

	Gr.		T.	Gr.
1 Scheffel Roggen	16	1 fetter Ochse	12	—
1 „ Gerste	12	1 Kalb	—	16
1 „ Hafer	9	1 Schwein	5	—
1 „ Erbsen	16	1 fetter Hammel	1	—
1 „ Buchweizen	12	1 Küchenschaf	—	16
1 Stein Flachs	16	½ Tonne Butter	12	—

Es war wohl anläßlich der Verheiratung Hans Joachim v. Zietens, daß fünf Jahre später sein Sachwalter v. d. Hagen den Versuch machte, von den Wustrauer und Brunner Untertanen eine „Fräuleinsteuer" beizutreiben. Er verfuhr dabei nach einer mindestens hundert Jahr alten Brunner Lokalgewohnheit, die Joachim Friedrich v. Zieten von der dortigen Linie 1672 als zu Zeiten seines Großvaters Joachim und seines Vaters Arnd gültig aufgezeichnet hatte. Die darin enthaltenen Naturalleistungen von jeder Hufe wurden von Hagen folgendermaßen in Geld angeschlagen:

	T.	Gr.
1 Tonne Ruppiner oder Bernauer Bier	2	5
Zu einem Ochsen	1	—
1 Hammel	1	6
1 Kalb	1	—
4 Hühner zu 2 Groschen	—	8
3 Gänse zu 5 Groschen	—	15
4 Pfund Butter zu 5 Groschen	—	12
4 Scheffel Hafer zu 10 Groschen	1	16
1 Schock Eier	—	8

Auf den Gesamtbetrag von 8 Talern 22 Groschen, der den Zweihüfner also in doppelter Höhe traf, waren von jedem Bauern erst die Hälfte Eier und Butter und 1 Metze Hirse im Werte von nur 14 Groschen abgetragen, als Hagen sich mit den beiden Brunner Untertanen 28. II.

von ebenso wie von der durch sie selbst zu verwaltenden Fahrnis und Errungenschaft der Frau bei ihrem Tode die Hälfte dem Manne verbleiben sollte. Sodann fing die immer größere Auszeichnung Zietens im Heerdienst zu Beginn des folgenden Jahrzehnts an, ihm auch materielle Vorteile einzubringen. Ohne sie hätte der sparsame Friedrich II. schwerlich die lehnsherrliche Gnade seines Großvaters wiederholt und im Frühjahr 1743, als Zieten mit dem wiederhergestellten Frieden bereits an eine Seßhaftmachung in Wustrau gedacht zu haben scheint, zum abermaligen Neubau des dortigen Herrenhauses aus Staatsforsten 65 Schwelleneichen und 8 Schock Bauholz, aus dem Rüdersforfer Bruch 30 Landprahme Kalksteine geschenkt. Die Ausführung der Bauarbeiten wurde dann wohl durch den neuen Krieg verzögert, und es ist zweifelhaft, ob es sich bei einer neuen Anweisung an die kurmärkische Kammer im Februar 1746, Zieten „die Holzmaterialien" zu seinem Wustrauer Wohnhaus gegen Stamm-, Pflanz- und Schnittgebühren sowie Transportkosten zu liefern, um eine neue oder nur um die alte Bewilligung handelt. So wenig diese Unterstützung zu unterschätzen ist, schon zu dem Bauunternehmen brauchte Zieten auch ganz beträchtliche Barmittel. Nach einem Anschlage vom 2. IV. 1747 sollten etwa 5100 Taler allein an Arbeitslöhnen ausgegeben werden. Schon im folgenden Jahre mußte er sein Gut mit einer Hypothek von 3000 Talern belasten, die er beim Schindlerschen Waisenhause in Berlin aufnahm. Auch bei solchen Ausgaben aber begann ihn seine militärische Laufbahn inzwischen zu unterstützen. Noch als Oberst anfangs 1743 hatte sein Sold zur Bestreitung seines bloß dienstlichen Aufwandes, namentlich des Berliner Quartiers, kaum hingereicht. Nach seiner Ernennung zum Generalmajor aber wandte ihm der König im November desselben Jahres eine zufällig durch Todesfall erledigte Pension von 700 Talern aus der Hofstaatskasse und 500 aus dem Geldrischen Subsidienetat zu, und im Mai 1750 überwies er ihm ein auf gleiche Weise frei gewordenes Kanonikat des Stifts Gerresheim im Herzogtum Berg, dessen Pfründe vom Könige zwischen 600 und 1200 Talern (der gleichzeitigen

---

1742 dahin verglich, von ihnen nur noch 10 Taler, das Doppelte der damaligen Fräuleinsteuer der Bredow und Bellin in Brunne, zu fordern. Welchen Erfolg die harte Maßregel in Wustrau weiter hatte, erfährt man nicht. Da in der Folge die Friderizianische Rechtsprechung eine entschiedene Wendung gegen neue Auflagen unter dieser Prätension nahm (vgl. die Zuschiebung des Beweises an den Berechtigten im Kammergerichtsbeschluß Ribbeck gegen Untertanen zu Rieben 23. X. 1763 bei F. P. Eisenberg-C. L. Stengel, Beiträge zur Kenntnis der Justizverfassung in den preuß. Staaten II [Bln. 1796] 43), ist man nicht erstaunt, im Wustrauer Urbar von 1793 (Tit. XI § 12) den ausdrücklichen Verzicht der Herrschaft auf die Fräuleinsteuer zu finden.

Offerte eines katholischen Bewerbers und dem bisher erzielten Höchstbetrage) beziffert wurde[1].

So wenig klar man die Wirtschaft des Zietenschen Gutes im nächsten Jahrzehnt übersehen kann, wahrscheinlich ist, daß die neuen Mittel und die neue Einrichtung trotz Hans Joachims auch in der Friedenszeit äußerst anstrengenden Regimentsdienstes doch die Beibehaltung der Verpachtung entbehrlich machten. Ein Entwurf zu einem neuen Pachtanschlage vom März 1748 blieb unausgeführt. Statt dessen wurde im darauf folgenden Juli ein „Administrator", d. h. ein besoldeter Wirtschaftsvorstand, in der Person von Johann Georg Zeisicke angenommen, der wie der frühere Wustrauer Gutsherr Sieber aus der königlichen Domänenverwaltung kam und dort zuletzt das Vorwerk Falkenberg administriert hatte.

5. Die Vereinigung der Gutsanteile.

Es sieht aus, als habe diese neugekräftigte Herrschaft der Zieten in Wustrau die Entwicklung beschleunigt, die seit dem 17. Jahrhundert den wirtschaftlichen Spielraum der Ortschaft für ihre drei ursprünglichen Obrigkeiten zu eng machte. Dabei wäre denn merkwürdig, daß nicht die im Augenblick wirtschaftlich Schwächeren unter ihnen schließlich vom Platze wichen, ein Zeichen dafür, daß mit der allgemeinen Besserung der Wirtschaftslage zu Beginn des neuen Jahrhunderts in der erstarkten Klasse der adligen Grundherren eine Reihe entfernterer, ideeller Momente die Wirksamkeit der rein ökonomischen Motive komplizierte. Unter solchen Umständen vollzog sich die Beseitigung der Wustrauer Teilherrschaft nicht mehr wie früher beim Auszug der Lohe als wirtschaftlicher Zusammenbruch der Teilhaber, sondern als einfache Abwanderung unter Bergung recht bedeutender Kapitalgewinne. Die Rohr zogen sich auf den einzigen größeren Besitz zurück, der ihnen aus dem vormals so umfangreichen Loheschen Streubesitz geblieben war, die halbe Feldmark Schwanow. Ein besondrer Anlaß dazu bot sich Ende der vierziger Jahre durch die Berührung mit der Friderizianischen inneren Kolonisation, die für das Domänenamt Ruppin in den Händen des berühmten Kameralisten Geheimrat Pfeifer lag. Auf seine Anregung und durch seine Vermittlung nahm der Hauptmann Albrecht Joachim Friedrich v. Rohr zu seiner Hälfte von Schwanow noch die andere, dem Ruppiner Amt gehörige, von diesem für 175 Taler jährlich in Erbzins, und half auf der ganzen, nahezu 2000 Morgen großen Fläche eine ausländische Kolonistensiedlung von 6 Bauern und 10 der zu

[1] Winter a. a. O. II 73—75, 92 f., 141, 154 f.

Kolonisationen damals so häufig verwendeten Büdner begründen[1].

Sein Wustrauer Gut hatte der Hauptmann Rohr schon vor diesem Unternehmen an einen Pächter Namens Hans Michel Huth ausgetan, und zwar muß das Pachtverhältnis einigermaßen lange und zur Zufriedenheit beider Teile bestanden haben[2], denn trotz Huths Tod wurde der Vertrag mit seiner Witwe und seinem Sohne aufrecht erhalten und sogar nach seinem Ablauf 1755 erneuert. Nach einem Vertragsentwurf, den Rohr zu diesem Zwecke am 26. III. 1754 aufgesetzt hat, betrug die Pacht 600 Taler, das sind $7^1/_2$ vom Hundert des Kaufwerts, zu dem die Familie vor nicht ganz einem halben Jahrhundert das Gut erworben, der aber schon nach Ausweis dieser Ziffern so wie der des Zietenschen inzwischen eine ansehnliche Steigerung erfahren hatte. Die Pachtbedingungen waren im großen denen der Zietenschen Pächter ähnlich. Auch die Huths sicherten den Verpächter durch einen Vorschuß, den sogen. Verstand, freilich nur in der halben Höhe ihrer Pacht. Auch hier waren dem Gutsherrn bestimmte Teile der Wirtschaft reserviert: Zwei Stuben im Herrenhaus, der Weinberg, der Karpfenpfuhl an der Langenschen Grenze und die beiden Örter oder Örden genannten Kirchenerbzinswiesen des Guts. Und auch hier war der Pächter neben seiner Pacht zu gewissen Einzelleistungen verpflichtet: Außer Pfarrer-, Küster-, Hirten- und Nachtwächtergebühren namentlich Unterstützung bei der Nutzung der Reservationen. Er mußte Untertanenfuhren im Betrage von 14 Fudern oder 28 Tagen zum Transport des Heus von den Kirchenwiesen nach Schwanow stellen, hatte aber auch auf dem von ihm gedüngten[3] Weinberge einen eigentümlichen Dienst übernommen, der offenbar eine bekannte Verwaltungsmaßregel des merkantilistischen Staats nachbildete: die jährliche Pflanzung und Versorgung von 50 Weiden und je 2 Apfel-, Birn- und Pflaumenbäumen, noch besonders gesichert durch eine Entschädigungspflicht von 4 und 8 Groschen für das fehlende oder eingegangene Stück. Man erkennt die für die märkische Landwirtschaft des 18. Jahrhunderts typische Verwandlung von Wein- in Obstkulturen[4], wenn auch nicht

---

[1] Vgl. Borgstede, Statistisch-topographische Beschreibung der Kurmark (Bln. 1788) 308 u. 310.

[2] Während der Pacht ließ Rohr Scheune und Schafstall abbrechen und ganz neu erbauen.

[3] Für die Dungerzeugung in der Pachtwirtschaft sorgte auch das Verbot des Verkaufs von Stroh und der Verpachtung der Rohrungen.

[4] Vgl. meine Ausführungen in der Landeskunde der Provinz Brandenburg II (Bln. 1910) 340. Nach dem Übergabeprotokoll für den Nachfolger der Huths vom 28. III. 1757 war damals auch ein Teil des Weinbergs als Winterfeld mit 3 Scheffeln Roggen genutzt. Der unten gegebene Ertragswert des ganzen Stücks ist viel höher als der, den die

anzugeben ist, wie weit sie in diesem Falle vorgeschritten war. Der Weinmeister, den der Pächter nicht bloß mit Deputat, sondern auch mit Geldlohn zu versehen hatte, war wohl gleich dem Zietenschen Gärtner ein höherer Wirtschaftsbeamter von allgemeinerer Tätigkeit. Welche Rolle die Werte dieser Nebenleistungen im Vergleich mit der eigentlichen Pacht doch spielten, ergibt ein angeblich aus 1756 stammender Pachtanschlag Rohrs mit der folgenden Spezifikation:

Leistung:	T.	Gr.
Zinsen vom „Verstand"	15	—
Pension	600	—
Lohn des Weinmeisters	12	—
Deputat des Weinmeisters:		
18 Scheffel Roggen zu 16 Gr. . . .	12	—
4 „ Gerste zu 14 Gr. . .	2	8
2 „ Hafer zu 10 Gr. . . .	—	20
2 „ Erbsen zu 1 T. . . .	2	—
2 Küchenschafe	1	—
2 Spanferkel	—	12
2 Klafter Holz	1	8
2 Fuder Heu	2	—
2 Gärten	1	—
Bestelltes Land zu 1 Scheffel Lein .	—	12
40 Fuder Mist zu 2 Gr.	3	8
28 Tage Heufuhren zu 3 Gr. . . .	3	12
Der Weinberg	65	—
Eine Stube in der Weinpresse . .	5	—
Gesamtleistung:	727	8

Die Übersicht, die eine gleichzeitige Einkommenstaxe des Rohrschen Guts wenigstens von seinem virtuellen Wirtschaftszustande gibt, deckt sich, trotz geringer Abweichungen, zu ihren Gunsten doch mit den an dem Zietenschen Gute gemachten Beobachtungen. Wenn hier die Ernte der Hauptkörner zum fünften statt zum vierten Korn angeschlagen wurde, so war dafür bisweilen schon das Saatgut auf mehr, das Wirtschaftskorn stets auf viel mehr als ein Korn berechnet, und der Reinertrag überstieg zwei Körner nur um ein geringes: So betrug beim Roggen die Aussaat $4^1/_4$ Wispel, das Saatgut $5^1/_4$, das Wirtschaftskorn 7, mithin der Verkauf nur 9; bei Gerste und Hafer Aussaat und Saatgut je $2^1/_2$,

Kapitalisation zu 400 Taler im Jahre in der Taxe von 1696 voraussetzen kann. Nach Bratring 35 wurden in Wustrau von zwei Weinbergen 1735: 112, 1756 nur noch wenig über 40 Tonnen geerntet, bis unter Zietenscher Herrschaft 1782 die Kultur mit 2 Tonnen Ernte fast aufhörte; außer Wustrau sollen in der Grafschaft bloß Ruppin, Protzen und Radensleben Wein gebaut haben.

Wirtschaftskorn 4 und also Verkauf 6. Für 1 Metze Hirse, 2 Scheffel Bracherbsen und 3 Leinsamen zum Verkauf sind Aussaat und Vertragsverhältnis nicht angegeben. In der Viehwirtschaft ist der Ertrag 20 milchender und 10 güster Kühe gleich dem Zietenschen von 1748, der vom Hundert Schafe nur 2 Taler niedriger. Eine Schäferei von 600 Stück war freilich der des Nachbarn weit überlegen. Aber auf der andern Seite beweisen die Angaben des mit dem Nachfolger Huths aufgenommenen Übergabeprotokolls vom 28. III. 1757, daß die Wirklichkeit der Taxe des Vorjahres doch nur unvollkommen entsprach. Wenn die Sommeraussaat von 3 Wispel 17 Scheffel Gerste, 7 Scheffel Hafer und 10 Scheffel Erbsen wenigstens für Gerste und Erbsen höher sein muß als die Aussaaten des Anschlags, so wäre der Viehstand nach dem folgenden Verzeichnis[1] an Rindvieh auch hinter dem Zietenschen zurückgeblieben, müßte man nicht annehmen, die Huths hätten beim Abzuge Eigentum mit fortgenommen:

	T.	Gr.
1 roter Ochs von 7 Jahr	19	20
1 gelber Ochs von 7 Jahr	18	20
1 bunter und 1 roter Ochs von 5 Jahr . . .	20	20
1 brauner und 1 gelber Ochs von 8 Jahr . .	31	8
1 schwarze und 1 rote Kuh von 9 Jahr . . .	19	16
1 schimmlige und 1 weißtärbige rote von 9 Jahr	16	—
1 rote Kuh von 3 Jahr	8	4
1 gelbe Kuh von 10 Jahr	6	20
1 schwarze Kuh von 9 Jahr	8	—
1 weiße und 1 rote Stärke von 2 Jahr . . .	16	14
1 roter Stier von 4 Jahr	11	18
16 Haupt Rindvieh	177	20
5 Schweine	12	—
5 Pölken	8	18
10 Schweine . . .	20	18
17 Gänse	4	17
22 Hühner	1	20
Gesamtwert . . .	205	3

Was den Nutzen angeht, den das Vorwerk aus den Bauernwirtschaften zog, so waren die Getreidepächte wie die Zietenschen gegen das 17. Jahrhundert auf den Gesamtbetrag von 1 Wispel gefallen; die Dienste sind auffallenderweise (infolge stärkerer Inanspruchnahme oder nur eines gesteigerten Ansatzes?) mit 20 und $7^1/_2$ Talern für Bauern und Kossäten be-

[1] Die Grundlage waren Taxen, die von 6 Gerichtsschöppen aus den Nachbardörfern Langen, Protzen, Lichtenberg in drei Klassen angefertigt worden waren.

trächtlich höher als die Zietenschen bewertet. Die einzelnen Posten der Jahreseinnahme standen nach dem Anschlag von 1756 so zueinander:

	T.	Gr.
Weizen zum Scheffelpreise von 20 Gr.	5	—
Roggen « « « 16 «	144	—
Gerste « « « 14 «	84	—
Hafer « « « 10 «	60	—
Erbsen « « « 1 T.	12	—
Lein « « « 2 «	6	—
Hirse	2	—
Schäferei	96	—
Rindvieh	83	8
Schweine und Geflügel	12	—
Gartennutzungen	20	—
2 Bauerndienste und 1 Kossätendienst	65	—
2 Bauernpächte	28	—
4 Taglöhnerwohnungen	20	—
Außenzinse von Wuthenow, Nietwerder, Altrupppin	4	—
See- und Rhinfischerei	20	—
Weinberg	65	—
Gesamteinnahmen	726	8

Die öffentlichen Einkünfte sind in dieser Übersicht nicht eingeschlossen. Sie kamen ebenso wie die öffentlichen Lasten kaum in Betracht. Von diesen ist nur eines Lehnskanons von 2 Talern 16 Groschen gedacht. Die Feudalrechte brachten dreimal soviel ein, nämlich die Jagd 2 und das Straßengericht und Patronat zusammen 6 Taler[1].

Nach den Anschlägen von 1756 zog der Hauptmann v. Rohr aus der Verpachtung seines Wustrauer Guts allen wirtschaftlich möglichen Vorteil. Dennoch ergriff er im folgenden Jahre das Angebot, die ganze Wertsteigerung dieses Besitzes seit dem Erwerb durch seine Familie in der Veräußerung zu realisieren. Käufer war eine wie die Zieten durch Kriegsdient bereicherte Familie, die Frau des Kommandanten von Wesel, Feldmarschall Friedrich Wilhelm v. Dossow, eine geborene v. Putlitz, auf dem benachbarten Buskow[2]. Der Preis von 18200 Talern, zu dem sie am 2. XII. 1757 das Rohrsche Gut erwarb, war annähernd eine Kapitalisierung des

[1] Die Kapitalwerte der Taxe von 1696: 500 für das Lehnpferdegeld, 80 für die Jagd und 100 für Gericht und Kirchlehn tun dar, wie viel seitdem alle diese öffentlichen Beziehungen an Bedeutung verloren hatten.

[2] Dossow selbst tritt in den Verhandlungen nicht hervor; er nahm erst im Januar 1757 den Abschied und starb am 28. III. 1758 zu Buskow. Eberty in Allg. Dt. Biogr. V (1877) 365.

oben bezeichneten Gesamteinkommens zu 4 vom Hundert. Der Handel war für Frau v. Dossow lediglich eine Arrondierung. Denn wenige Monate zuvor, am 29. VI. 1756, war bereits das Gühlensche Drittel von Wustrau in ihre Hand gekommen und hatte somit die zweite der ursprünglichen Grundherrenfamilien ihren Stammsitz aufgegeben. Auch der letzte Wustrauer Gühlen, Carl Detloff, hatte nach dem Beispiel fast aller damaligen Standesgenossen den einzigen Nebenberuf versucht, den der junge absolutistische Staat seiner agrarischen Oberklasse eröffnete: Er bekleidete damals den Rang eines Hauptmanns im Infanterieregiment v. Blankensee. Auch er aber gab, wie denn schon im 15. Jahrhundert der Schwerpunkt der Gühlenschen Grundherrschaft nicht in Wustrau allein gelegen zu haben scheint, mit dem dortigen Sitz nicht die Ansässigkeit überhaupt auf, sondern ging nun, wie Rohr innerhalb der Grafschaft Ruppin, auf das Gut Lüchfeld[1] über. Die Gleichheit der Lage, in der sich diese beiden Wustrauer Gutsherren befanden, äußerte sich bis in Einzelheiten ihrer Veräußerungsverträge. Beide behielten sich zur Unterstützung ihrer neuen Güter aus der in dieser Hinsicht ja so außerordentlich begünstigten Wustrauer Flur einen Teil der Wiesenfläche vor, Gühlen für Lüchfeld sieben lange Wiesen, die schon sein Vater zu der dortigen Wirtschaft gelegt hatte, Rohr für Schwanow seine beiden Kirchenerbzinswiesen. Beide erhielten in ihrem Kaufpreis ein sogen. Schlüsselgeld von 200 Talern. Sonst aber zeigt gerade das Kaufgeld, wie das Gühlensche Gut, von dessen Entwicklung seit dem 17. Jahrhundert leider jede Nachricht fehlt, damals doch selbst der stattlichen Rohrschen Wirtschaft noch ein gut Teil überlegen war. Sein Kaufwert war mit 24 442 Talern (worunter 242 besonders für das Viehinventar)[2] beinahe um ein Viertel höher. Sogar die Zahlungsbedingungen zeigen, daß man Gühlen als dem wohlhabenderen Verkäufer mehr entgegenkam als Rohr, der vielleicht für seine Schwanower Kolonie Bargeld notwendig brauchte: Jener erhielt 14 000 Taler in Gold, den Rest in Vier- und Zweigroschenstücken, dieser nur 5000 Gold, unter dem Kurant auch Groschen (die allerdings bisweilen die gangbarste Münze waren).

Frau v. Dossow bewirtschaftete ihre Güter nicht selbst. Obwohl die Übergabe erst zu Trinitatis 1757 zu erfolgen hatte, einigte sie sich mit den Verkäufern und dem Rohrschen Pächter Huth doch dahin, daß schon am 28. III. 1757 der von ihr angenommene Pächter Johann Christoph Wesenberg die

[1] Nach Bratring a. a. O. 584 war seine Familie dort spätestens 1745 schon ansässig.

[2] Im Kontrakt wurden als Ritterland $10^1/_2$ Hufen genannt, also die beiden mit den Zieten streitigen eingeschlossen.

Verwaltung übernahm. Unter ihr begegnet in Wustrau zum ersten Male ein Element von moderner Großgutswirtschaft, das eben jetzt bei der Vereinigung zweier kleiner Rittergüter als ein eignes und neues neben denen der mittelalterlichen Produktion aufgefaßt zu werden anfing. Den mit der Steigerung der Wirtschaftsenergie wachsenden Arbeitsbedarf hatte der ständische Staat mit dem Gesindezwang der Untertanenkinder befriedigen zu können geglaubt. Alle Wanderarbeit wurde ängstlich ferngehalten. Die großen märkischen Agrarordnungen[1] um die Wende des 17. und 18. Jahrhunderts erlaubten die Aufnahme von fahrendem „Gesindchen“ nur den ländlichen Krugbetrieben und suchten im übrigen mit der Bestimmung auszukommen, daß alle unbeschäftigten Untertanen gehalten sein sollten, in der Zeit zwischen Johannis und Mariä Geburt (8. IX.) für 5 Taler (oder 2 Groschen täglich), zwischen Michaelis und Johannis für 6 Taler (oder 3 Groschen täglich) jede ihnen gebotene Arbeitsgelegenheit zu benutzen. Diese Vereinigung der lokalen Gesindezwänge in einen allgemeinen Zwangsarbeitsmarkt muß jedoch hinter ihrem Zwecke weit zurückgeblieben sein. Überall finden sich vielmehr schon an der Seite der gleichzeitigen Neubesiedlung ursprünglicher Bauern- und Kossätenstellen Versuche zur Ansässigmachung neuer Arbeitskräfte unter neuen Bedingungen. Auf dem Loheschen Gute hatten bereits die Seelstrang 1694 ein Tagelöhnerhaus gebaut. Beim Übergange des Guts in Wustrau von Sieber auf die Rohr 1710 waren außer den beiden Bauern und den beiden Kossäten zwei Taglöhner vorhanden, ja auch der eine Kossät bildete als Besitzer einer bloßen „Nebenstelle“ gewissermaßen einen Übergang zu neuartigen, unregelmäßigen Ansässigkeitsverhältnissen[2]. Nach der Rohrschen Taxe von 1756 hatten sich damals die Tagelöhner des Guts bereits verdoppelt, da sie allein 4 Häuser bewohnten. Ein vollends verwandeltes Bild von der Bevölkerung des Dossowschen Doppelguts aber enthüllt eine von Wesenberg am 25. X. 1765 aufgenommene „Specificatio derer Untertanen und Tagelöhner und deren Kinder“. Hier sind 17 Tagelöhnerfamilien aufgeführt. Die Zahl der Bauern- und Kossätenhaushalte, die mit Genauigkeit erst aus einer wenig späteren (11. XII.) Übersicht Wesenbergs über die Feuerinstrumente in Wustrau hervorgeht, war nur 16. Die Namen der beiden Urkunden geben für diese Entwicklung einige Anhaltspunkte.

Zunächst waren in der Besetzung auch der regulären

[1] Flecken-, Dorf- und Ackerordnung vom 16. XII. 1702 § 19 und Gesindeordnung für Mittelmark, Priegnitz, Uckermark, Beeskow und Storkow vom 18. XII. 1681 unter „Augstzeit“. Mylius V 3, 233; 156—158.

[2] Auch der Oberst Hans Joachim v. Zieten beschäftigte ein Menschenalter später nach seinen Pachtanschlägen 2 Tagelöhner.

Siedlungsstellen seit dem Anfang des Jahrhunderts erhebliche Änderungen vorgegangen. Die Lebensdauer der Bauernsiedlungen, die in dem vergangenen Kriegsjahrhundert so sehr gesunken war, hatte sich auch in dem ruhigen und glücklichern neuen nicht bedeutend verlängert. Unter den Rohrschen Untertanen, deren Bestand ja noch beim Besitzwechsel von 1710 vollständig zu übersehen war, hatten sich allein die Bauernfamilie Jennrich und die Taglöhnerfamilie Vogler gehalten. Die übrigen Stellen waren nicht nur neu besetzt, sondern auch um einen neuen Bauer- und einen neuen Kossätenhof auf insgesamt 6 vermehrt worden. Weniger verwunderlich ist der gänzliche Wechsel in der Bevölkerung des Gühlenschen Guts seit der Lehnspezifikation von 1688. Ihn hatte von den je 5 Bauern- und Kossätenhaushalten nur die eine Bauernfamilie der Frost überdauert. Es erinnert an die Kolonisationen des 17. Jahrhunderts, daß auch unter den neuen Rohrschen und Gühlenschen Untertanen wenigstens zwei ganze Geschlechter offenbar gemeinsam herangezogen waren. Es gab einen Schulzen Johann Joachim und einen Kossäten Gottfried Müller, einen Krüger und einen Bauern Brunnemann. Diese letzten müssen sozusagen ein Ableger der noch von Joachim Matthias v. Zieten angesetzten Bauernfamilie gewesen sein, sie verschwinden später wie sie auftauchen neben ihr. Das gleiche gilt von dem Dossowschen Kossäten Kühl neben der Zietenschen Kossätenfamilie dieses Namens. Anderseits stößt man in diesen Dossowschen Einwohnerlisten (wie im Zietenschen Gut schon Ende des 17. Jahrhunderts) auf die ersten gewissermaßen endgültigen Siedlungen. Außer den Jennrich oder Gönnrich haben sich auf ehemals Gühlenschem Boden die Frost, Karin und Krüger als Bauern, die Beerbaum, Behrend und Schönberg als Kossäten bis in die neueste Zeit behauptet, gleich den Bauern Protz nnd Brunnemann und den Kossäten Kühl auf Zietenschem.

Es ist nun äußerst merkwürdig, aus den Namen der Dossowschen Tagelöhner zu sehen, wie stetig wenigstens im Persönlichen der Übergang von dem regulären zu dem irregulären Teil der Ortseinwohnerschaft gewesen ist: Von den 17 Familien sind 7 mit Bauern- und Kossätenfamilien gleichnamig und daher zweifellos verwandt. Mit Bauern die Familien Dietrich, Karin, zwei Krüger und Garnweber Müller, mit Kossäten zwei Heitepriem. Dabei verdient noch besondre Beachtung, daß in zweien dieser Fälle das Erscheinen von Namen bei Tagelöhnern mit ihrem vorherigen Verschwinden aus den höheren Bevölkerungsklassen in Verbindung steht: Dietrich hieß zuletzt 1710 einer der beiden Rohrschen Bauern, Heitepriem hießen zuletzt 1688 zwei Gühlensche Kossäten. Ein Dossowscher Tagelöhner, Vogler, ist offenbar der Sohn des einen der beiden 1710 genannten Rohrschen; die Familie beharrte auch weiter und ist im 19. Jahrhundert in die Bauernklasse emporgekommen. Daß unter den übrigen Tagelöhnern auch ein Soldat ist, scheint angesichts des militärischen Berufs aller drei Wustrauer Gutsherren um die Mitte des Jahrhunderts eher weniger denn mehr als man erwarten sollte. Einen beträchtlichen Teil der 17 Haushalte machen 4 Witwen und 1 nicht näher bezeichnete Frau [1] aus; ihre Namen sind in Wustrau alle neu, sie brauchen nicht Hinterbliebene früher Ansässiger gewesen zu sein; der sich formende Stand bot auch Frauen, die etwa die Höfe ihrer Männer anderswo nicht hatten halten können, selbständige Arbeitsgelegenheit.

Die Untertanenliste Wesenbergs vom Oktober 1765 ist des Überblicks über die verfügbaren Arbeitskräfte wegen angelegt. Daher sind nicht bloß die Kinder der einzelnen Familien genau gezählt, sondern es ist auch bei einem jeden vermerkt, ob es zu Hause sei oder auswärts diene. Dabei tritt denn hervor, daß die außerordentlich starke Besiedlung des Dossowschen Doppelguts mit Tagelöhnern den tatsächlichen Arbeitsbedarf des Vorwerks und ihrer eignen Haushaltungen doch übertraf und so noch den der Gemeinde, der Nachbarschaft und andrer Märkte in einem gewissen Umfange mit versorgte. Von den 24 namhaft gemachten Tagelöhnerkindern waren in Wesenbergs Wirtschaft nur 4, in der elterlichen 6, in andern Diensten 9 beschäftigt, von den letzten die Mehrzahl auf den benachbarten Gütern: 2 Söhne in Radensleben, 1 Sohn und 1 Tochter in Hakenberg, 1 Tochter in Lichtenberg, 1 Sohn (Winckelmans) in Langen; in Wustrau selbst dienten 1 Tochter beim Bauern Rinow und 1 Sohn (Berlins) beim Kossäten Behrend, außerhalb des Kreises und des Staats endlich 1 Sohn beim Amtmann in Lübben. Von Angehörigen der regulären Untertanen war nur 1 Kossätensohn in Buskow bei Frau v. Dossows Neffen und Verwalter, dem Kriegsrat v. Kleist, niemand auf dem Wustrauer Vorwerk in Dienst.

Die Herrschaft der Frau v. Dossow in Wustrau fiel in eine wirtschaftlich sehr schwierige Zeit, die des Siebenjährigen Krieges. Unmittelbar wurde die Grafschaft Ruppin von den Feindseligkeiten im September 1758 berührt, als das schwedische Heer des Generals Hamilton, zur Unterstützung der Russen und auch ihres eignen Unterhalts wegen in die Mark gegen Berlin vorgedrängt, furchtsam ein Lager zwischen Langen und Bechlin bezog, in der Gegend von Fehrbellin über die von Friedrich II. aus Sachsen entsandten Truppen des Generals Wedell einige Erfolge errang und bis weit in den Oktober

[1] Vielleicht uneheliche Mutter: Marie Winckelmans; ihr Sohn Andreas Leewe (die Namen lassen holländischen Ursprung vermuten) hatte wie der der Witwe Berlins beim Regiment Prinz Ferdinand in Neuruppin gedient.

seine Stellung behauptete[1]. Über diese Invasion berichtete Zieten, der damals beim Heere des Königs in der Lausitz vor dem Hochkircher Überfall gegen Daun stand, sein Schwager Jürgaß aus Ganzer am 2. X. 1758. Von der Kriegskontribution von 50000 Talern, die die Schweden auf den Kreis gelegt hatten, waren für Wustrau vorläufig 200, d. h. ungefähr der Jahresbetrag der Staatssteuern in der Ortschaft, ausgeschrieben worden. Wie im 17. Jahrhundert scheint man sich auch jetzt wieder um die nötigen Barmittel zunächst an das Kirchenvermögen gewandt zu haben; als auf Antrag des Predigers Johann Gottlieb Nusche und des Herrn v. d. Hagen Jürgaß seinen Hofmeister nach Wustrau schickte, um die Kirchenkasse in Verwahrung zu nehmen, verlangte der Administrator Schmidt, daß ihm zur Bezahlung der Kontribution neben seiner Wirtschaftskasse von 250 Talern auch noch 50 aus jener zurückgelassen würden. Neben der Kontribution wurden wie üblich Naturallieferungen von Vieh und Getreide eingetrieben, und dabei kam es auch in dem abgelegenen Wustrau zu empfindlichen Plünderungen. Die Soldaten setzten nach Empfang des ihnen zustehenden Korns die Fouragierungen in den Scheunen fort „und sind einige darunter so gute Wirte gewesen, daß ihnen auch alles angestanden, e. g. Pfropfenzieher, Schnallen und Kämme, und der gemeine Mann ist nicht satt zu machen gewesen".

Der landwirtschaftliche Markt wurde von den Kriegsereignissen stark beeinflußt. Die Ankunft der Schweden trieb den auf 15 Groschen gefallenen Scheffelpreis für Roggen sofort zur Höhe von 1 Taler. Über die Konjunktur am Ende des Krieges liegt ein Bericht vom 27. X. 1762 vor, den Zieten von seinem Regimentsauditör Wachtel aus Berlin empfing. Die Getreidepreise waren damals für den Scheffel Hafer 3 Taler, Gerste 4 Taler 20 Groschen (also mehr als der Wert des damals auf 4 Taler 8 Groschen gesunkenen Augustdor[2]), Roggen 6 Taler 16 Groschen und Weizen 7 Taler 6 Groschen; Hülsenfrüchte waren „gar nicht vor Geld zu haben". Soweit solche Preise nicht infolge der Münzverschlechterung bloße Täuschung waren und soweit die Gutsbetriebe nicht zu Zwangslieferungen oder zum Eigenbedarf auf Einkäufe angewiesen waren, müssen diese Zustände zu einer bedeutenden Rentensteigerung geführt haben. Dazu kamen für Zieten gerade in den letzten Feldzügen bedeutende militärische Einnahmen unter dem Titel der

[1] Vgl. darüber die treffliche Darstellung von K. Marschall v. Sulicki, Der Siebenjährige Krieg in Pommern und in den benachbarten Marken (Bln. 1867) 139—153 (wo nur 145 Tarnow für Tarmow steht).

[2] Der niedrigste Stand dieser neuen preußischen Goldmünze war im Juli dieses Jahres 3 Taler 16 Groschen. F. Frh. v. Schrötter in Acta Borussica Münzwesen, Geschichtlicher Teil III 136.

Douceurgelder, die ihm zu den Winterquartieren vom Könige in willkürlicher Festsetzung, im April 1760 auf 1500, im Februar 1761 auf 4000 Taler, bewilligt wurden. Seine zweite Heirat im Sommer 1764 mit Albertine v. Platen war keine Bereicherung und sollte keine sein. Der Mitgift von 3875 Taler 16 Groschen setzte er mit einem Schmuck sofort eine Morgengabe von über 2000 Talern entgegen[1]. Aber gerade diese neue Vermählung, die bald folgende Geburt eines Erben waren offenbar der Hauptanlaß zu einer wirtschaftlichen Maßregel, zu der die Mittel bereits anderweit vorhanden waren: dem Erwerbe des Dossowschen Doppelguts und damit der ganzen Wustrauer Gutsherrschaft.

Frau v. Dossow war bereits im Jahre 1763 gestorben. In ihrem Testament hatte sie aus ihrer Erbschaft ein Fideikommiß errichtet; der Besitz von Wustrau kam unter ihren sechs Erben und Neffen aus den Familien v. Kleist und v. Grape zur Verlosung und fiel dabei dem Hauptmann Carl Caspar v. Kleist zu. Dieser zedierte das Gut, denn offenbar war das Los nicht nach dem allgemeinen Wunsche gefallen, an den Major und Flügeladjutanten Franz Casimir v. Kleist gegen Zahlung von 42000 Talern und noch 8000 an die übrigen vier Miterben.

Für diese 50000 Taler, d. h. eben ungefähr um die 8000 über dem letzten, von Frau v. Dossow gezahlten Preis, kaufte Zieten das Doppelgut am 4. X. 1765. Sein Erwerb war nicht ohne Gefahr. Als Teil des Dossowschen Fideikommisses war es sämtlichen Erben verhaftet, und es handelte sich nach dem Besitzantritt zunächst darum, es durch Bestellung anderer Sicherheiten aus dieser Verbindung zu lösen. Da eine gütliche Einigung scheiterte, dauerte es auf dem Rechtsweg noch mehr als ein halbes Jahrzehnt, bis durch Prioritäts- und Präklusionssentenz des Kammergerichts vom 10. VI. 1771 Wustrau aus dem Dossowschen Fideikommiß entlassen wurde. Dafür waren die Kaufbedingungen nicht gerade schwer. Anzuzahlen waren bis zum 1. IX. 1766 nur 20000 Taler, auf deren Verzinsung obendrein der „Verstand" des Pächters Wesenberg in Höhe von 600 Talern zur Anrechnung kam. Der Rest blieb mit 4 vom Hundert auf dem Gute stehen. Er wurde Zieten zwar schon 1767 gekündigt, aber nach Auszahlung von weiteren 10000 Talern wurden die übrigen 20000 gegen eine halbprozentige Zinserhöhung doch belassen. Bereits im nächsten Jahre wurde dann die Kaufgeldtilgung vollendet, indem Zieten je 5000 Taler aus eignen Mitteln, durch einen Wechsel des Schutzjuden Levin Marcus und durch zwei neue Hypotheken von der verwitweten Kriegsrätin Buchholtz geborenen Wegely und dem Kaufmann Christian Wendland aufbrachte.

---

[1] Winter a. a. O. II 384, 418, 474.

Mit diesen Rechtsgeschäften hängt es zusammen, daß man für die damalige Zeit zuerst nach dem 17. Jahrhundert wieder eine Ansicht von der Verschuldung Wustraus gewinnt. Wie sein Vater 1719 so sorgte auch Hans Joachim v. Zieten für die urkundliche Festlegung und Bereinigung seiner lehn- und schuldrechtlichen Lage bei der zuständigen Grundbuchverwaltung der Mittelmärkischen Ritterschaft. Ein Auszug aus dem Hypothekenbuch ihrer Registratur vom 14. VI. 1777 erweist, daß das Emporkommen des Wustrauer Zweiges den Zietenschen Geschlechtsverwandten zu einer neuerlichen Bekräftigung und Verwertung des feudalen Familienverbandes Anlaß gegeben hatte. Als Agnaten waren in den Jahren 1764—68 nicht weniger als 18 zu Brunne, Metzeltin und Wildberg, Minden, Zahren und Trebnitz ansässige Familien angemeldet worden, und davon hatten 7 durch Erklärungen von 1767 und 1768 den Zietenschen Anteil von Wustrau mit einem sogen. Lehnstamm[1] in Form einer Spezialhypothek von insgesamt 6000 Talern belastet. Auch die privatrechtlichen Schulden des Gutes waren entsprechend der (übrigens noch im heutigen Grundbuch festgehaltnen) katastralischen Sonderung der Ortschaft auf die drei alten Rittergutsanteile einzeln verteilt. Auf dem Zietenschen lagen außer den 3000 Talern der Waisenhaushypothek von 1748 noch 1712 Taler 14 Groschen 9 Pfennige Vater- und Muttererbe von Hans Joachims 1762 verstorbener Schwester Dorothea Sophie v. Jürgaß, die 1742 an seine eigne Frau zediert worden waren; auf dem Gühlenschen nur eine alte Ehegeldschuld aus 1705, allerdings in Höhe von 7675 Talern; auf dem Rohrschen endlich ausschließlich neuere Schulden von Zieten selbst, nämlich außer den erwähnten Buchholtzschen und Wendlandschen Hypotheken noch eine aus 1773 gleichfalls von Wendland und im Betrage von 5000 Talern. Daß mit diesen Posten die Gesamtbelastung Wustraus nicht erschöpft war, betonte schon das Hypothekenbuch: Die Abfindung von Zietens drei übrigen Schwestern war damals noch nicht „doziert“, und am Schluß wurde ein allgemeiner Vorbehalt zugunsten von Ansprüchen gemacht, die zwar den lehnsherrlichen Konsens erhalten hätten, aber durch Atteste des Lehnsarchivs nicht zu belegen seien. Die eingetragne Verschuldung hatte mit insgesamt nicht ganz 27400 Talern ein sehr mäßiges Verhältnis zu dem Wert des geeinigten Wustrauer Ritterguts, wenn man ihr diesen nach der Taxe der Erbregulierung von 1786 mit 65000 Talern gegenüberstellt.

---

[1] Im Sinne von ALR. I 18, 605, also eigentlich einem Lehnquantum in dem des älteren Lehnrechts: als Beschränkung der Lehnsnachfolge oder Entschädigung für Ansprüche daraus. Vgl. Franklin in Holtzendorffs Rechtslexikon II (Lpz. 1871) 55 f.

Die Bewirtschaftung der vereinigten Rittergüter hat Zieten sofort und auf immer in eigne Hand genommen. Der Friedensdienst ermöglichte ihm Jahr für Jahr eben zu der landwirtschaftlich wichtigsten Zeit der Ernten infolge der Entfernung der Pferde auf Grasung nach dem platten Lande vom Regiment in Berlin abkömmlich zu sein und längeren oder kürzeren Urlaub nach Wustrau zu erhalten [1]. Einen solchen bekam er auch am 27. VI. 1766, um die Übernahme des Dossowschen Gutes von dem Pächter Wesenberg ausführen zu können. Am 17. VII. rechnete er mit ihm ab. Inventar hatte Wesenberg (ungefähr übereinstimmend mit der Summe der Gühlenschen und Rohrschen Werte von 1756/7) für 439 Taler 4 Groschen abzuliefern. Das wirkliche war etwas wertvoller, so daß ihm noch 38 Taler 22 Groschen vergütet wurden.

Es kann nicht zufällig sein, daß eine der ersten Sorgen Zietens die Dienstverfassung der Tagelöhner war, deren er eine so große Zahl mit dem Dossowschen Gute übernommen hatte. Schon am 18. VI. 1766 veröffentlichte er ein neues „Projekt über das Taglohn intuitu der Drescher und intuitu der übrigen Tagelöhner zu Wustrau". Daß gerade von den Dreschern ausgegangen wurde, zeigt die Stelle des größten Arbeitsbedarfs an. Verstehen wir die Bestimmungen recht, so waren auch die Tagelöhner dieser besonderen Verrichtung besser gestellt als die andern. Ihnen sollte an Deputat ein Tagwerk Gras mehr gegeben und nebenbei gestattet werden, eine Kuh zu halten, d. h. auf die gemeine Weide zu schicken. Die Grundlage des Tagelöhnervertrages bildete für die Arbeiter der durch Deputate unterstützte Mietbesitz einer Hausstelle auf Gutsland. Der ausdrücklich so genannte Mietpreis betrug neben der Instandhaltungspflicht nur 4 Taler, also allerdings weniger als nach der Rohrschen Einkommenstaxe von 1756 die Tagelöhner jenes Guts gezahlt hatten [2]. Er war für die Herrschaft natürlich nicht die entscheidende Leistung. Diese bestand vielmehr nach Art des neueren Scharwerksvertrages in der ständigen Verfügbarkeit gebundner Arbeit. Zwar unterschieden sich von dieser allgemeinen Verpflichtung noch die eigentlichen Zwangsdienste der Tagelöhner, die für den stärksten Wirtschaftsbetrieb bei Ernte und Ausdrusch (hier im Betrage von 30 Tagen) in Anspruch genommen wurden. Aber

---

[1] Winter II 472; die Verwaltung, die in der letzten Zeit während seiner Abwesenheit vom Gute sein Schwestersohn (nicht „Verwandter seiner Frau", wie Winter I 428 will), der Rittmeister Kühn, dort führte, zeigt doch gerade die Quelle dafür, ihr Briefwechsel aus den achtziger Jahren, in völliger Abhängigkeit von seinen Anordnungen.

[2] Die beiden erwähnten Tagelöhner des Obersten v. Zieten zahlten noch keine Hausmiete (sie waren vielleicht als Einlieger untergebracht), sondern nur je 12 Groschen für Heugras und 6 Groschen Weidegeld zur Haltung einer Kuh.

zur Annahme auswärtiger Arbeit bedurften wenigstens die Drescher die Erlaubnis der Herrschaft, und alle Tagelöhner mußten schlechthin das ganze Jahr hindurch dienen „so oft sie angesetzt würden“. Ja, das „gewöhnliche“ Tagelohn, zu dem diese Dienste geschahen, war nur 3 Groschen[1] und erhöhte sich gerade bei den Zwangsdiensten auf 4; Beköstigung wurde nie gewährt, nur wieder beim Korn- und Grasmähen wurde das für die Bauern übliche Getränk verabreicht.

[1] Es war also niedriger als der niedrigste winterliche Männerlohnsatz von 4 und erreichte fast den weiblichen Winterlohn von 2½ Groschen in der märkischen Landgesindeordnung vom 11. II. 1769; diese Taxen waren Maxima, die den Spielraum von Ortsgewohnheit und Markt nach unten nicht beschränkten. Novum Corpus Constitutionum Prusso-Brandenburgearum IV 5209 f.

III. Rittergut und Staat.

1. Anfänge der Staatsaufsicht.

Als Hans Joachim v. Zieten die drei kleinen Rittergüter von Wustrau in ein großes umgestaltete, war in der Geschichte der märkischen Landwirtschaft und Landesverwaltung eben der Augenblick gekommen, wo das zunehmende Machtstreben der landesherrlichen Zentralregierung diese Gesellschaftseinheit des feudalen Mittelalters zum ersten Mal einer ganz neuen Beaufsichtigung zu unterwerfen begann. Das Rittergut hatte, wenn es im ostelbischen Kolonisationslande nicht geradezu so gegründet war, jedenfalls während der Epoche des ständischen Staates in mindestens demselben Maße wie die gleichzeitige Immediatstadt rechtlich und tatsächlich die Stellung eines nach außen fast abgeschlossenen Organismus erlangt. Alle Eingriffe von seiten der gesellschaftlichen Bildungen höherer Ordnung, sei es Landschaft oder Territorium oder Staat, waren auf das Maß ihrer bloßen Lebensmöglichkeit, auf ihr äußerstes Bedürfnis nach finanzieller Unterstützung zurückgeführt worden, und nur durch die Mittel des Lehnsverbandes hatte sich die oberste Regierungsspitze einigen, meist freilich beiderseits rein persönlichen, Einfluß bewahrt. Was von landwirtschaftlicher Gesetzgebung dorther erging oder mit den Landtagen vereinbart wurde, war entweder, wie gerade der letzte Rezeß von 1653, eine Bestätigung der herrschenden individualistischen Machtverteilung, oder hatte doch nur für die Verwaltung der landesherrlichen Domänen praktische Geltung. Und auch die Bedeutung der höchsten territorialen Rechtsprechung im Kammergericht, der einzigen, der die niedere Lokalgerichtsbarkeit gesetzlich unterstand, darf man, soweit sie nicht gleichfalls das Bestehende bekräftigte und dadurch vielleicht verschärfte, für die Wirklichkeit durchaus nicht überschätzen [1]. So ist es in der Geschichte Wustraus unendlich bezeichnend,

[1] Was konnte es z. B. verschlagen, daß im 17. Jahrhundert eine Kammergerichtsresolution (Nr. 99 bei F. Müller, Practica civilis Marchica rerum forensium in judicis Camerae Marchicae judicatarum, Bln. 1678 S. 248 f.) die gemessenen Dienste der Untertanen vor Häufung und Mehrung schützte, wenn ungemessene Dienste die Regel waren?

daß ganze zwei Jahrhunderte hindurch das Leben seiner Siedlungsgemeinschaft nur für Steuer- und Lehnssachen, und auch da immer nur durch die Machthaber, mit höheren Gerichts- oder Verwaltungsstellen in Berührung kam; in dem einzigen größeren Strafprozeß, dem Hexenprozeß der Witwe Wuthenow 1616, trat der Gerichtsherr nicht etwa mit der Oberinstanz, sondern mit einem ausländischen Schöppenstuhl in Verbindung. Ebenso charakteristisch ist es aber auch, auf welchem Gebiete dann zu Anfang des 18. Jahrhunderts die Landesregierung zuerst allgemeine Hoheitsrechte hier geltend machte: Es geschah in dem großen Zusammenhange der absolutistischen Landeskulturfürsorge. Die berühmte Trockenlegung des Rhinluchs durch König Friedrich Wilhelm I. wurde schon von der Regierung seines Vaters, unter der überhaupt die Keime der ganzen Agrarpolitik seiner Nachfolger, wenn auch noch ohnmächtig, in Bewegung kamen, sehr energisch vorbereitet. Am 30. VII. 1705 wurden in einem Termin vor der obersten Domanialverwaltungsbehörde, der Geheimen Hofkammer zu Berlin, Verhandlungen über die Austrocknung des Fehrbelliner Luchs durch einen großen Graben mit einer großen Zahl künftiger Anlieger eröffnet. Solchen, die nicht aus eignem Interesse zu dem Werk beitragen wollten, sollte der nötige Boden abgekauft und mit 50 Talern für die Hufe bezahlt werden. Damals erklärte der von den Wustrauer Gutsherren allein anwesende „junge“ Herr Joachim Friedrich v. Gühlen, die Gemarkung der Ortschaft werde durch den geplanten Graben nicht berührt. Schon wenige Tage später aber müssen er und seine Nachbarn andern Sinnes geworden sein. Am 4. VIII. 1705 erhoben die sämtlichen „Obrigkeiten“ von Wustrau Einspruch gegen die „Reinigung“ des Rhinluchs überhaupt. Ihre Gründe waren zunächst solche bloßer wirtschaftlicher Trägheit: Der bisherige Heugewinn aus dem Wustrauer Luch genüge dem dortigen Betriebe. Aber sie sahen wohl, daß hier eben über derartige Rückständigkeiten zu besserem Neuem fortgeschritten werden sollte, und behaupteten weiter, durch die Melioration geradezu geschädigt zu werden. Sie befürchteten einmal die Zerstörung der Reste von Waldnutzung im Luch, die sie, wohl kaum der vollen Wahrheit gemäß, noch immer als für den Jahresbedarf der Ortschaft ausreichend bezeichneten. Sie bezweifelten weiter — und dieser Gesichtspunkt ist ja dann auch gegenüber den umfassenden Austrocknungen der folgenden Regierungen und noch bis zur Jetztzeit gegenüber ähnlichen Regierungsinitiativen wieder und wieder behauptet worden — rundweg den bezweckten Erfolg der Melioration selber. Die Notwendigkeit der Feuchtigkeit für dieses hochgelegene Luch erhelle „klärlich a posteriori“ aus den geringen Heuernten trockner Jahre. Was hätten gegen solche Widerstände Hinweise auf den möglichen Übergang zu intensiveren Nutzungen und andre große Wirtschaftsziele gefruchtet? Es dauerte fünf Jahre, bis die Regierung mit der geometrischen Trassierung des projektierten Grabens einen neuen Vorstoß wagte. Die Richtung lief nun freilich doch von Lentzke über das Langensche Luch durch das Wustrausche nach dem Bützsee. Jetzt veränderten die Wustrauer Herren ihre gegnerische Haltung in eigentümlicher Weise. Am 23. IX. 1712 wandten sich Samuel Friedrich und Joachim Friedrich v. Gühlen in einem Promemoria an den König. Sie stellten zunächst vor, daß die Aushebung des 15 Fuß breiten stattlichen Grabens neben einer unbequemen Trennung der Wiesenfläche einen Verlust von mehreren Fudern Heu für sie bedeuten würde. Im Falle aber, daß das Unternehmen gleichwohl zur Ausführung komme, traten nunmehr sie mit einem Vorschlage vor: Sie baten um die Überlassung des privativen Fischereirechts in dem Graben auf der Strecke zwischen Wustrauer Grenze und Bützsee. Das ging der Regierung zu weit. Die Resolution vom 8. XI. 1712 schlug das Gesuch um die Fischerei „bis auf weitere Verfügung" ab. Bezüglich der zu erwartenden Schädigung diente sie den Petenten mit einer nüchternen Berechnung: Die Grabenfläche im Wustrauer Luch werde etwa 3 Morgen ausmachen, das Luch selbst sei mit Einschluß der Kirchenwiesen rund 4473 Morgen groß; außer diesem verschwindenden Verhältnis des Opfers zeige die Verpachtung der Kirchenwiesen zu durchschnittlich 1 Groschen für den Morgen, daß das Luch in der Tat noch keine nutzbare Wiese, sondern ein unfruchtbares Bruch sei. Das Ergebnis dieser ganzen Verhandlungen war, daß die Kanalisierungsarbeiten im Rhinluch dann in der Tat Wustrauer Gebiet nicht berührt haben.

Die Frage gehörte im Grunde zu dem Problem der wasserrechtlichen Wirtschaftsordnung, das die Steigerung aller Produktionen in dem Seengebiete der Grafschaft Ruppin um jene Zeit mehr und mehr der Aufmerksamkeit der Verwaltungen aufdrängte. Eine andre Angelegenheit desselben Kreises war die Verfassung des Mühlengewerbes, die mit ihrer allmählichen Zersplitterung in juristisch verwickelte und wassertechnisch konkurrierende Berechtigungen eine behördliche Schlichtung noch viel nötiger hatte. Die Inhaber der einzelnen Betriebe standen meist als Erbpächter nur in sehr loser Abhängigkeit von den lokalen Obrigkeiten, oft waren diese Zuständigkeiten durch Veräußerungen noch weiter entrückt und abgeschwächt: So war ja der Wustrauer Müller seit dem 16. Jahrhundert ein Untertan des Ritterguts Bechlin. Ein großes Durcheinander von Ansprüchen und Anschuldigungen erhob sich, als Mitte des 18. Jahrhunderts die sämtlichen Mühlen des Rhinlaufs an Wassermangel zu leiden anfingen. Die für die

Öffentlichkeit wichtigste darunter war die des Ruppiner Amts, die die Garnison von Neuruppin, das Infanterieregiment Prinz Ferdinand, mit Mehl zu versehen hatte. Nach der Behauptung des Amtskastners Winckler hatte sich zwar hier der Staat durch seine eignen Wasserbaumaßregeln benachteiligt: Die Hauptursache der Vorflutstörung sollte der kürzlich beendete Bau des Polzowkanals im Rheinsberger Seengebiet sein, in dem die staatlich geförderten Interessen des märkischen Holzhandels zu besonders merklicher Durchsetzung gekommen waren. Diesen Vorwurf zurückzuweisen, war der Kriegsrat Feldmann sichtlich bemüht, der von der kurmärkischen Kammer 1750 mit der Untersuchung der Müllerbeschwerden beauftragt worden war. Er glaubte zwei einzelne Betriebe für den ganzen Mißstand verantwortlich machen zu können: Die Rheinsberger Mühle hemme die Vorflut des Oberwassers nach Ruppin, die Wustrauer entziehe dem Amt durch übermäßige Stauungen das Unterwasser. Der Anlaß zu diesen Stauungen bei Wustrau war aber wiederum die Flößerei, und so war man in dem Kreise der kämpfenden Gewerbe- und Handelsinteressen an den Ausgangspunkt zurückgelangt[1]. Wie sehr die letzten im Vordergrunde standen, ergibt auch die Regelung des Wassermaßes, die noch im selben Jahre der Landrat des Kreises in Wustrau vornehmen mußte. Es wurde dabei von der Flößerzeit geradezu ausgegangen und für sie 18, für den Rest des Jahres 12 Zoll über dem Fachbaum als höchster zulässiger Wasserstand festgesetzt. Eine Kammerverfügung von 1787 behielt den Grundsatz bei und erhöhte die Maximalgrenzen sogar auf 24 und 18 Zoll. Noch nach Erlaß des Vorflutgesetzes vom 15. XI. 1811 stellte eine Verfügung des Landrats v. Zieten, dem der Rechtszustand von 1787 wohl hauptsächlich von seinem gutsherrlichen Standpunkt zu unbillig erschien, doch das alte Wassermaß von 1750 einfach wieder her. Erst in einem Prozeß des Mühlenmeisters Becker gegen die Wustrauer Gutsherrschaft und den Fiskus entschied 1834 das Kammergericht, daß diese einseitigen Regelungen dem Vorflutgesetze nicht mehr genügten, das ja eben die Einigkeit aller Berechtigten über den Wasserstand vorsah. Der Vergleich, der dann erst 1844 zustande kam, ist ebenso bemerkenswert dadurch, daß er das alte Maximum von 24 Zoll für die Zeit vom November bis März beibehielt, als dadurch, daß er mitten in dem gewöhnlichen Stande von 18 Zoll noch einen besonderen Sommerstand von 16 für die Zeit vom 11. VI. bis 11. IX. einführte.

War derart die wirtschaftliche Verständigung im Mühlengewerbe nicht leicht, so war anderseits nicht einmal seine rechtliche Lage immer klar. Seit dem 17. Jahrhundert be-

[1] Akten des Potsdamer Regierungsarchivs, Ruppin, Wassersachen 9.

stand in Wustrau außer der Mahlmühle eine wie diese ursprünglich dem Amt Ruppin gehörige Walkmühle, die gegen einen geringen Zins stets von dem Tuchmachergewerk in Neuruppin betrieben worden war. Bis auf diese ganz allgemeinen Tatsachen lagen ihre rechtlichen und geschichtlichen Anfänge schon im Dunkel, als im Jahre 1765 der Amtskastner den Versuch machte, die Anlage durch ein öffentliches Ausschreiben zu neuer Verpachtung auf Zeit an den Meistbietenden zu bringen. In der Gegenwehr der bisherigen Pächter gegen diese beabsichtigte Steigerung trat eine sehr scharfe Meinungsverschiedenheit über Entstehung, Natur und Umfang des Pachtverhältnisses zutage: Das Gewerk behauptete einmal, die Mühle selbst angelegt zu haben und eigentümlich zu besitzen, weiter aber auch den Grund und Boden von dem Amt in Erbpacht, mithin zu einem unveränderlichen Zins inne zu haben. Der ganze Streit war der typische Ausdruck einer wirtschaftlichen Übergangszeit, da allgemein das Bedürfnis der Obereigentümer ebenso dazu trieb wie die Wertsteigerung des Untereigentums es rechtfertigte, die alten Rechtsformen eines überlebten Trägheitszustandes der Urproduktion in nachgiebigere neue zu verwandeln. Im gegenwärtigen Einzelfalle lag indes anscheinend doch weder das Recht noch die Klugheit ganz auf der Seite des neuerungs- und gewinnsüchtigen Teils. Das Amt drang zwar mit dem Abschluß eines neuen Zeitpachtvertrages über die Walkmühlen von Wustrau und Zippelsförde zusammen in Höhe von 130 Talern durch, aber wurden die Pächter dadurch in Wirklichkeit so schwer geschädigt oder verstanden sie nur ihre neue Rechtsstellung auf einem Fuße mit den Domänenbeamten auszunützen: bereits 1773 wandten sie sich an den König um Unterstützung oder Remission. Auf die Instandhaltung der baufälligen Mühlen, die ja nun für königliches Eigentum erklärt waren, wollten sie in der kurzen Zeit 1600 Taler ausgelegt haben, dazu wurde eben jetzt ihr Betriebsgewinn erheblich eingeschränkt durch die Weigerung der Gewerke von Lindow und Gransee, sich dem herkömmlichen Mahlzwange des Neuruppinischen ferner zu unterwerfen. Im Jahre 1794 hat ihnen dann in der Tat die neue Regierung auf ihr fortgesetztes Drängen 2626 Taler Baugelder bewilligen müssen [1].

2. Die allgemeine Separation.

Immer näher aber rückte die Notwendigkeit einer Erneuerung der mittelalterlichen Wirtschaftszutände an den eigentlichen Mittelpunkt des Wustrauer Wirtschaftslebens, die

---

[1] Akten des Potsdamer Regierungsarchivs, Ruppin, Mühlensachen 23, 11.

Urproduktion der Siedlung im ganzen. Wenn es der Kollektivismus der Methoden war, der der Zeit auf diesem Gebiet als vornehmstes Hindernis der Meliorationen erschien, so war schon die äußere Gestaltung der Wustrauer Wirtschaftsgemeinschaft, die Flur, ein besonders starkes Beispiel dieser immer drückenderen Bindung des Einzelwillens. Wustrau besaß nämlich von alters her keine völlig im Sinne ausschließlicher Nutzung eigene Feldmark wie die regelmäßige mittelalterliche Dorfschaft, die sich doch insofern schon gegen die Umgebung zu einem ausgesprochenen Einzeldasein abgesondert hatte. Die Wustrauer Flur ging so topographisch wie rechtlich unmittelbar in die des benachbarten Altfriesack über, indem das sogen. Hüteluch zwischen Altfriesack, dem Burgwall und dem Damm vor den Wustrauer Wiesen dem Gebrauch beider Ortschaften zugleich diente. Diese Tatsache wurde, als sich infolge der ersten Schritte der Friderizianischen Gemeinheitsteilungspolitik[1] im Jahre 1767 die Aufmerksamkeit auf ihre Außerordentlichkeit richtete, damit erklärt, daß den Altfriesackern der Weg zu ihrer einzigen eignen Wiesennutzung auf den von der Wustrauer Kirche gepachteten „Örden“ eben durch die Wustrauer Feldmark versperrt sei und somit die hergebrachte Hutungsgerechtigkeit die nächstliegende Auskunft bilde. Nun betonte die königliche Verordnung vom 21. X. 1769[2] über die Einsetzung von ökonomisch-juristischen Separationskommissionen in den Kreisen als Ziel der Gemeinheitsteilungen neben der Abschaffung der „vermengten Hütungen“ im Rahmen der ortschaftlichen Gemengelage ganz besonders auch die Ablösung der „würklichen Dienstbarkeitsrechte“ nach Art der Altfriesacker Servitut am Wustrauer Luch. Auch hier traf obenein zu, was die Anwälte der Separationen allgemein für sie vorbrachten, daß die Gemeinheit in Wirklichkeit die Berechtigten nicht mehr befriedigte als die Verpflichteten. Denn durch die Wustrauer Weideservitut war nicht etwa für die Altfriesacker Kirchenwiesen das Separationsideal einer reinen Grasnutzung bereits verwirklicht. Schon 1709 hatte sich vielmehr Altfriesack gerade über die Beeinträchtigung der dortigen Heuernten durch den Wustrauer Viehtrieb beschwert, und es war vielleicht für die Zukunft nicht unrichtig, daß sich das Amt Ruppin als Erbpächter einer anstoßenden anderen Kirchenwiese der Beschwerde anschloß.

Es ist kein Zufall, daß in Wustrau die Separationskommission, bestehend aus dem Kammergerichtsrat Goldbeck, dem Oberbaurat Seidel und dem Domänenrat Bartels, zu-

---

[1] Vgl. das Zirkular an die Justizkollegien vom 28. VI. 1765. Novum Corpus IV 971 f.

[2] Novum Corpus IV 5627—5638.

allererst die Frage der Altfriesacker Weideservitut angriff: Durch die Auseinandersetzung vom 9. VI. 1771 wurde sie in der Weise beseitigt, daß von der 837 Morgen 36 Quadratruten großen Fläche des bisher gemeinsamen Hüteluchs 135 und 114 der berechtigten Gemeinde als eigne Feldmark überwiesen wurden. Viel weniger in der Richtung der behördlichen Anregungen und Wünsche lag das, was am folgenden Tage ein anderer Rezeß für Wustrau selbst vereinbarte. Die Wiesenwirtschaft, auf deren Hebung es doch vor allem abgesehen war, wurde dadurch so gut wie gar nicht berührt, indem die ihr schädlichste Weidelast, die Behütung durch die herrschaftliche Schäferei, nach wie vor bestehen blieb; die Kommissarien begnügten sich damit, für ihre Ausübung die Beachtung des „neuesten Edikts“ [1] einzuschärfen, das namentlich für sumpfige Wiesen die Einschränkung der Viehtrift auf den Herbst forderte. Man glaubte aber schon darin eine Erfüllung der „königlichen Intention“ zu sehen, daß man die nicht als Wiese genutzte Weidefläche, die Hutung im engeren Verstande, einer weitgehenden Individualisierung unterwarf. „Gemeine Weide“ sollte fortan außer den Wiesen nur noch die waldige Erhebung der sogen. Elshorst sein. Die Bauern erhielten längs des Bützgrabens Einzelkoppeln, und auch die vordersten Seestücke wurden Pfarre und Gemeinde zu Koppeln und Gärten (man dachte wohl an vermehrten Anbau von Futterkräutern) überwiesen. Die Hauptsache aber war die völlige Trennung der herrschaftlichen Viehwirtschaft von der der Gemeinde. Die Herden, die bisher der uralten Gewohnheit nach unter einem Dorfhirten vereinigt geweidet hatten, wurden gesondert, die Wiesen des Hirtendeputats mit Hinblick auf die Teilung des Amts halbiert (das Hirtenhaus wurde Gemeindebesitz), endlich und vornehmlich die Hutung selbst zwischen Herrschaft und Gemeinde ganz aufgeteilt, so daß jene die Pferdekoppel und im Luch den Strich von den Langen Wiesen längs des Dammes bis zum Rhin und jenseits desselben bis zum Hufenschlage, diese die Ochsen- und Kälberkoppel und den Rest des Luchs ausschließlich für sich bekam. Nach demselben Grundsatze wurden durch einen großen Austausch die herrschaftlichen und die bäuerlichen Wiesen je in zusammenhängende Flächen gebracht.

An diese Hutungsseparation schloß sich aber, und das war der wichtigste Erfolg des Rezesses, eine Befreiung auch der herrschaftlichen Ackerwirtschaft aus der Gemeinschaft, die sie mit der bäuerlichen durch Gemengelage und Flurzwang von Anbeginn durch die Jahrhunderte gehalten hatte. Der eigentliche Sinn der Friderizianischen Reform wurde dadurch doch

[1] D. h. des Reskripts an Kammergericht und Kammer vom 19. V. 1770. Novum Corpus IV 6787—6790.

nur sehr einseitig getroffen, wenn nicht überhaupt umgebogen. Wie sachlich der bessere Gräserbau schwebte persönlich die Verselbständigung gerade auch der kleinen abhängigen Wirtschaften allen Anregungen und Vermittlungen der Regierung vor. Hier zog sich der mächtigste Teilhaber, die gutsherrliche Großwirtschaft, aus der Produktionsgenossenschaft heraus und überließ die zurückbleibenden kleineren sich selbst. Denn wie über die künftige Nutzung der separierten Gemeindehutung durchaus nichts bestimmt wurde, so stand auch in der Feldwirtschaft die Teilung vor der Frage einer neuen inneren Ordnung still. Bauer- und Pfarrhufen wurden sogleich unter sich aufs neue in drei Felder ausgelegt und verharrten bis zu den Regulierungen des 19. Jahrhunderts im hergebrachten Gemengebetriebe. Eine besondere Bedenklichkeit kam endlich in die Ackerseparation durch die Art ihrer Ausführung, der dazu notwendigen Umteilung der Feldstreifen. Der Hufenschlag von Wustrau lag in den üblichen drei Feldern mit annähernd quadratischer Gesamtgestalt zwischen Rhin und Ruppiner See, Buskower und Langenscher Grenze, doch so, daß die Lage der Ortschaft selbst in der äußersten südöstlichen Ecke davon den einzelnen Teilen durch die verschiedene Entfernung schon, ganz abgesehen von der Bodengüte, einen sehr ungleichen Wert gab. Noch bis zur Gegenwart wirkt die größere oder geringere Zugänglichkeit der Felder in der Regel entscheidend auf die technische Entwicklungsfähigkeit der Ackerwirtschaften. So ist klar, welche schicksalsvolle Bedeutung die Umteilung des Hufenschlages 1771 für die Wirtschaftsgeschichte Wustraus haben mußte. Gewiß hatte gerade mit dem Hinblick auf die Schwierigkeit gerechter Ackerseparationen der König noch vor kurzem in dem Reskript, das das Berufungsverfahren gegen die Entscheidungen der Separationskommissionen regelte [1], von der Gefahr einer Übervorteilung des geringeren und einsichtsärmeren Landmanns gesprochen. In Wustrau suchte man einen Ausgleich dadurch herbeizuführen, daß man, von jener Lage der Felder zur Ortschaft ausgehend, der Herrschaft die beiden Extreme von Gunst und Ungunst, die vordersten und die hintersten Schläge [2] anwies, so indes, daß ihr Acker in einem fortlaufenden, nahezu rechtwinkligen Streifen von der Breite der ganzen Ortschaft den ganzen Süd- und Westrand des Hufenschlages längs der Rhin- und Langenschen Grenze einnahm und sich mithin wie eine Umfassung des Gemeindeackers überall zwischen diesen und die übrige Feldmark legte. Im einzelnen machte sich die Umteilung der Felder folgendermaßen. Es trat ab:

[1] 22. VIII. 1770, Novum Corpus IV 7329.

[2] Diese letzten erhielten dann schon 1777 ein besonderes Wirtschaftszentrum in dem Vorwerk Albertinenhof, wo Zieten die ersten Versuche mit Stallfütterung und Jauchedüngung anstellte.

	Gerstland		Haferland		Dreijähriges Roggenland		Mäsche		Unbrauchbares		Insgesamt	
	Mg.	Qr.	Mg.	Qr.	Mg.	Qr.	Mg.	Qr.	Mg.	Qr.	Mg.	Qr.
I. Die Gemeinde an den Gutsherrn.												
1. Im Vordersten oder Brachfeld:												
Luchenden	5	145	8	66	2	91	—	—	—	117	17	57
Bergenden	—	—	14	111	—	—	—	—	—	18	14	129
Hufenstücke	20	105	8	91	—	—	—	—	—	71	29	87
2. Im Mittleren oder Sommerfeld:												
Luchenden	55	72	48	23	—	—	—	57	—	176	104	148
3. Im Hintersten oder Winterfeld:												
Hohe Felder	91	22	42	107	—	—	—	—	—	44	133	173
Hufenstücke	44	137	70	19	—	—	—	—	—	83	115	59
Luchenden	20	85	12	78	—	—	—	166	—	95	34	64
Grabenstücke	1	76	20	105	—	—	—	—	—	9	22	10
Summe	239	100	225	60	2	91	1	43	3	73	472	7
II. Der Gutsherr an die Gemeinde.												
1. Im Vordersten oder Brachfeld:												
Hufenstücke	93	8	50	34	—	—	—	—	6	175	150	37
Seeenden	7	156	—	—	—	—	—	—	—	—	7	156
2. Im Mitttleren oder Sommerfeld:												
Hufenstücke	124	153	91	136	—	—	—	—	—	147	217	76
Seenden	3	67	17	34	—	—	—	—	1	44	21	145
3. Im Hintersten oder Winterfeld:												
Hufenstücke	43	34	25	92	—	—	—	—	—	49	68	175
Summe	272	58	184	116	—	—	—	—	9	55	466	49

Obwohl also bei dem Austausch die Gemeinde mehr von dem ursprünglichen Bestande des Hufenschlages, den Hufenstücken, und deshalb mehr Gerstland, d. h. mittelgutes, erhielt, so bekam sie doch weniger Gesamtfläche, mehr Unland und kein Roggenland. Einige Jahre später, als die Regierung übersah, daß ihre ganze Separationspolitik im besten Falle eine Wirtschaftsreform der Großgüter herbeizuführen im Begriff war, gab sie in dem Reskript vom 5. II. 1774 dem Kammergericht ein wenig nachträglich neue Richtlinien für die Teilungsgeschäfte, die „Gedanken eines geübten Auseinandersetzungskommissars über die schicklichste Verfahrungsart bei der Aufhebung der Gemeinheiten zu beobachten". Sie enthielten [1] unter erneuter Betonung der Fürsorge für die Kleinbetriebe Vorschläge zu ihrem Schutz bei Auseinandersetzungen mit den in der Regel überlegenen herrschaftlichen Gemeinschaftsteilhabern. Darunter war vor allem die Zuweisung näherer und besserer Ackerstücke an jene im Austausch aus dem Grunde, daß der größere Besitz der Vorwerke an Boden und Betriebsmitteln ihnen den Verzicht auf beides vergleichsweise besser erträglich mache. Vielleicht war bei der Wustrauer Ackerseparation auf die gleichzeitige Wiesen- und Hutungsseparation Rücksicht genommen. In dieser kam, wenigstens nach der Menge des Bodens, die Gemeinde viel besser fort als die Herrschaft. An Wiesen trat die erste 632 Morgen 97 Quadratruten, die zweite 711 und 47 ab, an Hutung die eine 508 Morgen 13 Quadratruten, die andere 597 und 61. Aber mindestens der Unterschied der Wiesenflächen wurde ausdrücklich allgemein mit der „etwas geringeren Güte" der überschüssigen eingetauschten Vorwerkswiesen erklärt.

Die Ackerseparation, die noch 1771 gleich nach der Ernte iu Kraft trat, war in Wustrau die vollständigste. Sie bedingte das gänzliche Aufhören der gegenseitigen Brachenbehutung zwischen Herrschaft und Gemeinde bis auf das Verbot der Ausspannung von Bauernvieh auf Vorwerksland im Hofdienst. Die Beseitigung der herrschaftlichen Schaftrift, die auch in den „Gedanken eines geübten Auseinandersetzungskommissars" einen wichtigen Punkt bildete, wurde so wenigstens für die Ackerwirtschaft der Gemeinde erreicht. Gerade daran aber knüpfte sich ein weiterer Anspruch der Gutsherrschaft. Sie betrachtete ihre Schaftrift nicht als gleichbedeutend mit dem gegenseitigen Behutungsrecht und deshalb durch den gegenseitigen Verzicht der Berechtigten darauf mit abgelöst, sondern verlangte für das weidelos gewordene Viertel ihrer Schäfereigerechtigkeit, das sie [2] auf 300 Schafe berechnete, eine be-

---

[1] Novum Corpus V 73 f.

[2] Wahrscheinlich in Erinnerung an die Verdoppelung des Loheschen Privilegs 1592.

sondere Entschädigung mit Grashutung in der Feldmark. Und wirklich einigte man sich dahin, daß dem Vorwerk zu diesem Zwecke noch etwa 450 Morgen allerdings gänzlich öden Landes ausschließlich überlassen wurden. Das waren die beiden sogen. Sandschellen an der Altfriesacker und der Langenschen Straße, deren Urbarmachung durch Kienäpfelsaat und Lehmanfuhr als landwirtschaftliches Verdienst Hans Joachim v. Zietens noch heut in der örtlichen Überlieferung lebt. Wenn diese Tradition ihre Erwerbung auf ein Geschenk Friedrichs des Großen zurückführt, so vermengt sie wahrscheinlich die Separation mit der königlichen Dotation von 10000 Talern, die Zieten gerade ein Jahr zuvor im Juni 1770 erhalten hatte und die damals sogar den Zeitungen bekannt wurde.

Schließlich enthält die Wustrauer Separation von 1771 noch einige Festsetzungen, die eben durch den Mangel jeder Verbindung mit Fragen der Gemeinheitsteilung merkwürdig sind. Sie zeigen, wie allgemein die Gelegenheit gerichtlicher Bekräftigung des lokalen Wirtschaftszustandes — denn der vollzogene und kammergerichtlich bestätigte Rezeß hatte die Rechtskraft deklaratorischer Urteile — von der Herrschaft in ihrem eignen Interesse ergriffen wurde. Sie verglich sich als Gutsherrschaft mit den Untertanen über eine „Verbesserung“ der Erntedienste durch die Einführung größerer Wagenladungen, von 4 statt 3 Mandeln Roggen und von 5 statt 4 Mandeln Gerste. Sie brachte als Grundherrschaft das alte, mit Wasserjagd, Fischerei und Rohrung verknüpfte Recht in Erinnerung, das ihr das Eigentum an allem Zuwachs der Feldmark aus dem Wasser vorbehielt und auf Grund dessen sie damals die sogen. Schwemmhufen am Rhin in Anspruch nahm.

3. Das Urbar.

So ist der Separationsrezeß von 1771 mit Ausnahme der Lehnbriefe, die doch durchaus auf den einseitigen Erklärungen, den Lehnspezifikationen der Empfänger beruhten, die erste wirtschaftsgeschichtliche Urkunde Wustraus von gesetzlicher Form. Nichts könnte die soziale Entwicklung des Ritterguts besser bezeichnen. Die mittelalterliche Form der staatlichen Verwaltungskontrolle, wie sie sich nach dem Vorbilde der Großgrundherrschaften durch die Vereinigung von Grundbuch und Steuerbuch zum Urbar auch in der Mark ein technisches Werkzeug geschaffen hatte, muß bereits unter den Hohenzollern hinfällig geworden sein. Noch unter dem ersten Kurfürsten aus dieser Dynastie sind wenigstens im linkselbischen Teil Landbücher im Stile der großen Luxemburgischen geführt worden[1]. Aber noch im selben Jahrhundert traten dann die

[1] G. W. v. Raumer, Über ein verlohren gegangenes Landbuch der

Schoßkataster in immer dürrerer und einseitiger finanzieller Abfassung an diese Stelle, und so läßt auch die Diplomatik keinen Zweifel über die vorhin geschilderte Einengung der allgemeinen Landesverwaltung auf die bloßen Daseinsbedingungen eines Verbandes isolierter Gesellschaftszellen. Diese Einheiten waren zu klein, in ihnen die sozialen Vorgänge zu unbedeutend und die Machtverhältnisse zu entschieden, um irgendwelche gesetzlichen, d. h. individueller Willkür entzogenen Ordnungen zum Bewußtsein oder wenigstens zum Ausspruch kommen zu lassen. Wenn die einzige Ausnahme von dieser Regel die eigentümliche Rechtsverfassung der großen adligen Grundherrschaften in der Altmark vom 16. Jahrhundert ab bildet, so würde man doch fehlgehen, die Ursache davon in einer größeren Selbständigkeit dieser Komplexe gegenüber der Landesverwaltung zu suchen. Der Herausgeber ihrer Rechtsordnungen[1] hat sehr treffend bemerkt, daß offenbar nicht Ruhe und Festigkeit, sondern Erschütterung und Bestreitung der Gesellschaftszustände den Anlaß dazu gegeben hatten. Schon daß Verfassungsurkunden wie die Betzendorfer Kirchen- und Gerichtsordnung derer v. Schulenburg vom 5. V. 1644 das Ergebnis von Tagsatzungen der ganzen grundherrlichen Geschlechter waren, weist auf das Parlamentarische dieser Gesetzgebung. Die Bauerngemeinden der altmärkischen Adelsherrschaften schickten ihre Vertreter nicht bloß in Dorfgerichte, sondern in Landgerichte, und es hätte durchaus nicht die Verwunderung einer märkischen Provinzialkammer zu erregen brauchen, daß in einem Halsgericht von 1629 der Richter der v. Alvensleben zu Erxleben seine Fragen an die „Herren Schöppen" wandte. Diese westelbischen Latifundien waren eben in ihrem sozialen Aufbau etwas ganz anderes als selbst die bedeutendsten ostelbischen. Die gesellschaftliche Einheit war hier wie dort das Dorf, aber unter dieser Siedlungsform verbargen sich auf beiden Seiten entgegengesetzte Kräfte; drüben die freie Gemeinde, hüben der Rittersitz mit seinen Dienstgütern. Die beiden Typen von Grundherrschaften stehn also bloß scheinbar auf derselben sozialen Stufe. Die über Hörige waren die Elemente der territorialen Staatsgebilde, die über freie Bauern selber kleine Territorien, die ihrerseits die Verbindung von Elementen in sich erst herzustellen und aufrechtzuerhalten hatten. Es ist sehr bemerkenswert, daß in solchen Halbterritorien, in den Standesherrschaften des märkischen Nachbargebiets der Niederlausitz,

---

Altmark von 1427 in L. v. Ledeburs Neuem Allgemeinem Archiv für die Geschichtskunde des Preußischen Staates I (Bln., Posen, Bromberg 1836) 83—88.

[1] A. Frh. v. Haxthausen, Die patrimoniale Gesetzgebung in der Altmark in C. A. v. Kamptz' Jahrbüchern für die Preuß. Gesetzgebung, Rechtswissenschaft und Rechtsverwaltung XXXIX (1832) 1—110.

Ende des 17. Jahrunderts die so lange vergessene Gesetzesgattung des Urbars unter diesem Namen wieder auftaucht[1]. Wie die Verhältnisse, die während des frühen Mittelalters zu ihrer Entstehung geführt, im spätern sich selbst und damit auch sie von Grundherrschaften auf Territorien übertragen hatten, sieht man so in der neueren Zeit die Wirtschaftsgesetzgebung noch einmal mit den alten, anscheinend längst beiseite gelegten Werkzeugen von den kleineren Zusammenfassungen der landwirtschaftlichen Gesellschaft aus vordringen. Und wiederum wurde die Bewegung von einer der bedeutendsten und typischsten unter den damaligen Staatenbildungen aufgenommen und fortgeführt. Es war eine der letzten agrarpolitischen Anstrengungen der Regierung Friedrichs des Großen, daß eine rechtliche Festlegung und Revision der landwirtschaftlichen Produktionsverfassung mit dem Hilfsmittel der Urbarien versucht wurde.

Der Weg kommissarischer Verhandlung zwischen den Teilnehmern der Wirtschaftsgemeinschaften war von den Separationen als technisch immerhin erfolgreich bekannt. Schon damals war er vielfach weiter als nur bis zu jenem unmittelbaren Ziele gegangen worden. Die Überlieferung ist, daß die Zunahme der Rechtsstreitigkeiten zwischen Gutsherren und Untertanen, besonders nach den Gemeinheitsteilungen, den Plan einer umfassenden amtlichen Schlichtung ihrer gegenseitigen Verhältnisse erzeugt habe. Die Sprache der Verordnungen für Schlesien, wo der Gedanke in Anlehnung an grundherrschaftliche Vorbilder zuerst eine energische Verwirklichung erfuhr, lehrt doch, daß eine allgemeinere, großartigere Auffassung der Wirtschaftslage dahinter stand, der Staat auch hier wieder nicht bloß als Gerichtsverwalter, sondern als Leiter der Landeskultur eingriff. Mit der ganzen Haltung des aufgeklärten Despotismus wurde gleich in dem ersten Befehl zur Aufnahme von Urbarien neben der Händelsucht der Untertanen ihre Bedrückung durch die Gutsherren als zu beseitigende Tatsache unterstellt[2]. Daß von seiten der bisher ungestörten ständischen Machthaber etwas Revolutionäres in diesem Vorgehen empfunden und wahrscheinlich kräftig angeklagt wurde, deutet das Verhalten der Regierung nach dem

[1] Vgl. das Urbar der Grafen Lynar-Lübbenau für Kleinbeiche von 1691 bei J. G. Klingner, Sammlung zum Dorf- und Bauernrecht I (Lpz. 1749) 56, 373.

[2] Publikandum vom 12. XII. 1784 in W. G. Korns (Verlag) Sammlung aller in ... Schlesien und ... Glatz in Finanz-Policey-Sachen etc. ergangenen und publicirten Ordnungen, Edicte, Mandate, Rescripte ... Friedrichs II. XVIII (Bresl. 1788) 253. Für eine Geschichte der Friderizianischen Urbarienpolitik liegt nach W. F. C. Starke, Beiträge zur Kenntnis der bestehenden Gerichtsverfassung in dem Preuß. Staate, Bln. 1839, I 388, Stoff in Akten des Justizministeriums: Gutsherrl. Verh. Nr. 15 Vol. 1.

Thronwechsel an. Sie hatte nichts Eiligeres zu tun als in dem „Publikandum den Ungehorsam der Untertanen gegen ihre Grund- und Gerichtsobrigkeit betreffend" schon am 8. XI. 1786 die letzte gewissermaßen über die Tragweite der begonnenen Urbarienpolitik zu beruhigen; die Gerichte wurden angewiesen, mit der Aufnahme künftig nur bei Streit über Dienste und andere Schuldigkeiten der Bauern fortzufahren und vorzugehn. Hier machte sich die Staatsverwaltung selbst der gleichen Abschwächung einer großen Landeskulturmaßregel schuldig, die sie bei den Separationen von der Klasse der Gutsherren befürchtet hatte. Das Friderizianische Ideal des parteilosen und politisch aktiven Staats war sogleich wieder in den alten Begriff des ständischen und richterlich passiven verkehrt worden.

Soviel ist klar, daß die Errichtung eines Urbars zu Wustrau durch den Urbarienjustizkommissar Kreissyndikus Jahn im Jahre 1793 nicht gegen den Willen der Gutsherrschaft erfolgt sein kann. Die Urbarienkommissionen, die nach dem Muster der Separationskommissionen in den Kreisen ernannt worden waren, haben noch bis zu ihrer Sistierung Ende 1809, nun nicht mehr von Amts wegen, sondern auf Anträge, fortgearbeitet: Auch hier wurde die Einrichtung zunächst nicht verworfen, vielmehr bloß ihrer Wirksamkeit die für das Bestehende bedrohlichste Spitze abgebrochen. Der Absicht der Gutsherrschaften auf Fixierung ihrer eignen Rechte kam die Form der Urbaraufnahme eigentümlich zustatten. Was Friedrich der Große damit gewollt hatte, war ein Standpunkt für die Gegenüberstellung und den Ausgleich von Herrschafts- und Untertaneninteressen. Jedoch wenn nun, wie es in Wustrau geschah, die urbarialen Erhebungen in der mittelalterlichen Weise von Landesbeschreibungen auf alle örtlichen Rechtsverhältnisse überhaupt erstreckt wurden, war der Grundsatz der kontradiktorischen Verhandlung sogleich wieder in Frage gezogen. Schon im Mittelalter war die urbariale Technik im Gefüge der grundherrlichen Dorfverfassung bisweilen auf Schwierigkeiten gestoßen, das uralte Rechtsmittel von Weistümern der ganzen Bevölkerung gegen ihre Klassenschichtung durchzusetzen [1]. Über die Rechtsquelle dieser neuzeitlichen Urbarien ist man nicht mehr im Ungewissen: Sie gingen von den Herrschaften aus, und das ursprüngliche Erfordernis der Objektivität, je besser es in den Äußerlichkeiten des Stils gewahrt schien, wurde sachlich im Ganzen durch die nachträglichen Formen allseitiger Kenntnisnahme und Vollziehung doch nur oberflächlich gewährleistet.

---

[1] S. meinen Aufsatz über: Die Entstehung des Märkischen Landbuchs Kaiser Karls IV. in Forschungen zur Brand. und Preuß. Geschichte XXI 421 f.

Wie ein sehr genaues mittelalterliches Urbar beginnt das Wustrauer mit einer Topographie der Ortschaft nach ihren Grenzen gegen die benachbarten ländlichen und ihren Entfernungen von den als Märkte wichtigen städtischen Siedlungen der Landschaft, sowie mit einem Verzeichnis der Einwohner, unter denen in unbewußter Unterscheidung der wesentlichen Verfassungselemente allein Herrschaft, Kirchenbeamte, die 10 Bauern und die 5 Kossäten oder Einhüfner nebst den 7 Gewerbtreibenden (Schmied, Rademacher, Schneider, je 2 Leinewebern und Fischern) mit Namen genannt sind. Dann aber offenbart sich sofort die Wichtigkeit der umständlichen Methode für die Herrschaft: Nach Art der Lehnspezifikationen werden ihre einzelnen Herrschaftsrechte aufgeführt, teilweis mit sehr fernliegenden juristischen Reminiszenzen. Das Jagdrecht erscheint auf die Mittel- und Niederjagd beschränkt, nicht wegen des Ausfalls der Hochjagd zu Wustrau, sondern wegen ihres Charakters als lehnsherrlichen Regals. In dem Einwohnerverzeichnis waren Bauern und Kossäten nach der Zugehörigkeit ihrer Stellen zu den einzelnen ursprünglichen Gutsanteilen unterschieden; jetzt wird in bezug auf den Mahlzwang der Wustrauer Mühle die erste Anwendung dieser Trennung gemacht: es wird nicht nur die alte Mahlfreiheit der Zietenschen Untertanen hervorgehoben, sondern auch ihre Herleitung aus der ruhenden eignen Mühlengerechtigkeit des Zietenschen Gutes gegeben und demgemäß deren Geltendmachung für die Zukunft vorbehalten.

Der zweite Titel des Urbars über die „Qualité der Bauern, Höfe und Zubehör“ bringt ebenfalls unter gutsherrlichem Gesichtspunkte ungleich wichtigere Rechtserklärungen. Voran die erste Begriffsbestimmung des bäuerlichen Besitzrechts in Wustrau, nämlich als Laßbesitz von herrschaftlichem Eigentum. Weiter die sachliche Umschreibung dieses Eigentums, wie es außer den Immobilien von Land und Gebäuden auch einen gewissen Teil des bäuerlichen Mobiliars befaßt, die sogenannte Hofwehr. Die Beschreibung der Hofwehren für die verschiednen Besitzkategorien, geordnet nach der Hufenzahl und der Untertänigkeit der drei Rittergüter, ist außerordentlich genau und macht zunächst den Eindruck hoher Altertümlichkeit. Die Winter- und Sommersaat ist ein gleichmäßiger Bestandteil bei allen. Im übrigen sind die Abweichungen der Hofwehren nur wenig bedeutender zwischen den Betriebsgrößen als zwischen den Untertanenschaften. An Viehstand sind Hofwehr des Vollbauern oder Zweihüfners je 2 (im Zietenschen Gute „gute“, im Gühlenschen „beste“) Pferde und Ochsen [1], 2 (im Rohrschen nur 1) Kühe, 1 Zucht-

[1] Nach Tit. XI § 23 war für Ochsen und Schafe das Recht zur Gemeindeweide auf 4 und 40 Haupt beim Bauern, 2 und 20 beim

sau, 2 Gänse (dazu im Zietenschen 1 Gänserich) und 2 Hühner (dazu im Rohrschen und Gühlenschen 1 Hahn). Der Gühlensche Anderthalbhüfner hat das volle Bauerninventar. Auch die Einhüfner, die lediglich auf Zietenschem und Gühlenschem Grund vorkommen, haben dort nur an Großvieh, hier gar nur an Ochsen das naturgemäße halbe Inventar der Zweihüfner, sonst ein ebenso großes bis auf die Hühner, von denen die Zietenschen nichts, die Gühlenschen 4 (nebst Hahn) zählen. Noch größer und unübersichtlicher sind die Mannigfaltigkeiten in der Zuweisung von totem Inventar, so daß man sich auf den ersten Blick wundert offenbar so zufällig Gewordnes als Rechtszustand verkündet zu sehen. Die einzige überall wiederkehrende Ausrüstung ist, der Aussaat entsprechend, der Wagen für die Ernten und die Hofdienste. Des weiteren haben die Zietenschen Zweihüfner die vollständigste Ausstattung: mit 2 hölzernen Eggen, 1 guten Haken, 1 Futterlade nebst Stahl und Klinge und je 1 Tobbekette, Sense, Axt und Hechel. Den andern Zweihüfnern fehlen die Eggen, Ketten und Hecheln, dafür haben sie jeder je 1 Heu- und Mistforke, dazu die Gühlenschen 1 Spaten. Der Anderthalbhüfner hat nichts außer Haken und Futterlade. Das Zietensche Einhüfnerinventar besteht hierin bloß aus 1 Messingkessel von 1 Eimer Inhalt, den Gühlenschen fehlt nur der Haken zum Vollbauerninventar und gehören dafür 3 statt 2 Eggen [1]. Diese höchst ungleichmäßige Verteilung der wichtigsten Ackerwerkzeuge (und außer der Hofwehr werden die Bauern in der Regel nichts besessen haben) zwingt zu dem Schlusse, daß unter den einzelnen bäuerlichen Wirtschaften eine Art genossenschaftlicher Gerätnutzung entweder unmittelbar durch gemeinschaftliche Arbeit oder mittelbar durch wechselseitiges Ausleihen der einzelnen Geräte stattfand, eine Produktionsweise, die bekanntlich der Flurzwang gemengter Felder in abnehmender Strenge der europäischen Landwirtschaft nahegelegt hat [2]. Von dieser Voraussetzung aus gewinnt dann aber auch die rechtliche Natur des Wustrauer Hofwehrverzeichnisses ein ganz anderes Ansehen. Worauf es ankam, war ein gewisser Gesamtvorrat von Arbeitszeug, dessen augenblickliche Umlegung auf die einzelnen Untertanenhöfe schon um deswillen dem Zufall und Wechsel überlassen werden konnte, weil auch in der wirtschaftlichen Wirklichkeit alle diese Anteile doch nur sozusagen ein großes Inventar ausmachten. Diese Auffassung wird durch eine Bestimmung des

---

Kossäten beschränkt; so wird die Hofwehr die Hälfte der gewöhnlichen Ochsenhaltung umfaßt haben.

[1] Die beiden Gühlenschen Kossäten Behrend und Beerbaum hatten nur 1 Kuh und keine Sense.

[2] Vgl. F. Seebohm, The English Village community (London 1883) 112 über coaration.

nächsten Titels, der von der „Verpflichtung der Untertanen“ handelt, unterstützt: Es wird dort allgemein ausgesprochen, daß als Hofwehr die besten jeweils vorhandenen Stücke des bäuerlichen Hausrats zu gelten hätten, und so zugestanden, daß der Begriff sich durchaus auf Gattungen von Sachen, nicht auf spezielle Dinge bezog. Wie wäre es auch möglich gewesen, in Erbgang und Wirtschaft Gegenständen, die schließlich alle zum umlaufenden, untergänglichen Kapital der Produktion gehörten, durch die Hofwehrtheorie eine rechtliche Dauer zu geben. Eine tatsächliche, an die ursprüngliche Begründung von Pachtverhältnissen anknüpfende Überlieferung bestand wohl auch in den jüngeren Siedlungen der ostelbischen Koloniallländer nirgends. Wie in Wustrau die Hofwehren als Rechtsinstitut hier am Ende des 18. Jahrhunderts zum ersten Male hervortreten, so entsprach wohl allenthalben der geschilderten Bedeutung der Theorie ihre verhältnismäßig späte und fiktive Entstehung.

Unter der „Verpflichtung“ der Untertanen (Titel III) verstand das Urbar ihr gesamtes Personenrecht, denn in der Tat waren ja alle wesentlichen Züge, auch des bäuerlichen Familien- und Erbrechts, durch die „Qualité“ des Bauernguts in irgend einem Verhältnis zu Rechten der Herrschaft. Von der Geburt bis zum Tode war das Leben des Bauern unabänderlich in die Produktionsverfassung eingebettet, die eine andere Klasse leitete. Die Geburt auf einem Untertanenhofe begründete diese Abhängigkeit; nur für die Familien der Einlieger war die (in der Abgabe des Schutztalers ausgedrückte) Gutsuntertänigkeit durch den Wohnsitz bestimmt und also nicht erblich[1]. Mit dem Heranwachsen zum arbeitsfähigen Alter entstand die erste Verpflichtung aus dem Status: Die Arbeitskraft der Bauernkinder gehörte mittelbar oder unmittelbar der Herrschaft; jenes infolge der Ergänzung der Bauernwirtschaft durch das „unentbehrliche“ Gesinde, einen Knecht und eine Magd (dazu für den Zweihüfner noch einen Jungen[2]), dies infolge des herrschaftlichen Vorrechts auf die Dienste alles

[1] Ihre Freizügigkeit war also nur an die Leistung des Abschosses gebunden, dessen Fortbestehen in Wustrau in einer Sonderverhandlung vom 12. IV. 1790 anerkannt wurde, ohne nähere Erklärung, ob nur der eigentliche Abschoß von nach außerhalb vererbtem Vermögen, die sogen. quindena, oder auch der durch Friedrich II. für den Inlandsverkehr aufgehobene „Abzug“ von Personen (Eisenberg-Stengel a. a. O. III [1797] 94 ff.) gemeint sei.

[2] Die Bestimmung der märkischen Landgesindeordnung von 1769 Tit. I § 3/4, wonach bei Streitigkeiten über die Entbehrlichkeit von Kindern in Untertanenfamilien das Patrimonialgericht mit Appellation ans Kammergericht erkennen sollte, war also nur dispositives Recht. Die kriminelle Dienstjurisdiktion der Patrimonialgerichte war nach der Gemeindeordnung (Tit. VI § 3) für Strafen bis zu 20 Talern ohnehin inappellabel.

(rechtlich wie tatsächlich) entbehrlichen. Die Zwangsdienste waren auf drei der gesetzlichen Dienstfristen, d. i. Jahre, bemessen. Vor Ablauf dieser Zeit mußte die Freizügigkeit nach der Gesindeordnung (Tit. I § 14) für jedes der drei Dienstjahre mit einem Betrage von 3 Talern 8 Groschen vom Knecht, 1 Taler 16 Groschen von der Magd bezahlt werden. Für ihr ferneres Fortkommen waren die Bauernkinder durchaus auf den guten Willen der Herrschaft angewiesen. Sie waren gehalten, von ihr jedes „auskömmliche Etablissement" auf ihrem Grund und Boden anzunehmen, und die Gesindeordnung (Tit. III § 6) verlangt in der Tat als Norm Selbständigmachung und Verheiratung des Gesindes mit 25 Jahren, aber sie hatten nicht das geringste allgemeine Recht darauf. Das Erbrecht der einzelnen an den väterlichen Höfen war wenig gesichert, weil es überall zuerst auf die Bedürfnisse des Gutes, d. h. der Herrschaft, Rücksicht nahm. Hinterbliebene Kinder unter 10 Jahren konnten durch das Wiederverheiratungsrecht der Witwe ganz verdrängt werden (für das Alter von 10 bis 18 war die Verwaltung des Stiefvaters auf 20 Jahre begrenzt, für das von 18 bis 20 trat nur bis zur Volljährigkeit Verwaltung durch die Witwe ein). Bei Vollwaisen hatte die Herrschaft die Wahl zwischen freier Verfügung über das Gut und Bestellung eines „Interimswirts". Unter volljährigen Söhnen durfte sie einen beliebigen zum Nachfolger ernennen, war nur einer vorhanden, ihm gegebnenfalls eine Tochter (bezw. ihren Mann) vorziehn. In jedem Falle war sie zur Ablehnung „ungeeigneter" Nachfolger befugt, und auch über dem angenommenen Hofwirt[1], der doch seinerseits nun an seine Stelle gebunden, überdies der Herrschaft Ersatz für Schädigungen durch den Vorgänger schuldig war, hing trotz allgemeiner Anerkennung einer reziproken Belassungspflicht der Herrschaft ihr Recht zu gerichtlichem Exmissionsverfahren[2] gegen „Untüchtige". Die zur Hofnachfolge nicht gelangenden Kinder hatten weder auf Barabfindung noch auf Verzinsung von Hypotheken einen Miterbenanspruch — das gutsherrliche Interesse hatte das Anerbenrecht bis zur höchsten Einseitigkeit getrieben. Auch das verbreitete Recht Unverheirateter auf ein Hochzeitsgeschenk aus dem väterlichen Nachlaß wurde, wie das der hinterbliebnen Ehegatten auf Bett und Ehrenkleid, im Urbar ausdrücklich ausgeschlossen. Der Austritt aus dem landwirtschaftlichen Berufe in „Professionen" war lediglich für körperlich Untaugliche vorgesehn und an den

[1] Wenn er nicht der Sohn des Vorgängers war, konnte nach Tit. XI § 12 die Herrschaft ein Annahmegeld von ihm fordern.

[2] Auf diese (sachlich nicht sehr belangreiche) Präzisierung des alten Eviktionsrechts einigte man sich erst 1792 in besonderer Verhandlung.

Antrag von Eltern und Vormündern geknüpft. Ganz Arme hatten ebenso wie Gebrechliche, Wahnsinnige und Kriegsinvaliden ein Aufenthaltsrecht auf den väterlichen Höfen.

Die Altersversorgung der Hofwirte selbst durch die Gewährung des sogen. Altenteils von seiten ihrer Nachfolger war, auch in einem besondern materiellen Titel (IV), sehr eingehend geordnet. Dieses Recht wurde ohne weiteres mit dem Alter von 60 Jahren oder durch den unverschuldeten Eintritt von Arbeitsunfähigkeit erworben, während ein Zwang zu seiner Ausübung nicht bestand (er war höchstens mittelbar und wiederum nur von der Herrschaft durch ihr Exmissionsrecht herbeizuführen). Im besondern stand das Altenteil noch der Witwe beim Vorhandensein von volljährigen Kindern zu und bei Kinderlosigkeit, wenn sie nicht den Hof zugebracht hatte und so durch Wiederverheiratung weiterbringen konnte. Die inhaltliche Bestimmung des Altenteils ging von der Verpflegung eines Ehepaars aus. Auf allen Höfen ohne Rangunterschied umfaßte sie zunächst die Wohnung, d. h. entweder eine besondere Altenteilwohnung mit 1 Klafter Freiholz oder, wenn es eine solche nicht gab, nur eine Schlafkammer und Wärmung und Licht in der Stube des Hofwirts; einen gedüngten Gartenfleck von 360 Quadratfuß auf der bei der Separation für die Altenteilsleute bestimmten Wiesenkavel; eine Kuh im Futter oder 12 Pfund Butter und 1 Schock Käse in halbjährlichen Raten; 1 Scheffel Grützhafer und 4 Metzen Backobst (je 2 Pflaumen und Birnen, bezw. mangels Obsternte 6 und 4 Groschen). An diese Leistungen schlossen sich andre, deren Menge für den Zweihüfner doppelt so groß war als für den Einhüfner, weil die meisten im Verhältnis zur Ackerfläche stehen mußten: 8 Scheffel Roggen, 4 Gerste, 1/2 Erbsen, 1/4 Salz, gedüngtes und bestelltes (aber nicht gewietetes und gepflücktes) Land zu 1/4 Scheffel Leinen, 1 fettes Mittelschwein oder nach Wahl der Altsitzer 5 Taler, 1 Zuchtgans. Für Kleidungsstoff sorgte beim Zweihüfner die Verfügung über 2 Schafe in freier Weide und freiem Futter, beim Einhüfner die Lieferung von 2 Pfund Wolle. Alle diese Sätze mit Ausnahme von Wohnung und Garten, Molkerei und Wollbedarf wurden für einzelne Altenteilsinhaber halbiert. Die ganze Viehhaltung der Altsitzer war vom Fleischzehnt befreit, wurde aber zugleich ausdrücklich für nicht eisern erklärt, d. h. der Bestand war nötigenfalls von ihnen selbst zu erneuern. Nach ihrer eignen Wahl konnten sie endlich die Gesamtheit der Verpflegungsleistungen mit freier Beköstigung durch ihren Hofwirt vertauschen, wobei ihnen doch die Verfügung über die neuausgelegten Altenteilskaveln immer vorbehalten blieb. Eine Minderung oder Vernichtung des Altenteils hatten gewisse anderweitige Versorgungen des Berechtigten zur Folge. Der Altsitzer, der sich wieder verheiratete und keine besondere Altenteilswohnung innehatte, verlor nicht bloß Wolle und Gans, sondern mußte „den Hof meiden“. War mit der Verheiratung Wegzug aus der Gemeinde verbunden, so erlosch der ganze Altenteilsanspruch. Das gleiche trat ein, wenn der Altsitzer irgendeiner „besseren“ Versorgung teilhaft wurde. Noch ist hervorzuheben, daß das Altenteil dem Bauern keineswegs völlige Arbeitsruhe brachte. Die Gesindeordnung verband die Altsitzer zur Leistung von Handdiensten für die Herrschaft wöchentlich einen Tag mit, alle zwei Wochen einen ohne Speisung. Auf diese Anordnung tat die Herrschaft zu Wustrau, wie sie ja schon zu Ende des letzten Jahrhunderts die Beköstigung der Untertanen im gewöhnlichen Dienste vergleichsweise abgeschafft hatte, im Urbar Verzicht und ersetzte sie durch eine allgemeine Verbindlichkeit der Altenteilsinhaber zur Hilfe auf den Höfen ihrer Wirte, eine Veränderung des Rechts ins Unbestimmte, die vom Kleinen aus erraten läßt, wie durch die Kulturpolitik des absolutistischen Staates der Begriff des Gesetzeszwangs doch eigentlich schwankend und gegen die Selbstbestimmung der Staatsbürger unsicher geworden war.

Die Verpflichtungen, die die Gutsuntertänigkeit der Herrschaft selbst gegen die Bauern auferlegte, sind im Urbar nicht als solche zusammengestellt. Man war sich wohl juristisch nicht bewußt, daß sie als Ganzes nur die notwendige Entsprechung zu denen der Untertanen bildeten. Und doch war schon praktisch das herrschaftliche Eigentumsrecht an allem wichtigen Betriebskapital der bäuerlichen Wirtschaft nicht zu behaupten, ohne daß sich sofort umgekehrt wichtige Unterhaltspflichten des Eigentümers daraus ergaben. Die Aussaat gehörte der Herrschaft: Wenn nun aus irgend einer Ursache die regelmäßige Selbstreproduktion der Feldwirtschaft unterbrochen war, mußte naturgemäß sie, nicht der Bauer für neues Saatgut sorgen. Und nicht nur das: Der neuanziehende Hofwirt hatte in solchem Falle von ihr auch das Brotkorn und die Abgaben bis zur nächsten Roggenernte sowie die ersten Gesindelöhne, nicht etwa bloß als Vorschuß, zu fordern (Tit. III § 28). Die Gebäude des Bauernhofes gehörten der Herrschaft: Wie hätte sie sich der Sorge für ihre Instandhaltung (Tit. V) entziehen können? Indessen wurde gerade diese ihr von zwei Seiten erleichtert. Die Haftung für die häufigste und gefährlichste Abnutzung der Bauwerke, die durch Brand, war durch die Errichtung der kurmärkischen Landfeuersozietät 1771 Sache der Kreise geworden[1]. Bei Bränden war demgemäß das Feuerkassengeld die einzige

---

[1] Nach Bratring 607 waren Ende des Jahrhunderts bei ihr 44 Feuerstellen in Wustrau mit 32425 Talern versichert.

Unterstützung der Bauern. Aber auch wo wie bei allen übrigen bäuerlichen Neubauten die Herrschaft zur Beihilfe verpflichtet war, erstreckte sich diese doch ausschließlich auf das Holz (andre Baustoffe sind nicht erwähnt) und die Barauslagen bis zum Richten, wofür übrigens alles Altmaterial zur Entschädigung diente. Die gesamte Bauarbeit war von der Gemeinde auszuführen. Sie hatte die allgemeine Auflage der Mitwirkung bei den Fuhren und beim Richten, außerdem aber war jedes einzelne Mitglied zur Ableistung einer bestimmten Anzahl von Handdiensten im Bau gehalten. Der Anspruch des Hofwirts war auf den Besitz eines Wohnhauses, einer Scheune und eines Stalles mit Raum für je 4 Pferde, Ochsen und Kühe (der Einhüfner brauchte wegen seiner kleineren Ackerfläche nur ein Joch Ochsen unterbringen zu können); je nach diesen drei Klassen von Gebäuden hatten alle Hofwirte dem bauenden Gemeindegenossen 4, 3 und 2 Tage zu dienen. Und auch der Herrschaft selbst stand für Neuanlagen ihrer Wirtschaftsgebäude (nicht zu Reparaturen sowie Arbeiten an Taglöhnerhäusern und Gehegen) das ganze Jahr, mit Ausnahme von 2 Monaten Saat- und Erntearbeiten, von jedem Untertanen wöchentlich ein sogen. Baudienst zu, in dem nicht nur Baumaterial von der Feldmark und dem Rhinsee angefahren, sondern gegen Freibier auch Richthilfe gegeben werden mußte.

Darin, daß der umfangreichste Titel (VI) des Wustrauer Urbars den Diensten der Untertanen gewidmet ist, liegt eigentlich schon, daß an der romanistischen Theorie ihrer Ungemessenheit nicht mehr festgehalten wurde. Ausgesprochen ist das nirgends, und freilich waren auch früher Beschreibungen von Dienstpflichten mit jener Theorie Hand in Hand gegangen. Dennoch sind gerade bei der Feststellung der Dienstverfassung vor der Wustrauer Urbarkommission nicht unwichtige Streitigkeiten zwischen Herrschaft und Bauern zum Austrag gebracht worden. In diesem Punkte kehrte der Absolutismus der Regierung am deutlichsten auf die Überlieferungen der mittelalterlichen Staatsgewalt zurück; wenigstens durch juristische Konstruktionen waren ihm die unmittelbaren Wege des Bauernschutzes nicht mehr zu versperren[1]. Schon die vorangehenden grundsätzlichen Bestimmungen über die Berechnung

---

[1] In der Kabinettsorder an das Generaldirektorium vom 11. IX. 1784 hatte Friedrich II. ausdrücklich die Aufhebung der ungemessenen Dienste als Endzweck der Urbarialarbeiten bezeichnet. R. Stadelmann, Die preußischen Könige in ihrer Tätigkeit für die Landeskultur II (Lpz. 1891) 619. Ein „Höchstausmaß der Dominikalforderungen" hatte auch die zweifellos für die Friderizianische vorbildliche Urbarienpolitik Kaiser Josefs II. seit 1775 festlegen wollen. K. Grünberg, Die Bauernbefreiung und die Auflösung des gutsherrlich-bäuerlichen Verhältnisses in Böhmen, Mähren und Schlesien (Lpz. 1894) II 432.

der Dienste schließen sich an die Gesichtspunkte der älteren Judikatur für gemessene Dienste: Die erste ist das Verbot der Forderung voraus oder nachträglich zu leistender; innerhalb der Wochen hatte die Herrschaft allerdings die Wahl der Tage. Unterbrochne Dienste sollten erst dann abgerechnet werden, wenn der Ausfall mindestens einen halben Tag betrug. Die Ansetzung des Zweidrittelverhältnisses für den Wert der Hand- und Spanndienste ermöglichte wenigstens die Verwandlung jener in diese; auf den umgekehrten Ersatz wollte sich offenbar die Herrschaft nicht einlassen. Der Befehl zu den einzelnen Diensten mußte durch die sogen. Ansage spätestens einen Tag, für Fuhren nach außerhalb zwei Tage vorher ergehn. Auch in bezug auf die Dienstausrüstung waren die älteren summarischen Vorschriften, wie sie in den Gühlenschen und Rohrschen Lehnsurkunden niedergelegt sind, ersichtlich abgeschwächt. Die Zahl der zu Spanndiensten zu stellenden Bauernpferde — von dieser Zugviehgattung wurde nun ausgegangen — war bei Fuhren von der Größe der Ladung abhängig gemacht, doch für Mistfuhren allemal auf 2 „gute“ oder 3 „schlechte“ festgesetzt Beim Eggen sollte die Arbeit mit 4 Pferden, der alten Normalzahl, doppelt gerechnet werden. Die Arbeitsgeräte zu den Diensten waren grundsätzlich von den Untertanen selbst mitzubringen. Nur für ganz wenige seltnere oder entferntere Arbeiten übernahm die Herrschaft wohl in ihrem eignen Interesse die Gerätlieferung: Der Laden beim Häckselschneiden im Vorwerk Albertinenhof, der Laden und Klingen beim Kohlschneiden und der Schaufeln und Sicheln bei der Rohrung.

Das materielle Dienstrecht in Wustrau war nach dem Urbar, besonders für die eigentlichen Bauern, unendlich kompliziert. Gerade da aber gewährte die Einteilung des Dienstjahrs in drei große Abschnitte einige Übersicht. Der erste, von Michaelis bis Marien (2. II.), umfaßte hauptsächlich die Arbeiten der Wintersaat, der zweite, von Marien bis Johannis, die der Sommersaat, und der dritte, von Johannis bis Michaelis, die der Ernte. Im ersten waren wöchentlich 2 Spanndienste, außerdem aber je 3 Handdienste von Männern und Frauen fällig. Die Zeit der langen Abende wurde zugleich benützt, um die früher lediglich nach dem Gesamtertrage bestimmten Spinndienste der Untertanen in täglichen Arbeitsquanten darüber zu verteilen: sie beliefen sich auf 20 Fitzen flächsenes und 16 hedenes Garn, die Fitze zu 40 Faden auf einem Haspel von $4^1/_4$ Ellen Weite gerechnet. Im zweiten Jahresabschnitt verminderte sich der Wochendienst auf die 3 Frauenhanddienste. Der Grund dafür war aber nicht etwa die völlige Entbehrlichkeit der Spanndienste für die Sommersaatbestellung. Der Verzicht darauf war die Folge eines eigentümlichen (zum ersten Mal in den Zietenschen Pachtanschlägen der vierziger

Jahre auftretenden) Sonderabkommen zwischen Herrschaft und Bauern über ein „ewiges Spanndienstsurrogat“. Dieses bestand in der Einführung eines räumlichen Spanndienstmaßes[1] für das zeitliche, galt aber merkwürdigerweise nicht bloß für den dem Verzicht entsprechenden Zeitraum. Er verpflichtete die Bauern nach Anweisung der Herrschaft über Tiefpflügen, Längs-, Quer- und Rundeggen, übrigens aber ganz selbständig eine Hufe des herrschaftlichen Ackers in allen Schlägen zu bebauen. In der dritten, der Ernteperiode, griffen wieder wie in der ersten die wöchentlichen 6 Männer- und Frauenhanddienste Platz; für die Kornmahd wurden Hausdienste mit vermehrtem Personal, 1 Mäher und 1 Binder, in der Roggenernte sogar noch 1 „Reiber“[2] erfordert. Spanndienste gab es nur während der Ernte selbst, dann aber erhielten sie ihre größte Ausdehnung auf ein so gut wie unbestimmtes Ausmaß: „so lange als etwas im Felde sei“. Auch für diese Zeitstrecke war also die Dienstverfassung durch Konzentration nach einem Schwerpunkt ins Ungleichmäßige verschoben; der Verlust der Wochenspanndienste zugunsten der Kornernte konnte sich aber doch gerade hier bei andern Arbeiten, wie namentlich der Heuernte, sehr fühlbar machen. Man weiß nicht, ob ein Anspruch anf gewöhnliche Wochenspanndienste in der Ernteperiode früher irgendeinmal in Wustrau erhoben wurde. Die verfügbare Anzahl bäuerlicher Arbeitskräfte von Menschen und Vieh muß ihm jedenfalls ziemlich enge Grenzen gesetzt haben. Nichtsdestoweniger machte ihn in den Urbarverhandlungen die Gutsherrschaft unter Hinweis auf die entstehenden „Ausfälle“ in sehr geschickter Weise für sich geltend. Der Erntedienst bezog sich für sämtliche Bauern auf alle drei Rittergüter und das Vorwerk Albertinenhof, überall aber nur auf den ursprünglichen Ritteracker in seinem durch die Separation von 1771 festgestellten Umfange. Seitdem war am Weinberge, an der „Krummen Kuhle“ und an der Langenschen Grenze neuer Acker in einer Gesamtfläche von etwa 60 Morgen oder 2 Hufen ausgebrochen worden, auf den die Erntedienste zu erstrecken die Einheitlichkeit der Wirtschaftsführung wünschenswert machte. Diesen und gleichzeitig den Heuarbeitsbedarf befriedigte nun ein Kommutationsvertrag ähnlich dem über das „Spanndienstsurrogat“. Die Bauern übernahmen jene neuen Felder mit auf ihre Erntedienstpflicht, alle Untertanen überdies jährlich 4 Männerhanddienste, die besonders zur Unterstützung der Herrschaft in der Heuwerbung

---

[1] Des „Planscharwerks“ der ostpreußischen Landwirtschaft, das dort im 18. Jahrhundert als die leichtere Form der Fronden galt. G. Aubin, Zur Geschichte des gutsherrlich-bäuerlichen Verhältnisses in Ostpreußen (Lpz. 1910) 168, 178.

[2] Wahrscheinlich = Wender, entsprechend der oberdeutschen Bedeutung des Zeitworts. Grimmsches Wtb. VIII (1893) 563.

bestimmt waren. Die Gegenleistung der Herrschaft bestand nicht nur in dem Verzicht auf die Wochenspanndienste dieses Jahresdrittels, sondern auch in der Bewilligung einer günstigeren Arbeitsordnung für die Kornernte. Die dienenden Bauern hatten von jeher ein Anrecht auf die Hilfe einer gewissen Zahl von gutsherrlichen Arbeitskräften. Beim Schneiden des Winterkorns mußten 6, bei dem des Sommerkorns 3 herrschaftliche „Vormäher" die Arbeit anführen [1]. Uneinigkeit war nur über die Menge der Wagen, mit denen die Herrschaft nach demselben Prinzip beim Einbringen der Ernte den Bauerwagen „vorfahren" mußte. Jetzt wurde die Forderung der Bauern erfüllt, daß es stets 4 dreispännige sein sollten. Sie mußten auch etwas mehr laden als die Bauernwagen, nämlich 5 Mandeln Winterkorn und 6 Sommerkorn gegenüber Bauernfuhren von 4 und 5.

Die Dienstpflicht der Kossäten war wesentlich einfacher, weil gleichmäßiger als die der Bauern. Die bäuerlichen Handdienste waren, wie man sah, so verteilt, daß im Durchschnitt Männer- und Frauendienste zusammen den sechs Werktagen der Woche entsprachen. Bei den Kossäten lief diese Entsprechung durch das ganze Jahr, nur daß im Frühjahr, also zur Saatzeit, die drei wöchentlichen Frauendienste noch in Männerdienste umgewandelt werden konnten. Zwei kleine Anhängsel hatte aber auch diese Regel aus Rücksicht auf die Hauptarbeiten bei Saat und Ernte noch bekommen. Wie die Bauern mit ihrem „Spanndienstsurrogat", waren die Kossäten mit einem besonderen Akkord, je 16 Scheffeln bei zweitägigem Dienst, an der herrschaftlichen Aussaat beteiligt; daß ihnen dabei je 2 Maß Bier verabreicht werden mußten, ist sehr merkwürdig: solche einzelne Vergütungen sind ein allgemeines agrargeschichtliches Kennzeichen bäuerlicher Gefälligkeitsarbeiten, der im Mittelalter sogen. Prekarien [2]. Einen ähnlichen Akkordcharakter trugen die (freilich unvergüteten) Fuhren, die die spannfähigen Kossäten in der Ernte zu tun hatten: sie waren auf höchstens 16 Mandeln (d. i. beim Winterkorn 4 Wagenladungen) bemessen.

Auch die Arbeitszeit in den Diensten regelte das Urbar. Der längste gewöhnliche Arbeitstag war der für die drei Sommermonate, der von 5 Uhr morgens bis 7 Uhr abends reichte und so ohne die Pausen für Hochmorgen-, Mittag- und Vesperbrot von zusammen 3 bezw. 2 Stunden im Spanndienst 10, im Handdienst 11 Stunden zählte. Bis zu dieser Periode von Marien und nach ihr bis Michaelis wurde von 6 bis 6 gearbeitet, nur im Winter zwischen Michaelis und Marien nach dem

---

[1] Ebenso mußten bei der Schafschur 9 herrschaftliche Leute die dienenden Untertanen unterstützen.

[2] Vgl. P. Vinogradoff, The growth of the Manor (London 1905) 327.

natürlichen Tage von Sonnenaufgang bis Sonnenuntergang. In der Ernte konnte die Herrschaft den Dienstanfang nach Gutdünken festsetzen und erst beim Sonnenuntergang Feierabend machen lassen, dafür versprach sie Ruhe während der Hitze des Tages, so daß die gleichzeitige Verabredung einer dreistündigen Mittagspause in den Erntespanndiensten als Minimum aufzufassen ist.

Eine eigentümliche Anwendung der Handdienste war die in der Viehwirtschaft beim Schlachten und beim Waschen und Scheren der Schafe. Sie standen in mehr als einer Beziehung auf der Stufe der Erntedienste. Hinsichtlich der Arbeitszeit wurde wenigstens das Hausschlachten ihnen geradezu gleichgestellt. Doch sagte die Herrschaft in einem besondern Vergleiche sofortige Entlassung nach Beendigung der Arbeit zu. Das sogen. Schafschneiden, das nur im Frühjahr im Hofdienst, im Herbst aber in einem zweitägigen Sonderdienst aller Untertanen erfolgte, war außer den Erntearbeiten die einzige, die den Untertanen auch nach der Abschaffung der Dienstmahlzeiten ein Beköstigungsrecht gewährte. Und zwar war dies das reichlichste, das ihnen überhaupt zustand, nämlich auf drei Mahlzeiten: morgens eine Mehlsuppe mit Milch, Butterbrot und einem halben Käse, mittags eine Vorkost von Erbsen, Kohl u. ä. und ein halbes Pfund Fleisch mit Speisebier[1], abends wiederum das Frühstück mit einer kalten Schale anstatt der Mehlsuppe. Mit dieser Speisung konnte sich nur die bei der Roggenernte vergleichen. Da erhielten Mäher, Binder und Reiber eine ganz ähnliche, nur daß das Abendbrot fortfiel und die einzelnen Gänge, offenbar wegen der häufigeren Wiederholung, genauer beschrieben waren: zur Milchsuppe sollte es Graupen, Buchweizen, Grütze, Hirse oder Weizenmehl geben, zur mittäglichen Vorkost Rüben oder Obst, zum Fleisch (das ohne Knochen gewogen werden sollte) auch Brot mit $^1/_{20}$ Pfund Butter. Nach Schluß der Roggeneinfahrt wurde einmal für alle Untertanen die sogen. Ernteköste ausgerichtet, eine Hauptmahlzeit von 4 Gängen: dicker Hirse mit Milch, Fisch mit Salat, Schweinebraten für Mäher, Binder und Aufmandler, Hammelbraten für die Reiber, beides mit Pflaumen, Kuchen von feinem Roggenmehl mit Bärme, obendrein im ganzen 5 Pfund Butter. Schon während des Essens wurde das starke Erntebier geschenkt, danach aber fand im Dorfkrug ein Trinkgelage statt, wozu Bier ($1^1/_3$ Tonnen) und Beleuchtung ($^1/_2$ Pfund Lichte) ebenfalls von der Herrschaft gegeben wurden. Bei allen übrigen Erntearbeiten wurde nur Getränk verabreicht, und zwar das Kovent genannte leichte

[1] Dies, worein 1 Scheffel Malz auf die Tonne gebraut wurde, unterschied man von dem Erntebier, bei dem der Malzgehalt auf $1^1/_4$—$1^1/_2$ Scheffel stieg.

Bier in unbeschränkter Menge, Speisebier bis höchstens $^1/_3$ Tonne; nur die Arbeit der „Abstecher“ und „Abtaster“ beim Aufladen wurde durch unbeschränkten Ausschank auch von Speisebier begünstigt. Bloß wenn die Herrschaft in Ausnahmefällen dienende Untertanen während der Mittagspause auf dem Felde behalten wollte, mußte sie ihnen ein Mittagbrot wie den Schafschneidern und Mähern zukommen lassen.

Eine eingehendere Regelung ermöglichten unter den Spanndiensten diejenigen, die nicht vor dem Pfluge, sondern vor dem Wagen geleistet wurden. Soweit es sich dabei um Sachbeförderung handelte, gab die Ladung eines Wagens von genau bestimmter Größe eine allgemeine Kontrollbestimmung. Sie erfolgte nach Raummaßen, Gewichten oder Stückzahlen. Die ersten wurden namentlich für die Feld- und Gartenfrüchte gebraucht: es sollten geladen werden $7^1/_2$ Scheffel von grünen Pflaumen, 9 Scheffel von Äpfeln, Birnen und „Ertoffeln“, 10 Scheffel von Backpflaumen, Erbsen, Wicken und Weizen, 12 Scheffel von Roggen und Gerste, Backäpfeln und Backbirnen, 15 Scheffel von Hafer. Aber ebenso wie unter den Baumaterialien auch Kalk eine Normalladung von $^1/_2$ Wispel hatte, wurde unter den Feldprodukten Weißkohl zu $2^1/_2$ Schock und Stroh (in Bunden von 20 Pfund) als Krumm- und Sommerstroh zu 1 Schock, als Roggen- und Erbsstroh zu 3 Mandeln gezählt, Heu zu 9 Zentnern und Wolle zu 80 (kleinen) Steinen gewogen; auch die „Schowen“ des Rohrs wurden zu 1 Schock verladen. Brennholz wurde $^1/_3$ Klafter, Torf 2000 Stein, Ziegel 275 Stück, Mauersteine 140 Stück, Gips 1 Tonne auf den Wagen gerechnet. Von Bauholz gingen auf die Ladung 1 Bohlstamm, 2—3 Lattstämme, 6 Rickstangen, 12 Bohnenstangen oder 10 Hopfenstangen; zur Anfuhr eines Sägeblocks mußten immer zwei Bauern zusammenspannen. Mitten unter diesen Ansätzen aber tritt fast unvermerkt eine andre Bestimmungsweise auf, die auf den Umfang der Jahresleistung eines Transports geht. Heufuhren brauchte jeder Bauer nur bis zu einer gewissen Grenze von Lasten und Fahrten zu verrichten: Vom näheren Luch diesseits der Elshorst nicht mehr als 3 (nach Albertinenhof 2) Fuder, vom ferneren nicht mehr als 2 Mal im ganzen. Ähnlich war die Anzahl der Mistfuhren auf jährlich 7 zum nächsten Felde des Herrschaftsackers am Weinberg und 5 zu den beiden andern maximiert. Und noch eine dritte Norm erscheint neben diesen beiden, die die einzelnen Fuhren je nach der Wegleistung in dem gewöhnlichen Verkehrsnetz der Ortschaft zu der Tagezählung der Gesamtdienstverfassung in Beziehung bringt. So sollen die Mist- und Heufuhren immer für einen vollen Diensttag gerechnet werden; Ziegel- und Steinfuhren von Buskow für einen halben, von Altruppin für 1, von Kremmen und Gudelack für 2; Kalkfuhren von Gühlen für 1; Bauholzfuhren von Karwe für $^1/_2$, von Rüthnik für 1, von Zühlen und Reglin für $1^1/_2$. Für die Fruchtfuhren trat die Tagerechnung nur dann in Kraft, wenn sie zum „Verfahren“ von Wirtschaftserzeugnissen nach den Märkten benutzt wurden. Obwohl Überlandfuhren allgemein nach dem Satze von 1 „Hofetag“ für 4 Meilen hin und zurück in der Hofdienstordnung galten, bestanden für die Verbindung mit den gewöhnlichen Marktorten folgende Gleichungen: Nach Ruppin und Fehrbellin (wohin aber der geringeren Entfernung wegen 3 Scheffel über die Normalladung mitgenommen werden mußten) sowie nach Lindow 1 Tagesfuhre, nach Oranienburg 2, nach Berlin, Potsdam, Spandau oder Brandenburg 3. Außer durch diese Rechnungskontrolle waren die Fuhren durch die Rücksicht auf die Marktstunden an bestimmte Fahrzeiten gebunden: sie mußten bereits um 8, in Berlin sogar schon um 7 Uhr morgens zum Verkauf an Ort und Stelle sein und dort bis 11 warten. Die während der Fahrt entstehenden Unkosten trug im allgemeinen die Herrschaft, insbesondere vergütete sie die Brückengelder; nur der Unterhalt von Fahrer und Gespann, die sogen. Zehr-, Stall-, Schmier- und Biergelder, lag den Untertanen ob. Damit die Transportgelegenheit der Rückfahrt vom Markte für die Herrschaft nicht verloren gehe, konnte sie die Fuhren auf dem Heimwege mit Ladungen bis zu 50 Pfund belasten; von Ruppin mußten überdies die nicht verkauften Produkte wieder mit nach Hause genommen werden. Von welcher Wichtigkeit diese Fuhrpflichten gerade für den General Zieten waren, der von seiner Garnison Berlin aus den Verkehr der Bauernfuhren zwischen dem dortigen Markte und Wustrau persönlich leiten konnte, zeigt sein Briefwechsel mit dem Rittmeister Kühn, so wenn er in einem vom 11. II. (1781?) datierten Schreiben die Lieferung der Kornpächte aufzuschieben befiehlt, bis die Bauern ein paar Tonnen des von ihm bevorzugten Düngemittels Kalk [1] mitnehmen könnten. Wenn er am 1. II. 1783 anordnet, zur Ersparung der Rückfuhren den Pachtroggen in Neuruppin auch zu dem niedrigen Marktpreise von 6—7 Groschen loszuschlagen, ihn jedoch zur Vermeidung weiteren Preissturzes nicht allen auf einmal dahin zu schaffen, so sieht man, welche völlig freie Verfügung die Dienstverfassung der Herrschaft über das ganze Fuhrwesen der Güter gab. Die wenigen Einschränkungen dieses Gebrauchs können sich kaum als solche fühlbar gemacht haben. Es war wohl nur billig und auch der Herrschaft durchaus bequem, daß von dreitägigen Fuhren kein Bauer mehr als ein halbes Dutzend im Jahre zu tun brauchte, daß zwischen je zwei solchen immer mindestens eine Woche Zwischenraum

---

[1] Dessen Anwendung auf Acker und Wiesen er jedoch am 13. II. 1782 geheim zu halten anriet.

gelassen werden sollte, daß die Ausfuhr von Kornpächten nicht vor Martini, Anfuhr fremden Saatgetreides[1] nur bis zum Höchstbetrage von 3 Wispeln verlangt werden durfte. Für die Verteilung der Fuhrdienste über das Jahr wurde im Urbar nur der ganz allgemeine Grundsatz niedergelegt, daß die „kleinen“ auf die Zeit zwischen der Wintersaat und Martini, die „größeren“ auf die von Martini bis Marien fallen sollten. Hinsichtlich der Art der Arbeiten und Lasten umfaßte ihr Kreis als Ganzes alle im regelmäßigen Gange der Landwirtschaft nur denkbaren Vorgänge. Dennoch scheint mindestens gewohnheitsmäßig der Begriffsumfang der Fuhrpflicht an den der üblichen Wirtschaftstätigkeiten geknüpft gewesen zu sein. Die Lehmfuhren z. B., durch die Hans Joachim v. Zieten die beiden in der Separation erworbenen Sandschellen urbar machen ließ, hat er den Bauern zu einem Satze von 10 Groschen täglich vergüten müssen[2].

Neben der Sachbeförderung dienten die Bauernfuhren auch dem Personenverkehr der Herrschaft in dem weiteren Sinne, der auch fremde Fahrgäste auf ihr Verlangen mit einschloß. Vor Halbchaisen mußten dabei immer 2, vor viersitzigen geschlossenen Wagen 3 Bauern zusammenspannen, den Wagen selbst gab in der Regel die Herrschaft, weil die Bauern, was freilich auch gefordert werden konnte, nur leichte Korbwagen oder die gewöhnlichen Leiterwagen stellen konnten. Die Wegzehrung fiel, wie bei den Fachfuhren, den Bauern zur Last, nur daß zugunsten der nötigen Reisegeschwindigkeit (sie sollte $1^1/_2$ Stunden für die „ordinäre“, 2 für die „starke“ Meile betragen) hier das tägliche Futter eines Pferdes auf 2 Metzen Hafer, 4 Metzen Häckerling und 6 Pfund Heu festgesetzt und bei Platzmangel für diese Ration im Wagen die Herrschaft das Fehlende auf der Reise selbst zu kaufen verpflichtet war. Wie bei den Sachfuhren die Herrschaft auch auf außerdienstliche Leistungen um entsprechende Entschädigung einen (freilich gewohnheitsmäßigen und im Urbar nicht fixierten) Anspruch hatte, so mußten die Bauern in dem öffentlichen Interesse der patrimonialen Gerichtsbarkeit ihre Gespanne auch den Gerichtspersonen gegen Vergütung aus den Parteigebühren zur Verfügung halten; in Strafprozessen, wo diese Gebühren entfielen, hatte die Bauerngemeinde die „Richterfuhren“ in einem Reihedienst umsonst zu versehen, wie auch bei Kirchenvisitationen der Inspektor von ihnen befördert wurde.

Was die Fuhren in der Spanndienstverfassung, das waren die sogen. Fußreisen in der der Handdienste. In ihrer Berechnung kamen 2 Meilen hin und zurück auf einen halben

[1] Zietens Brief an Kühn vom 17. II. 1782 lehrt, daß besonders der Wustrauer Haferbau noch immer auf solche Ergänzungen angewiesen war.

[2] Brief an Kühn vom 30. III. 1782.

Diensttag und 3 auf einen ganzen; der 8 Meilen lange Weg nach Berlin galt für 4 Diensttage. Über ihre Verteilung im Jahr war ebenso wie über die der Fuhren bestimmt, daß Ernte- und Saatzeiten möglichst damit verschont bleiben sollten; während der Aussaat waren höchstens dreitägige Fußreisen zulässig. Es ist aber bemerkenswert, daß gerade diese Dienste noch eine weitere Ordnung im Sinne des Bauernschutzes erfuhren, daß sogar der große Gedanke der späteren Sozialfürsorge, die besondere Berücksichtigung der Frauenarbeit, sich hier durchsetzte. Da die Fußreisen nicht nur zu einfachen Botengängen, sondern neben den Fuhren zum Transport von allerlei Lasten verwendet wurden, so mag die Überspannung der bäuerlichen Arbeitskraft dabei als eine besonders naheliegende Gefahr erschienen sein. So sollten die Traglasten bei keiner Fußreise über 15 Pfund schwer sein, bei solchen von mehr als 4 Meilen Weges sogar höchstens 10, und Frauen waren in diesen Handdiensten dadurch bevorzugt, daß es verboten war, sie weiter als 2 Meilen zu schicken und auf dem Marsche nächtigen zu lassen.

Ist bei der Dienstverfassung des Wustrauer Urbars die Frage, ob altes Herkommen oder neue Satzung vorwog, wegen der Spärlichkeit früherer Nachrichten fast nur in den seltnen Fällen zu entscheiden, wo es zu besonderer kontradiktorischer Verhandlung gekommen war, so lehrt der siebente Titel von den Abgaben der Untertanen im Vergleich mit den älteren Quellen dafür unzweideutig, worauf die urbarialen Erhebungen hinausliefen: ohne umstürzende Veränderungen brachten sie lediglich die notwendige technische Folge einer jeden Kodifikation, Entscheidung von Vieldeutigkeiten und daher namentlich Präzisierung und Vereinfachung von Maß- und Zahlverhältnissen. Die Kornpächte der Bauern waren durchaus auf dem gegen früher ermäßigten Fuße des beginnenden 18. Jahrhunderts gleichmäßig 12 Scheffel Roggen und je 6 Hafer und Gerste jährlich, wozu bei einfacher Ablieferung ohne „Verfahren" eine „Zugabe" von einer Metze auf je drei Scheffel kam. Zwei Ausnahmen sind leicht erklärt: Der vormals Gühlensche Anderthalbhüfner gab von jeher nur die Hälfte, und der Bauer Hans Joachim Brunnemann hatte kurz vor der Urbaraufnahme, 1788, durch einen Permutationskontrakt seine Pächte um 2 Scheffel Gerste vermindert, vermutlich ein Beispiel für die Art und Weise wie Fortschritte in den bäuerlichen Ackerwirtschaften nur durch Lockerung des Abgabensystems möglich gemacht wurden. Die Zahl der Pachthühner war nunmehr für jeden Untertan 7 ohne Unterschied, und zwar war die Lieferung an einen eignen Termin, die Zeit zwischen Johannis und Michaelis, gebunden. Ähnlich stand es mit den Zehnten. Ihr ursprünglicher Begriff war nun vollends aufgegeben. Der einzige, der bisher noch als wirklicher Zehnt genommen worden war, der von der Gänseherde nach dem Bestand zu Johannis, wurde jetzt in eine feste Abgabe von einer Martinsgans jährlich verwandelt. Die Kategorie des ungewissen Zehnts als Pauschal war ganz verschwunden. Die Pferdezucht wurde durch eine Abgabe von 2 Groschen 3 Pfennigen für jedes Fohlen, die der Kühe und Schafe durch ähnliche von 1 Groschen 6 Pfennigen und 1 Groschen für die Kälber und Lämmer besteuert. Der Schweinezehnt zu Michaelis war auf 6 Groschen gestiegen. Abweichungen von diesem Schema gab es nur wenige und unerhebliche im Zusammenhange mit der alten Trennung der Rittergüter: Die Zietenschen Bauern zahlten einen etwas höheren Lämmerzehnt von anderthalb Groschen und die Gühlenschen einen doppelten Schweinezehnt.

Wie das Urbar begann, so schloß es auch mit einem allgemeinen Teil, dem elften Titel, der das Verwaltungsrecht der Gemeinde enthielt. Die kommunale Verfassung der bäuerlichen Bevölkerung war es ja im Grunde, die ihr gegenüber der Gutsherrschaft einen Rest von Selbständigkeit durch die Jahrhunderte erhalten und die juristisch auch die Aufnahme des Urbars als eines Vertrages erst ausführbar gemacht hatte. Nichtsdestoweniger beweist gerade die Kodifikation, wie sehr diese Verfassung namentlich auf der Seite der Berechtigungen zusammengeschmolzen war.

Auch in Wustrau bestand trotz der Gutsuntertänigkeit eine gewisse Selbstverwaltung der Gemeinde, d. h. der Bauern und Kossäten in der Gemeindeversammlung, wo Anwesenheit von mindestens der Hälfte (8) zur Beschlußfähigkeit gehörte. Dort wurden ganz wie in den freien Bauerndörfern die Angelegenheiten der Orts- und Feldpolizei verhandelt. Hauptsächlich die Feldgemeinschaft, die auch nach der Separation von 1771 die bäuerlichen Ackerwirtschaften untereinander verband, gab dieser kleinen Demokratie einen uralten Hintergrund gewohnheitsrechtlicher Formen. Wie in der unmittelbaren Umgegend, wenn auch freilich auf städtischem Grund und Boden, die alte Sonntagsversammlung der Neuruppiner Ackerbürger, die „Wruge", noch 1730 vom Könige das Statut einer besonderen Gilde empfangen hatte[1], dürfte man sich auch die Wirtschafts- und Lebensordnung der untertänigen Bauern durchaus nicht in dem mechanischen Nebeneinander des Untertanen- und Dienstverhältnisses beschlossen denken. Noch die große Agrarordnung von 1702 hatte das Ausbleiben der Bauern beim Läuten der „Bauerglocke" zur Versammlung unter Strafe gestellt. Eben aus den Erfordernissen der kollektivistischen Wirtschaft entsprang das wichtigste Recht der Bauerngemeinde, die Strafrechtspflege in Bagatellsachen, den sogen.

[1] Bittkau a. a. O. 138.

Kontraventionen. Es handelte sich dabei ausschließlich um Geldstrafen. Die geringste war 2 Groschen für Übertretungen der Hütebräuche: für jedes Pferd, das außerhalb der Nachtkoppel blieb, und für jedes Haupt Vieh, das zwischen dem Korn weidend angetroffen wurde. Mit dem doppelten Betrage waren sonstige leichtere Feldfrevel zu sühnen: verspätete oder unzureichende Anlegung von Hecken und Gräben und Grenzüberschreitung beim Ackern und Mähen nach der Anzahl der Furchen oder „Fahren" (die unbefugte Saatfahre kostete ausnahmsweise 12 Groschen). Ein Vierfaches endlich verfiel bei grober Schädigung der Kulturen: Fahren über Acker und Wiese, Eggen und „Haken" über Saat, Ackern auf Brache. Gleichhohe und höhere Bußen schützten auch eine Reihe allgemeinerer Polizeiverbote. Mängel der Feuerlöschausrüstung auf den Höfen wurden mit 8 Groschen geahndet, ebenso die Veranstaltung der in allen Bauernordnungen verpönten Spinngesellschaften — eine Bestimmung, unter der auch der Krüger für jede Bewirtung nach 10 Uhr abends haftete. Die höchste Strafe von 12 Groschen traf die Gefährdung der Feuersicherheit durch Tabakrauchen innerhalb der Höfe und der Ortschaft.

Die Auseinandersetzung der einzelnen Gemeindemitglieder in bezug auf ihre Leistungen an die Gutsherrschaft war in der Pacht- und Dienstverfassung mit der Vollständigkeit enthalten, die die herrschaftliche Willkür zuließ; nicht so in bezug auf die Leistungen des öffentlichen Rechts. Hier war sie dem Gewohnheitsrecht überlassen, das sich in der Gemeinde selbst ausgebildet hatte. Die Vorspanne, Gänge und Lieferungen, die der Staat durch seine verschiedenen Werkzeuge von ihr fordern konnte, legte sie nach Grundsätzen in ihrer Mitte um. Für „Stadtreisen" von Meilenlänge, für die sogen. Kröpelfuhren und langen und kurzen Soldatenreisen galt der altertümlich gefaßte Satz, daß zwei Kossäten gegen einen Bauern den Strang zu ziehen hätten; auch Einquartierung wurde in diesem Verhältnis verteilt. Zu Fouragierungen wurden die Feldprodukte Hafer und Stroh nach der Hufengröße der Besitzungen, Gras und Grasung von den gleichen Wiesenflächen in gleicher Menge gegeben. Auch in den Speisungen fand kein Unterschied statt, ebensowenig (trotz etwaiger Ungleichheit in der Entschädigung) in den „Laufreisen" zu Fuß. Nichts ist bezeichnender als der Name, den das Urbar diesem Teil der Kommunalverfassung gibt. Er nennt ihn „Nachbarrecht". Darunter hatte einst das deutsche Bauernrecht den Inbegriff der bäuerlichen Selbstverwaltung überhaupt verstanden, wie er sich gegen das monarchische Machtstreben der Gutsherrschaften mit immer größerer Mühe behauptet hatte[1]. Das pars pro toto, das im Urbar ein einzelner Para-

---

[1] Vgl. die „Nachbar-Artikel" der Leipziger Universitätsdörfer bei

graph gibt, ist wie ein Symbol für den Schwund der bäuerlichen Unabhängigkeit.

Sieht man aber näher zu, so wird die materielle Engigkeit des Gemeinderechts noch überboten durch seine formelle Einschnürung in seinen ausführenden Organen. Dazu gehörte die Gemeindeversammlung selbst um so weniger, als infolge der Urbarisierung und wohl schon vorher alle nach außen wichtigen Rechtssätze ihrer Verfügung entzogen waren. Was an Beamten eine wirkliche Vollmacht in der Gemeinde ausübte, war von der Herrschaft ernannt und abhängig. So der Spritzenmeister und seine beiden Gehilfen, deren Amtsgewalt bei Bränden (auch bei auswärtigen) sich über alle Gespanne der Ortschaft erstreckte. So namentlich auch die Gemeindevorsteher, der Schulze mit den zwei Schöppen, deren Amt mit nicht unansehnlichen Vorteilen verbunden war: jener genoß die Nutzung der 4 Tagewerk großen Schulzenwiese zwischen den Kaveln und dem Hüteluch und Freiheit von allen nicht kriegerischen staatlichen Vorspannleistungen, diese wenigstens die Quartalsgebühr von 8 Groschen für die Visitationen der Feuerstellen, Brandmauern und Löschgeräte, alle gleichmäßig Tagegelder von 6 Groschen und Speisung für die Aufnahme von Taxen. Diese Remunerationen umschreiben, von den allgemeinen Pflichten des Gemeindevorstands abgesehen, auch den Wirkungskreis ihrer Empfänger. Die vornehmste mittelalterliche Tätigkeit von ihresgleichen, die Rechtsprechung, hatten sie, wenn sie sie je besaßen, bis auf jene Kontraventionen wahrscheinlich schon lange verloren. Das Reglement vom 30. XI. 1782[1], das in der Kurmark und Neumark den Dorfgerichten der Schulzen ihre Jurisdiktion ausdrücklich genommen hatte, entsprach jedenfalls ebensosehr dem tatsächlichen Zustande als der Billigkeit: Die rechtskundigen Einzelpersonen, denen fortan die Herrschaften ihre Patrimonialgerichtsbarkeit zu übertragen auch gesetzlich gezwungen waren, müssen auch an richterlicher Selbständigkeit die Bauernrichter übertroffen haben.

Eine Anzahl von Verpflichtungen der Gemeinde ergab sich trotz aller Verkümmerung der Selbstverwaltung aus der bloßen gesellschaftlichen Lebensform. Die Gemeindearmenpflege war bei dem Wohnsitzanspruch, der in den einzelnen Höfen ihren Angehörigen zustand, auf Beköstigung beschränkt. Diese mußte, da es eine Armenkasse oder -„büchse“ nicht gab, von den einzelnen Haushalten natural bestritten werden, wobei in der Woche abwechselnd die Untertanen, an Feiertagen die Herrschaft an die Reihe kamen. Die Flurunterhaltungs-

---

Klingner a. a. O. I, Beylagen 245, 253, 262. sowie das Kapitel „Von denen Zusammenkünften der Bauren“ ebd. I 20 ff.

[1] Starke a. a. O. I 416.

kosten verteilte das Urbar kurzer Hand auf die einzelnen Besitzer der separierten Trakte, ließ sie also für die bäuerliche Feldgemeinschaft als einen dieser Besitzer des näheren völlig unbestimmt. Wiederum macht sich bemerklich, wie es vor allem der Herrschaft um die urbariale Abgrenzung ihrer Rechtsstellung zu tun war. Sehr genau sind einige gemeinschaftliche Beiträge zwischen ihr und der Gemeinde abgewogen. Zu Ausbesserungen des Dammes, der aus der Ortschaft über den Rhin ins Luch hinaus führte, hatte jene die Arbeit, diese das Steinmaterial und die Fuhren zu gestellen. Die große Rhinbrücke wurde von den Hauptbenutzern, den Besitzern der Luchwiesen, nach dem Verhältnis der Morgenzahlen dieses Besitzes in Stand gehalten. Für den Schutz der Feldmark nach Neuruppin zu, das sogen. „Hecken“, übernahm die Gemeinde allein zu sorgen. Das Feuerwehrwesen brachte besonders seit der staatlichen Gesetzgebung in Verbindung mit der Einrichtung der Feuersozietät zu der althergebrachten Ausrüstungspflicht der Einzelhöfe (sie begriff damals je 1 Leiter, Haken und Eimer) auch der Gemeinde bedeutende Auflagen. Neben den zwei großen „Wasserküwen“ der Herrschaft mußte sie ihre eigne haben und zusammen mit der Herrschaft ein Leiterhaus nebst 6 Leitern unterhalten; zu der Anschaffung einer Spritze und dem Bau eines Spritzenhauses nach den neuen Vorschriften des Reglements von 1771 [1] war sie (samt der Pfarre) mit einem Kostenbeitrag von 100 unter 150 Talern herangezogen. Als Kirchengemeinde endlich trug die Bauernschaft außer den individuellen Pfarrer- und Küsterabgaben auch im ganzen „geistliche Lasten“. Dazu zählten einmal die altertümlichen halb kultischen Dienste des Läutens, Wachens und Wiegens. Das erste wurde mit den Kirchenglocken bei Landestrauer und nach dem Tode des Gutsherrn oder der Herrin 6 Wochen, nach dem ihrer näheren Verwandten halb so lange in drei „Pulsen“ täglich verrichtet. Die beiden andern Pflichten haben einen seltsamen Bezug zur Familie des Patrons allein: Es ist die Totenwache bei Leichen und die Aufsicht bei Kindbetten bis zur Taufe. Da diese Bedienungen einen Anspruch auf Beköstigung für ihre Dauer gaben, liegt die Vermutung nahe, daß der Brauch ebenso sehr von den Untertanen als von der Herrschaft durch die Zeiten fort gepflegt worden war. Den Hauptteil der geistlichen Lasten aber bildete die (in einem eignen Titel IX geregelte) Unterhaltungspflicht an den kirchlichen Gebäuden. Zwar wurde diese der Wustrauer Gemeinde durch die Mitwirkung der eingepfarrten Altfriesacker erleichtert, die sich auf ein Viertel aller geforderten Leistungen (mit Ausnahme der für den Küster) belief. Aber anderseits war die Kirchenbaupflicht der Wustrauer

[1] (11. IV.) § 16. Novum Corpus V 315.

durch die augenblickliche Vermögenslage der Kirche gerade zur Zeit der Urbarkodifikation nicht unerheblich erschwert. Der in der ganzen Gegend berühmte Turmbau des alten Zieten, der 1781 zum Teil mit teurer hauptstädtischer Arbeit ausgeführt worden war, hatte nicht nur das ganze damalige Kirchenkapital von über 1300 Talern aufgezehrt, sondern das Institut mit Schulden von mehr als 1500 Talern beladen, deren dreiprozentige Verzinsung fast den ganzen Pachtertrag der Kirchenwiesen verzehrte. Infolgedessen sah sich sowohl Gemeinde wie Patronat zu einer freiwilligen Vermehrung ihrer Kirchenbauleistungen wenigstens bis zu der — durchaus nicht absehbaren — Sammlung eines neuen Kirchenvermögens gezwungen. Die Herrschaft unternahm für jede Reparatur am Pfarrer- und Küsterhaus die (sonst nur nach Bränden bei Erschöpfung der Feuerkassengelder fällige) Beschaffung des Grobmaterials [1], außerdem die Hegung an der Straßenseite des Kirchhofs und die Erneuerung des Pfarrhofgeheges, die Gemeinde im ersten Fall die Lieferung von Kleinmaterial und Arbeitslöhnen, in den zwei andern die noch fehlenden Hegungen und Reparaturen. Die wichtigste Baulast aber betraf nicht nur die Gemeinde allein, sondern war von dem beschriebenen Provisorium unabhängig: Es war die Erstellung sämtlicher Fuhren und der gewöhnlichen Handarbeit bei kirchlichen Bauunternehmungen. Die Handarbeit der „kleinen Leute", der Büdner und Einlieger, die ja der kirchlichen Gemeinde ebensogut wie die Hofwirte angehörten, war dabei noch genauer auf je 1 Tag Kleibearbeit und Schuttabfuhr sowie Richthilfe festgesetzt. Das Gehege um den Küstergarten war in „Fächer" eingeteilt, von denen jedes Gemeindemitglied eins in Stand zu halten hatte.

4. Die Regulierung.

Die Agrargeschichte der vorletzten Jahrhundertwende wird sich bei der Würdigung des Emanzipationsedikts von 1807 in Erinnerung rufen müssen, wie wenig diese große Maßregel in der ländlichen Rechtsbildung vorbereitet war: Noch nicht zwei Jahrzehnte waren verflossen, seit die Gesetzgebung selbst in den Urbarien ein Mittel an die Hand gegeben hatte, den ganzen Rechtszustand der ständischen Gesellschaftsperiode noch einmal feierlich zu bekräftigen. Der Sprung der Rechtsgeschichte ist aber wie diese ganze Seite des Staatslebens nur der Ausdruck des Ungeheuern, das im Innern der Gesellschaft vor sich gegangen war: Des Zusammenbruchs der politischen Verläßlichkeit bei den Ständen, die den alten preußischen

[1] Schon 1743 hatten die Patrone zu 730 Talern Baukosten der neuen Pfarrwohnung Materialien im Werte von 290 gestiftet.

Staat in Heer, Zentralregierung und Ortsverwaltung geleitet hatten, und der Auferstehung der wirtschaftlichen und sittlichen Kräfte aus den breiten erwerbenden Unterschichten des Volkes.

Betrachtet man das Dasein einer einzelnen, durchschnittlich gelagerten Zelle des Gesellschaftskörpers während dieser Zeit, so herrscht der nüchterne Eindruck aufs höchste angespannter materieller Leistung vor, aber doch nicht wie in den Kriegsnöten der beiden vergangenen Jahrhunderte eines dumpfen und planlosen Sichabfindens zwischen vereinzelten Gliedern des Nähr- und Wehrstandes, sondern eines gesellschaftlich geschlossenen Zusammenarbeitens zur Abwendung von Übeln, zur Erreichung von Zielen. Wenn die Nachrichten aus Wustrau über den französischen Einfall[1] die Seltenheit von Gewaltsamkeiten ebenso hervorheben wie den außerordentlichen Druck der Auflagen, so liegt darin zweifellos zunächst die allgemeine Änderung der neueren Kriegführung gegen früher. Aber sollte nicht auch das tätige und opfervolle Verhalten der Bevölkerung, die gemeinsame Bürgschaft des ganzen Provinzialverbandes entscheidend dazu mitgewirkt haben, daß Krieg und Frieden, in der ganzen älteren Wirtschaftsgeschichte zwei getrennte Welten, hier auf den Stufen erhöhter Besteuerung so gut wie ineinander übergingen?

Den kleineren Teil dieser Besteuerung machte bares Geld aus. Zu den acht kurmärkischen Kriegskontributionsausschreiben trug Wustrau bei:

	T.	Gr.	Pf.
1. von der Aussaat . . .	1892	12	6
2. von den Kühen . . .	185	1	—
3. von den Schafen . . .	83	6	—
Zusammen . .	2160	19	6

Daneben brachte es auf[2] an

	T.	Gr.	Pf.
Verpflegungsgeldern . .	115	12	6
Pferdelieferungsgeldern .	172	16	6
Insgesamt also	2449	—	6

Von nahezu doppelt so großem Wert waren die Naturallieferungen an die Franzosen. Ihn im Durchschnitt zu berechnen, wird aus zwei ihren Verzeichnissen beigefügten

[1] In den „Ortsmerkwürdigkeiten" des Kirchenbuchs 1801—1836, S. 12—18.

[2] Erst durch den Kammerbeschluß vom 27. IX. 1807 traten direkte Proviantlieferungen der Stände an die Stelle von Lieferantenverträgen. M. F. v. Bassewitz, Die Kurmark Brandenburg im Zusammenhang mit den Schicksalen des Gesamtstaates Preußen vom 22. Oktober 1806 bis Ende 1808 II (Lpz. 1852) 543.

Marktpreistafeln möglich, die für die beiden Zeiträume vom Oktober 1806 bis zum August 1807 und vom September 1807 bis zum Dezember 1808 je ein Maximum und Minimum geben. Die Tafeln bedecken zwar nicht die ganze Zeit der Lieferungen, und auch die verhältnismäßige Kürze des ersten Zeitraums drängt gerade die größte Teuerung über Gebühr der Beachtung auf. Anderseits ist zu überlegen, daß die Preisbewegung jährlich zum großen Teil selbst erst die Folge der Lieferungsnachfrage war, daß also die wirklichen Werte der Lieferungen in der Regel den höchsten Preisen näher gewesen sein werden als den niedrigsten. Ich wage demnach folgende Berechnung:

Es kostete der Scheffel:

	Roggen				Hafer		
	T.	Gr.	Pf.		T.	Gr.	Pf.
	—	—	—	Oktober 1806 . . .	1	16	9
	—	—	—	August 1807. . . .	1	8	9
Mai 1808	4	16	6	Mai 1808	3	7	6
Oktober 1808 . . .	2	10	—	Oktober 1808 . . .	1	6	3
Im Durchschnitt .	3	13	3		1	21	9

	der Zentner Heu				das Schock Stroh		
	T.	Gr.	Pf.		T.	Gr.	Pf.
Dezember 1806 bis März 1807. . . .	1	15	—	November 1806 . .	16	6	9
August 1807 . . .	1	—	3	Juli 1807	7	15	9
Mai 1808	1	12	9	April 1808.	10	12	—
Oktober 1808 . . .	—	16	10	Mai 1808	5	16	2
Im Durchschnitt .	1	5	2		10	—	8

Die Lieferungen Wustraus setzten sich zusammen aus 1. den durch Vermittlung des Kreises bis Oktober 1809 abgeführten Mengen, 2. den Sendungen nach den Magazinen zu Ruppin, Havelberg, Brandenburg und Charlottenburg und 3. den Rationen für die einquartierten Pferde. In der folgenden Übersicht über diese drei Kategorien sind durch Einsetzung der ermittelten Durchschnittspreise die ungefähren Werte der gelieferten Produkte gewonnen:

	1.			2.			3.		
	W.	Sch.	M.	W.	Sch.	M.	W.	Sch.	M.
Roggen .	2	18	2	—	—	—	—	—	—
Hafer . .	21	17	1	20	1	1	22	18	15
	Ztr.		Pfd.	Ztr.	Pfd.		Ztr.		Pfd.
Heu. . .	437	—	11	244	32	—	131	—	45
	Schock	Bund		Schock	Bund		Schock	Bund	
Stroh . .	32	14	17	14	34	—	12	26	1

Der Gesamtwert der Wustrauer Kriegslieferungen war danach:

				T.	Gr.	Pf.
	W.	Sch.	M.			
Roggen . .	—	—	—	234	21	2
Hafer . . .	64	13	1	2954	4	9
	Ztr.		Pfd.			
Heu	812	—	88	986	19	4
	Schock	Bund				
Stroh . . .	59	14	18	594	1	4
				4769	22	7

Die ganze Schatzung Wustraus in Geld und Naturalien betrug mithin rund 7200 Taler oder auf den Kopf der etwa 400 Seelen starken Einwohnerschaft in jedem der drei Jahre, über die sie sich erstreckte, ungefähr 6 Taler. Sie wurde als der ungleich leichtere Teil der Kriegslasten empfunden. Dazu kamen die gar nicht berechenbaren Aufwendungen an Vorspann und Quartier. Zwar im Feldzuge von 1806 blieb Wustrau durch seine Lage und durch die „Sauvegardebriefe", die der Gutsherr, seit 1800 Landrat des Kreises Ruppin, sich aus Berlin zu verschaffen wußte [1], von den Durchzügen der Franzosen auf der Verfolgung Hohenlohes und Blüchers verschont. Aber vom August 1807 bis in den Juni 1808 ward dann die Ortschaft „Cantonnement" von Truppen der Division Vilatte aus dem Korps des Marschalls Victor, wobei der Bauernhof anfangs mit 6—7, nachher mit 2—3 Mann belegt war, und diese Heimsuchung fand bis zum August 1808 eine Fortsetzung in dem zwischen Alt- und Neuruppin errichteten großen französischen Lager, zu dessen Verpflegung auch Wustrau herangezogen wurde [2].

Der Befreiungskrieg war dann in mehr als einer Beziehung der Lohn für die Leiden der Invasion. Zum ersten Mal — man kann kaum sagen wieder, denn auch im früheren Mittelalter wird die Trennung von Kriegsdienst und Ackerbau auf kleinen Rittergütern wie den Wustrauschen vollständig gewesen sein — machte eine neue Staatsauffassung auch die befreite

[1] Über die wichtige Rolle, die er in den Verhandlungen der kurmärkischen Stände mit dem Feinde gespielt hat, vgl. meine demnächst in den Forschungen zur Brandenburgischen und Preußischen Geschichte XXIV erscheinende Ausgabe seines Tagebuchs über seinen Aufenthalt am Hofe zu Memel, August 1807.

[2] Vgl. Bassewitz II 453, 99; aus der an der letzten Stelle mitgeteilten Kammerverfügung vom 27. IX. 1807 scheint hervorzugehen, daß die den Landorten für die Verproviantierung der Lager gezahlten Vergütungen durch die Auflage der sogen. Lagersteuer wettgemacht wurden.

Bauernbevölkerung der Ehre der Landesverteidigung teilhaft. In Wustrau bildeten drei Bauern und ein Bedienter den Landsturm. Sie sind nie vor den Feind gekommen; ihre umfangreichste Verwendung war zu einem Streifzuge nach der Altmark und Magdeburg. Trotzdem wird gerade die neue Wehrverfassung der Emanzipation im Bewußtsein der Bevölkerung zuerst einen ernsten Sinn von Würde und Verantwortlichkeit gegeben haben. Im übrigen wurde das Wirtschaftsleben der Ortschaft durch die Kriegsereignisse kaum unmittelbar berührt. Die freiwilligen Lieferungen, die während des Waffenstillstandes an heimische, russische und schwedische Truppen gespendet wurden, hatten schon nach ihrer Zusammensetzung — aus Brot, Speck, Grütze, Graupen und Backobst — mehr das Gepräge von Liebesgaben. Einmal hat jeder Hof einen Ochsen hingegeben. Die „Siegeskollekten" bei den Gottesdiensten brachten 50—90 Taler ein. Das alles sind an sich unbedeutende Züge. Sie bekommen erst Leben, wenn man sich fragt, ob sie auch nur zehn Jahre zuvor überhaupt möglich gewesen wären.

Die Aufgabe der folgenden Friedenszeit war es, dem neugeschaffenen persönlichen Rechte des Bauernstandes durch die Anpassung seiner Besitzrechte daran die nötige wirtschaftliche Unterlage zu verleihen. Leider begann die Ausführung dieses Unternehmens, wie es in dem Regulierungsedikt vom 14. IX. 1807 vorgezeichnet war, sogleich mit wesentlichen Hemmungen. Die Deklaration, die zu dem Edikt am 29. V. 1816 erlassen wurde, entfernte mit den Zwangsfristen für die gütliche und amtlich vermittelte Auseinandersetzung der gutsherrlichen und bäuerlichen Rechte nicht nur den wirksamsten Anlaß zur Beschleunigung der Reform, sondern auch die beste Möglichkeit zu ihrer dauernden Beaufsichtigung durch die Staatsgewalt. Dazu ist das Beispiel der Regulierung in Wustrau eine gute Erläuterung. Sie wurde durch eine Verfügung der Generalkommission zu Berlin schon am 1. VI. 1817 eingeleitet, aber noch nach zwei Jahren war es dem von ihr bestellten Kommissar Klebe nicht gelungen, einen Rezeß zustande zu bringen. Das Merkwürdige dabei ist der Grund dieser Verzögerung, wie Klebe ihn in einer „amtlichen Ansicht" vom 14. IV. 1819 darlegte. Er lag nicht, wie bei den meisten Regulierungssachen, in Meinungsverschiedenheiten der beiden auseinanderzusetzenden Parteien selbst, sondern in den Bedenken des Kommissars als des Vertreters von parteilosen Gesichtspunkten der Sozial- und Kulturfürsorge. Sein Haupteinwand richtete sich gegen das Verfahren der Gutsherrschaft bei der Ausmittlung ihrer vornehmsten Forderung an die Bauern, der Landentschädigung für das Eigentumsrecht an den bäuerlichen Besitzungen. Sie sollte sich nach dem Regulierungsedikt von 1811 (§ 21) für erbliche Bauerngüter von über 50 Morgen Umfang auf ein volles Drittel des bäuerlichen Grundes und

Bodens belaufen. Der rein zahlenmäßige Betrag dieses Abfindungssolls war aber auf die wirkliche Flur nur durch umständliche Berechnungen zu übertragen. Sie zerfielen in die beiden Klassen von Berechnungen „in quanto", nach der wirklichen Morgenzahl, und „in quali", nach einer imaginären, die die Bonität des Landes bestimmte. Die letzten bildeten das Rückgrat der ganzen Aufgabe, denn durch sie hing die Voraussetzung, der ideelle Drittelanspruch, mit dem Endergebnis, seiner reellen Befriedigung zusammen. Sie mußten, um den Übergang von der Forderung zu der Befriedigung zu ermöglichen, von einem Generalnenner ausgehn, vermittelst dessen sämtliche einzelnen Bodenklassen aufeinander zurückzuführen waren. Hergebracht war zu diesem Zwecke für eine jede der drei großen Landgattungen, Acker, Wiese und Weide, den Wert der schlechtesten Bodenart als Einheit zugrunde zu legen und den der 5 besseren in bestimmten Vielfachen davon auszudrücken. So hing der Ausfall der ganzen Bonitätsberechnung an der Verständigung über diese Werteinheit. Je geringer sie angesetzt wurde, desto mehr verminderte sich die Wertvorstellung von der Gesamtheit einer gegebnen Bodenmenge, und desto höher stieg umgekehrt die quantitative Entsprechung zu einem gegebnen Bodenwerte. Gerade an diesem Punkte glaubte der Regulierungskommissar Einspruch gegen einen von der Gutsherrschaft aufgestellten Abfindungsplan erheben zu sollen. Er stand nicht an ihr vorzuwerfen, daß sie bei einem zu niedrigen Ansatz, namentlich der schlechtesten Ackerklasse, ihren Vorteil suche. Es sind sehr beachtenswerte Angaben, die er zur Begründung einer höheren Bewertung über die Landwirtschaft der Bauern macht. Das durchschnittliche Verhältnis von Acker und Wiese in der Vollbauernwirtschaft sei 85 zu 95 Morgen, also außerordentlich günstig für Viehhaltung und Dungerzeugung; überdies sei die gemeinsame Hutung mehr als 670 Morgen groß. Infolgedessen sei auf dem besten Bauernland wenigstens eine sechsjährliche Düngung anzunehmen. Der Hauptübelstand, unter dem nach der Ansicht erfahrener Landwirte[1] die märkische Acker-

[1] J. G. Koppe, Kurze Darstellung der landwirtschaftlichen Verhältnisse in der Mark Brandenburg (Bln. 1839) 10, 27. — Angemerkt sei, daß Klebe noch der damaligen Zeit eine Einwirkung des Flurzwanges auf den Fruchtwechsel zutraut, wenn er meint: „Wie viel Erbsenschläge sein sollen, bestimmt sich nach jedes Wirts Bedürfnis, nach seinem Düngematerial und vielleicht nach einer Kommunalregel". Nach den Bestimmungen des Regulierungsvergleichs über die Bestellung des abgetretenen Ackerdrittels durch die Bauern war die ganze jährliche Aussaat:

	Roggen		Gerste	Hafer
	W.	Sch.	Sch.	Sch.
des Vollbauern	1	3	18	9
des Dreiviertelbauern	—	20	12	9
des Kossäten	—	15	9	6

produktion von jeher litt, die völlige Vernachlässigung der minderwertigen Außenschläge in der Bemistung, war nach der Darstellung des Regulierungskommissars in Wustrau auch von den bäuerlichen Betrieben schon damals einer einheitlichen Dungbrache gewichen.

Die Befürchtungen des Kommissars waren mit der Frage der Bonitierung nicht erschöpft. Auch in dem Ergebnis des gutsherrlichen Abfindungsplans, in der Bezeichnung der abzutretenden bäuerlichen Flurstücke, sah er die Gefahr einer Benachteiligung der Bauern. Der Plan nahm auf dem Acker den ganzen Rest des ersten, nächsten Feldes als Entschädigung des Ritterguts fort, verlegte also den Bauernacker völlig in die beiden hintern Felder und dadurch den Schwerpunkt des bäuerlichen Ackerbaus noch weiter von der Ortschaft ab. Die Folge so bedeutender Einwendungen war die Einstellung der amtlichen Regulierungsverhandlungen. Aber ganz kurz darauf, am 11. VI. 1819, kam es dann vor dem Patrimonialrichter, dem Neuruppiner Stadtgerichtsrat Goering, zu einem privatrechtlichen Vergleich zwischen Herrschaft und Gemeinde, der in allen wesentlichen Punkten die Regulierung nach den Wünschen der ersten vollzog. Was die letzte zum Abschluß bestimmte, liegt auf der Hand. Der Rückzug, den die regulierende Staatsgewalt allgemein gesetzgeberisch in der Deklaration von 1816 und für diesen besondern Fall außerdem in der Person ihres kommissarischen Vertreters eingeschlagen hatte, konnte ein offenbares beiderseitiges Interesse der Parteien an der Regulierung nicht mehr unterdrücken. Es drängte nur die Sache in einen Weg, der den ursprünglichen Absichten der Regierung fern war. Die weiteren amtlichen Verhandlungen, die der Ökonomiekommissar Rust führte und am 17. II. 1822 zum Abschluß brachte, fußten völlig auf dem Vergleich von 1819. Die Eile, mit der er zustande gekommen war, steht in auffallendem Gegensatz zu der Langsamkeit seiner Ausführung, die bis zur Vollziehung des Hauptrezesses am 5. III. und 8. V. 1840 noch mehr als 20 Jahre in Anspruch genommen hat[1]. Der Vergleich hatte die namentlich für die Gutsherrschaft wichtigen Grundsätze des Verfahrens festgestellt. Die technische Neuordnung der Flurverfassung verband sich für die Gemeinde noch mit einer andern, eignen Absicht. Die Vermessungs- und Bonitierungsarbeiten für die Landabfindung der Herrschaft wurden von ihr mitbenutzt, um endlich ein halbes Jahrhundert nach der „allgemeinen“ Separation ihrer Flur von der Herrschaft, der Anregung des Landes-

[1] Den letzten Verzögerungsgrund bildete ein streitiges Wegerecht: Die neu angelegte Fortsetzung des Dammes über die Elshorst nach dem Luch forderten die Bauern sehr hartnäckig auch mit andern als Heufuhren befahren zu dürfen: Sie übernahmen dafür schließlich die alleinige Unterhaltung.

kulturedikts vom 14. IX. 1811 folgend, nun auch ihrerseits in einer „speziellen" Gemeinheitsteilung die kollektivistische Produktion des Mittelalters mit der rein individualistischen der neuen Zeit zu vertauschen.

Das Vorgehen begann also mit der Absonderung des herrschaftlichen Entschädigungsdrittels. Die Bodenmengen und -werte, die dabei nach der besprochenen Rechnungsmethode zur Verschiebung kamen, waren die folgenden. Dem Rittergut wurden eingeräumt

	I. als Forderung		II. als Befriedigung	
	Morgen	Quadratruten	Morgen	Quadratruten
1. Acker in quanto	374	48	367	$101\frac{1}{3}$
in quali	237	5	234	$134\frac{4}{7}$
2. Wiese in quanto	524	145	511	43
in quali	301	$126\frac{9}{14}$	282	$42\frac{1}{5}$
3. Hutung in quanto[1] . . .	—	—	145	65
in quali	78	$32\frac{1}{4}$	92	$81\frac{11}{15}$

Die Quantitäts- und Qualitätsunterschiede zwischen Forderung und Befriedigung wurden zwischen den drei Bodengattungen selbst so ausgeglichen, daß ein Mehr an den beiden wertvolleren einem Weniger an der dritten gegenüberstand.

Die „Separationsmasse" der Gemeindefeldmark, auf die diese Entschädigung angewiesen wurde, war im vorhinein gewissen Abzügen und Zuschüssen ausgesetzt. Die ersten dienten vor allem öffentlichen und gemeinschaftlichen Zwecken. Die Kirche erhielt zur Vergrößerung ihres Kirchhofs fast $\frac{1}{2}$ Morgen, die Schule, der als erste Anerkennung gleichsam ihrer Unabhängigkeit von der Kirche die Gemeinheitsteilungsordnung vom 7. VI. 1821 (§ 101) eine Landausstattung für eine Familie mit drei Kindern und zwei Haupt Rindvieh zuerkannt hatte, eine „Dotation" von 2 Morgen Acker. Zu einer Obstbaumschule und einem Garten für die Dorfhebamme (ein Beruf, um dessen Ausbildung sich der Landrat v. Zieten persönliche Mühe gegeben hatte) bestimmte die Gutsherrschaft von ihrem Regulierungsanteil je $\frac{1}{4}$ Morgen Weide 3. Klasse. Bei der Separation angerechnet, aber ebenfalls vorher beiseite gesetzt, wurde die Fläche der Sandberge und der Kälberkoppel in Größe von zusammen fast 66 Morgen zur Anlage von Baustellen, Bleichstellen, Kohlgärten und Graskaveln für die einzelnen Gemeindeangehörigen; es ist der Teil der Wustrauer Feldmark, dem die Ortschaft ihre rasche Besiedlung mit kleineren Landeigentümern verdankt.

---

[1] Die Forderung an Hutung wurde ohne den Umweg über die Quantität direkt in quali berechnet.

Die größte Umwälzung, die durch die Separation in den Wustrauer Bauernwirtschaften herbeigeführt wurde, war die Auflösung der alten gemeinen Weideverfassung durch die Trennung der Grundweide und das Aufhören der Wiesen- und Ackerbehütung in der Feldgemeinschaft. Unter den bäuerlichen Gemeindemitgliedern war diese Auseinandersetzung insofern leicht, als hier die Größe der der Trift unterworfnen Grundstücke und die der an der Trift beteiligten Viehwirtschafen überall im Einklang stand (die Grundweide wurde unter Vollhüfner und Kossäten nach dem Verhältnis 19 : 15 geteilt). Eine Schwierigkeit schufen nur die Weideservituten, die nicht auf bäuerlichen Ackerwirtschaften beruhten. Sie waren von zweierlei Art. Einmal nämlich haftete ein kollektives Aufhütungsrecht der Gemeinde auf denjenigen Kirchen- und andern Wiesen, die außerhalb des Gemeindeplans im Besitz einzelner ihrer Mitglieder waren: des Küsters, Schulzen, Schmieds, Müllers, Krügers und eines (Zietenschen) Bauern. Sie alle lösten jetzt dieses Recht durch Abtretung von je $^1/_7$ ihrer Wiesenflächen (der Müller von 1 Morgen) als „Hütungsäquivalent" an die Separationsweidemasse ab. Umgekehrt aber lag auch auf der Feldgemeinschaft eine Reihe von Triftservituten, die nicht schon durch eine gleichwertige Befreiung der Berechtigten in der Separation kompensiert wurden: die Weiderechte der Pfarre, des Müllers, Küsters und Schmiedes. Die drei letzten galten in der Umrechnung auf Großvieh für $10^1/_2$, $2^1/_2$ und $2^5/_6$ Kühe, wobei der Kuh im ersten Fall $1^1/_2$[1], in den beiden andern 2 Morgen Weide der ersten Reduktionsklasse zugebilligt wurden. Diese Abfindung war zunächst rein rechnerisch; der Mühlenmeister Joh. Friedrich Becker z. B. ließ sich in einem besondern Vergleiche vom 12. II. 1820 auf den Betrag seiner Weideforderung einen Wiesenstreifen parallel mit seiner Kirchenwiese nach dem üblichen Dreiviertelverhältnis der beiden Bodengattungen anweisen. Das Weiderecht der Pfarre wurde mit $^{1103}/_{9161}$ der verbleibenden unseparierten Grundweide besonders abgefunden. Da die Ämter der Gemeindehirten von nun an fortfielen (der Ochsenhirt behielt in seinem bisherigen Nebenberufe als Nachtwächter seine Dienstwohnung in einem der beiden Hirtenhäuser, während das andre zur Büdnerstelle eingerichtet wurde), kam die Hirtenwiese zur gleichen Verteilung zwischen der Pfarre und den 16 Hofwirten. Eine letzte Komplikation erfuhr die Wustrauer Separation dadurch, daß sich 1822 die beiden aus der Luchseparation von 1796 gebliebnen Kollektivbesitzer von Wustrauer Kirchenwiesen, die Gemeinden Tarmow und Hakenberg, entschlossen, nachträglich die Viehtrift der Herrschaft und Gemeinde von Wustrau auf diesen ihren Wiesen durch Hingabe eines Siebenteläquivalentes

[1] Das Weiderecht des Müllers umfaßte nicht die Ackerweide.

zu beseitigen; diese Abtretung vermehrte die Separationsmasse um eine Wiesenfläche von 235 Morgen 77 Quadratruten, die zunächst zwischen Herrschaft und Gemeinde nebst Pfarre ($^{508}/_{1105} : ^{597}/_{1105}$), im zweiten Teil dann nochmals zwischen Pfarre und Gemeinde ($^{1108}/_{9161} : ^{8058}/_{9161}$) und im Gemeindeteil schließlich wegen des Abfindungsmittels zum dritten Male zwischen Gemeinde und Herrschaft geteilt werden mußte. Die Separation legte die gemeine Feldmark in folgende Anteile aus: (siehe Tabelle S. 134).

Die Separation gab dem Abschnitte der Regulierung, der die Landentschädigung des Ritterguts enthielt, eine besonders überragende Wichtigkeit. Von der Regulierung selbst war diese Entschädigung in Wustrau noch mehr als anderswo nur ein Teil. Das Regulierungsedikt von 1811 hatte mit der Begründung, für die ungeteilte Überlassung der eigentlichen Höfe an die Bauern gebühre der Herrschaft eine „Vergütigung" (§ 16), dieser nachgelassen, sich einige „Hilfsdienste" aus der aufzuhebenden Dienstverfassung fristweise und gegen eine bestimmte Entlohnung vorzubehalten. In Wustrau wurden solche Dienste von Martini 1819, dem Termin der Eigentumsübertragung an die Bauern, auf einen der vom Edikt vorgeschlagnen zwölfjährigen Zeiträume, also bis 1831 ausbedungen. Sie sollten nach den Sätzen des Edikts mit 6 (Berliner) Metzen Roggen für den Spanndiensttag, 2 für den männlichen und 1½ für den weiblichen Handdiensttag vergütet werden. Ihr Betrag erreichte genau die vom Edikt und seiner Deklaration (Art. 37) gezogne obere Grenze: Es wurden vom Kossäten 10 Mann- und 10 Frauenhanddienste, vom Bauern 10 Mannhanddienste und 13 zweispännige (statt der 10 dreispännigen) Dienste verlangt. Aber wie die Deklaration von 1816 (Art. 39) die Maximierung der Hilfsdienste selbst wieder durchbrochen hatte, indem sie der Herrschaft für die „in Gefolge der Regulierung" nötigen Bauten unentgeltliche Fuhren der Bauern zuwies, so reservierte sich auch das Wustrauer Rittergut die bäuerlichen Spannkräfte neben den Hilfsdiensten noch für einige sachlich umschriebene Leistungen, die es in den 20 Jahren bis zur Beendigung der Regulierung nach Belieben einforderte: Baufuhren zu Reparaturen von Scheunen und Ställen und zur Neuanlage eines Schafstalls, einer Scheune und eines Wirtschaftsgebäudes; Holzfuhren aus dem Altruppiner und Rüthnicker Forst zur Umhegung des herrschaftlichen Anteils an der Ochsenkoppel, dem sogen. Uxstall.

Dieselbe von der Gesetzgebung geduldete Richtung auf Vergrößerung der herrschaftlichen Abfindung ist auch in den übrigen Kapiteln der Wustrauer Regulierung wahrnehmbar. Das Regulierungsedikt von 1811 hatte sich Mühe gegeben, die Billigkeit der von ihm vorgesehnen Drittelung der bäuerlichen Besitzungen mit dem „bis jetzt fehlenden Begriff" ihrer „Fähig-

Besitzer	Acker		Wiese		Hutung		Unbrauchbares		Zusammen	
	Morgen	Quadrat-ruten	Morgen	Quadrat-ruten	Morgen	Quadrat-ruten	Morgen	Quadrat-ruten	Morgen	Quadrat-ruten
Rittergut	373	161	647	126	146	51	16	165	1184	143
Pfarre	76	54	321	70	3	122	3	14	404	80
Kirche	3	6	—	—	—	54	—	—	3	60
Küsterei	2	—	16	94	—	—	—	35	18	129
Schmiede	—	77	15	94	—	—	—	—	15	171
Mühle	—	4	64	83	—	42	—	64	65	13
Schulzenamt	—	—	21	123	—	—	—	—	21	123
Schulz (Kossät) Berent	65	89	59	124	9	124	—	91	135	68
Bauer J. F. C. Brunnemann	47	167	68	51	33	26½	—	81	149	145½
Bauer J. Jennrich	52	16	64	157	30	45	—	120	147	158
Bauer J. Müller Witwe	56	42	63	63	33	68	—	84	153	77
Bauer C. Bankow Witwe[1]	51	138	62	174	32	45½	—	46	147	43½
Bauer F. Frost	60	155	63	113	32	23½	—	46	156	157½
Bauer C. Schönholz Witwe[1]	54	27	62	118	32	35½	—	94	149	94½
Bauer und Krüger G. F. Protz	52	170	75	146	36	75	—	156	166	7
Bauer F. Schönberg	54	32	64	95	32	61	—	54	151	62
Bauer H. J. Brunnemann Tochter[2]	51	48	62	137	26	87	—	48	140	140
Bauer J. Rosenträger[3]	49	24	62	157	32	35½	—	47	144	83½
Dreiviertelbauer F. Protz	35	140	64	119	32	149½	—	48	133	96½
Kossät G. Behrend	21	164	62	47	26	75	—	53	110	159
Kossät A. Behrend	22	70	62	106	26	123	—	50	111	169
Kossät C. Krüger	22	94	64	48	26	103	—	50	113	115
Kossät H. J. Kühl	24	90	62	100	26	100	—	56	113	166
Neues Gemeindehaus mit Garten	—	—	—	—	—	—	—	—	—	28
Bau-, Hof- und Gartenstellen	—	—	—	—	—	—	—	—	31	69
Begräbnisplatz	—	—	—	—	—	—	—	—	—	96
Sandwüste	—	—	—	—	—	—	—	—	5	10
Lehmgrube	—	—	—	—	—	—	—	—	1	—
Wegetriften	—	—	—	—	—	—	—	—	32	68½
Ganze Feldmark	1178	148	2115	5	620	6	26	142	4011	32½

[1] Sie war Eigentümerin, obwohl zum zweitenmal mit K. F. E. Piel verheiratet.
[2] Eigentümerin, verheiratet mit P. Rieck.
[3] Miteigentümer seiner Frau geb. Karin.

keit zur vollen Steuerleistung" darzutun. Einer der Hauptzwecke beim Erlaß der Deklaration von 1816 war dann gewesen, den Gutsherren die Überschreitung dieser Norm zu ermöglichen[1], wie sie Artikel 66 darin ganz allgemein gestattete. Im Wustrauer Vergleich führte diese Anregung zu etwas wie einer Zusammenstellung der beiden, ursprünglich als einander ausschließend gedachten Abfindungsmethoden des Regulierungsedikts (§ 12), der durch Landabtretung und der durch Rente oder Kapital. Noch bevor die Bauern in der Separation das Drittel ihrer Wirtschaften an das Rittergut verloren, mußten sie im Laufe der vier auf die Eigentumsübertragung folgenden Jahre Barbeträge an dieselbe Stelle abführen, die in Höhe von 1275[2], 1100 und 340 Talern für den Vollbauern, Dreiviertelbauern und Kossäten die einzelnen Höfe bis zu $^1/_8$—$^1/_7$ ihres Werts belastete. Wie das herrschaftliche Eigentum an den bäuerlichen Grundstücken, so war auch das an den bäuerlichen Inventarien, den Hofwehren, abzulösen. Das Regulierungsedikt (§ 18) nahm einen Teil davon, das Saatgut, von der Ablösungspflicht aus, aber die Deklaration (Art. 44) bestimmte „ergänzend", daß auch die Saat sowie der Dünger im Verhältnis der Landabtretung zwischen Bauern und Herrschaft geteilt werde, ja daß, wenn die Hofwirte ihr Land bestellt übernommen hätten (wofür die Theorie der Hofwehr eine allgemeine Vermutung einschloß), sie ihr Entschädigungsdrittel mit jener Saat- und Düngerquote ebenso bestellt abzuliefern haben sollten. In Wustrau war auf dem abgetretnen Ackerdrittel im Dreifeldersystem das Roggenland bereits zu Erbsen und Kartoffeln gedüngt, für das Gersten- und Haferland wurde eine Düngung von 3 Bauern- und 2 Kossätenfuhren Mist besonders verabredet. Der Rest der lebendigen und toten Hofwehr wurde der Herrschaft nach der folgenden Aufstellung auf Grund von Stücktaxen bar bezahlt:

	T.	Gr.
30 Pferde zu 40 T. = ...	1200	—
27 Ochsen zu 30 T. = ...	810	—
21 „tragbare" Kühe zu 20 T. = .	420	—
16 Zuchtsäue zu 5 T. = . . .	80	—
41 Hühner zu 3 Gr. = ...	5	3
36 Gänse zu 16 Gr. = ...	24	—
17 hölzerne Eggen zu 8 Gr. = .	5	16
16 gute Wagen zu 16 T, = . .	256	—
Übertrag	2800	19

[1] G. F. Knapp, Die Bauernbefreiung und der Ursprung der Landarbeiter in den älteren Teilen Preußens (Lpz. 1887) II 357.

[2] Nur der Bauer Joachim Brunnemann zahlte wegen des Erlasses von 2 Scheffeln Gerstenpacht aus dem Vertrage von 1788 50 Taler weniger.

	T.	Gr.
Übertrag	2800	19
13 Äxte zu 1 T. = ...	13	—
11 Haken zu 2 T. = ...	22	—
11 Sensen zu 1 T. 10 Gr. = . .	15	14
11 Futterladen zu 1 T. = . . .	11	—
9 Mistforken zu 6 Gr. = . . .	2	6
9 Heuforken zu 6 Gr. = . . .	2	6
4 Tobbeketten zu 1 T. 12 Gr. =	6	—
4 Hecheln zu 1 T. 9 Gr. = . .	5	12
3 Spaten zu 12 Gr. = ...	1	12
2 Messingkessel zu 1 T. 12 Gr. =	3	—
Zusammen	2884	5

Diese Hofwehrvergütung war in ihrer Verteilung auf die einzelnen Hofwirte noch vor jener Kapitalabfindung aufzubringen. Die nachstehende Übersicht vergleicht die Ausführung beider Geldgeschäfte mit den Kapitalwerten, zu denen die Höfe in einer Gesamttaxe vom 24. II. 1829 veranschlagt und danach in das neue bäuerliche Hypothekenbuch des Kammergerichts eingetragen wurden[1]: (siehe Tabelle S. 138 und 139).

Diese hohen Belastungen konnten, soviel man sieht, von allen Bauernwirtschaften ohne besondere Schwierigkeiten getragen werden. Schon das spricht für ihre wirtschaftliche Kraft. Einen ähnlich günstigen Eindruck erhält man, wenn man den Besitzwechsel unter ihnen in dem Menschenalter oder halben Jahrhundert seit dem Urbar von 1793 überblickt. Vor der Regulierung traten überhaupt keine neuen Familien in den Kreis der Hofwirte ein. Die Lücken, die durch das Ausscheiden der Familien der Vollbauern Gellner und Müller und des Dreiviertelbauern Krüger entstanden, wurden durch Ausdehnung der Familien Brunnemann und Protz und durch das Aufrücken der Kossätenfamilie Schönberg ausgefüllt (in der Stelle der letzten breiteten sich die Behrend aus). Während der Regulierung kamen allerdings drei neue Bauern und ein neuer Kossät, aber die Bauern nur als Eingeheiratete.

Ungleich größere Verschiebungen verursachte die Epoche der Regulierung in dem zweiten, neueren Bestandteil der Wustrauer Bevölkerung, unter den nichtbäuerlichen, landlosen Haushaltungsvorständen. Sie setzten sich bei Beginn des Jahrhunderts nach den Angaben des Kirchenbuchs aus 5 Hirten, 11 Handwerkern, 25 Tagelöhnern, 7 verheirateten Soldaten und 12 Witwen zusammen. Soweit diese Personen (wie namentlich die Tagelöhner) nicht Einlieger waren, steht über

[1] Es ist zu beachten, daß die Zahlungen nach dem alten, die Kapitalien nach dem neuen preußischen Münzfuße berechnet sind.

ihr Recht an ihren Wohnstellen nur soviel fest, daß es mit einer einzigen Ausnahme kein erbliches war. Die Ausnahme bildete der Vertrag mit der Gutsherrschaft, durch den sich 1790 der Schäfer Mießner am Dorfende neben dem Hofe des Kossäten Bennt als Erbpächter ansässig gemacht hatte. Die Vorrechte des Verpächters waren vertragsgemäß Vorkauf und Genehmigung bei Veräußerung der Stelle und Bezug eines Jahresbetrages von 2 Talern, dessen rechtliche Natur als Grundzins oder Schutzgeld unentschieden gelassen war. Als im Jahre 1811 das Landeskulturedikt (§ 1/2) die „Vereinzelung" auch der „sogenannten kleinen Leute" forderte, scheint es die Lockerung des Erbpachtverhältnisses als das Hauptmittel dazu, mithin dieses Verhältnis selbst als das regelmäßige Besitzrecht jener kleinen Leute angesehen zu haben. Es fällt auf, daß in der Geschichte Wustraus diese Voraussetzung nicht zutraf. Man darf das aber nicht so mißverstehen, als sei hier die von der Gesetzgebung gewünschte Befreiung bereits erreicht gewesen. Die Wahrheit ist, daß umgekehrt die Ausbildung eines Erbpachtrechtes für kleine Stellen noch nicht vollendet war, sondern auf einer eigenartigen Mitte gewohnheitsrechtlicher Entwicklung stand: Es konnte geschehen, daß der Vorteil der Besitzdauer für den Grundherrn anerkannt und verwirklicht, die Folgerung daraus für den Anspruch des Nießbrauchers jedoch durchaus nicht gezogen war. Noch der General v. Zieten hatte 1781 einen ausgedienten Musketier aus Langen, Johann Gottfried Behrend, vertraglich zu einem „beständigen Rademacher" und „immerwährenden Untertan" angenommen. Er bekam ein Haus mit einem Garten, einen Wiesenfleck von 2 Tagwerk und freie Weide für 1 Kuh und 2 Schweine; dafür mußte er sein Handwerk ausschließlich dem Rittergute zur Verfügung halten und noch obendrein jährlich 11 Taler geben. Das Ungünstige für den Nießnutzer in diesem Vertrage war, daß darin eine nähere rechtliche Erklärung seines Besitzes nicht vorkam. Die Familie Behrend faßte ihn als Büdner-, d. h. Erbpachtbesitz auf und dachte deshalb auch im neuen Jahrhundert nicht daran, eine ausdrückliche Begriffsbestimmung herbeizuführen. Da erhob im Jahre 1835 der Landrat v. Zieten gegenüber dem Sohne Karl Friedrich Behrend Forderungen, die vielleicht in der Wertsteigerung der Nutzung begründet waren, indes dem Charakter einer Erbverpachtung geradezu widersprachen: Er erhöhte die Miete der Stelle um 4 oder, da er auch noch ein Entgelt für das ehemals freie Weiderecht beanspruchte, eigentlich um 7 Taler und legte dazu dem Mieter eine seiner Gutstagelöhnerfamilien ins Haus. Die Unbestimmtheit des Grundvertrages von 1781 machte den anfänglichen Widerstand der Behrends unwirksam, und nur soviel wurde der Billigkeit eingeräumt, daß der Vermieter auf den exklusiven Arbeitsanspruch gegen den Mieter nunmehr

	11. VI. 1819		14. XI. 1819		1. III. 1820	
	T.	Gr.	T.	Gr.	T.	Gr.
Schulze Bennt	114	12	—	—	—	—
Bauer Brunnemann	211	16	—	—	—	—
Bauer Jennrich	—	—	50	—	139	3
Bauer Müller	—	—	189	3	—	—
Bauer Pankow (sp. Piel)	—	—	186	3	—	—
Bauer Frost	100	—	86	3	—	—
Bauer Schönholz	50	—	139	3	—	—
Krüger Protz	211	16	—	—	—	—
Bauer Schönberg	100	—	111	16	—	—
Bauer Brunnemann (sp. Rieck)	211	16	—	—	—	—
Bauer Karin (sp. Rosenträger)	186	3	—	—	—	—
Dreiviertelbauer Protz	—	—	92	6	92	6
Kossät G. Behrend	80	9	100	—	—	—
Kossät A. Behrend	—	—	158	23	—	—
Kossät J. Behrend (sp. Krüger)	—	—	158	23	—	—
Kossät Kühl	—	—	114	12	—	—
	1266	—	1386	20	231	9

verzichtete. Auch die Besonderheit der Duldung eines Einliegers wurde 1842 in einem neuen Vertrage in die gewöhnlichen Rechtsformen so übergeführt, daß die Miete abermals um 2 Taler gesteigert, dieses Mehr aber für ein Verfügungsrecht des Vermieters an der Dachwohnung dem Mieter aufgerechnet wurde. Selbst der Miete von 1835 aber zeigte sich in der Folge der Mieter nicht gewachsen. Seine Zahlungsrückstände veranlaßten das Rittergut, 1855 Wiese und Garten, 1860 auch die Weide von der Stelle abzutrennen. So war der Erfolg dieser merkwürdigen Schwankung des Häuslerbesitzrechts das Gegenteil von dem, auf den schon vor der Reformgesetzgebung die Entwicklung der Kleinsiedlung offenbar zugestrebt hatte: Statt festerer und selbständigerer Verknüpfung mit dem Lande die völlige Loslösung davon.

Durch einen solchen äußersten Fall versteht man am besten die Geschichte der Wustrauer „kleinen Leute" überhaupt in der ersten Hälfte des 19. Jahrhunderts: Daß gerade in dem Zeitraume, wo die Abschaffung des alten gebundnen Besitzes in Erbpacht von der Staatsgewalt schon in Aussicht genommen war und vorbereitet wurde, die wirkliche Lage der Kleinbetriebe in diese Rechtsform wie in einen neuen wirtschaftlichen und sozialen Schutz einstimmig hineindrängte. Grund und Boden für die Erbauung und Landausstattung von Büdnerstellen wurde durch Auswerfung von Bau- und Gartenland in der Separation absichtlich geschaffen. So folgten die Vererbpachtungen von „Buden" dieser Reform auf dem Fuße. Das Rittergut hatte in der soeben gewonnenen Freiheit der Gewerbeverfassung auch mit dieser neuen Kolonisation hauptsächlich gewerbliche Zwecke. Die erste Büdnersiedlung, die von ihm aus begründet wurde (1820), diente dem Sohne des

11. XI. 1820		1. XI. 1821		1. XI. 1822		1. XI. 1823		Zusammen		Taxe	
T.	Gr.	T.	Gr.	T.	Gr.	T.	Gr.	T.	Gr.	T.	Gr.
340	—	—	—	—	—	—	—	454	12	2 368	—
300	—	325	—	325	—	325	—	1 486	16	3 062	—
300	—	325	—	325	—	325	—	1 464	3	3 062	—
300	—	325	—	325	—	325	—	1 464	3	3 062	—
300	—	325	—	325	—	325	—	1 461	3	3 062	—
300	—	325	—	325	—	325	—	1 461	3	3 062	—
300	—	325	—	325	—	325	—	1 464	3	3 062	—
300	—	325	—	325	—	325	—	1 486	16	3 062	—
300	—	325	—	225	—	325	—	1 486	16	3 062	—
300	—	300	—	300	—	325	—	1 436	16	3 062	—
300	—	325	—	325	—	325	—	1 461	3	3 062	—
275	—	275	—	275	—	275	—	1 284	12	2 495	—
340	—	—	—	—	—	—	—	520	9	1 841	20
340	—	—	—	—	—	—	—	498	23	1 841	20
340	—	—	—	—	—	—	—	498	23	1 841	20
340	—	—	—	—	—	—	—	454	12	1 841	20
4975	—	3500	—	3500	—	3525	—	18 384	5	42 849	20

herrschaftlichen Kutschers Walde zur Unterlage eines Bäckerei- und Brennereibetriebes. Der „Kanon“ dieses Erbpächters war nur 3 Taler 16 Silbergroschen, dagegen entrichtete er beim Anzuge ein einmaliges Angeld oder Erbstandsgeld von 20 Talern. Für den Bau des Hauses, der dem Pächter etwa 360 Taler kostete, behielt sich der Verpächter die Leitung und Aufsicht vor. Auch die Aufhebung der Müllereiprivilegien suchte sich die Gutsherrschaft zu Nutze zu machen. Daß der Fortschritt des Wirtschaftslebens unmittelbar in den Wassernutzungen und mittelbar in der Regelung der Vorflut die Entwicklung des Mühlengewerbes hinter dem Bedarf sowohl als der Existenzmöglichkeit zurückhielt, zeigte sich am Übergange vom 18. zum 19. Jahrhundert in den fast krampfhaften Anstrengungen der Wustrauer Mühlen, ihre Betriebe zu erweitern oder auf Nebenbetriebe auszudehnen. Aber wie 1797 der von der Regierung geförderte Entwurf zur Anlage einer zweiten Walkmühle wegen der Unausführbarkeit der dazu nötigen Rhinvertiefung unterbleiben mußte, so scheiterten später die Pläne des energischen Mahlmüllers Becker zur Einrichtung einer Schneidemühle, einer Ölmühle, einer Wollspinnerei. Ehe sich die Landwirtschaft an die Benutzung der maschinellen Großmühlen der neuen Zeit gewöhnte, glaubte man vielfach der Unzulänglichkeit der Wasserkraft durch die Einführung der zweiten alten Betriebsart mit Windkraft abhelfen zu können. Im Jahre 1823 wurden zugleich in Wustrau und Altfriesack Bockwindmühlen erbaut. Die Wustrauer stand an der Fehrbelliner Straße auf einer Rittergutsparzelle von 4 Morgen früherer Sandschelle und wurde mit 5 Morgen Wiese verpachtet. Es ist bezeichnend, einen wie schweren Stand die ersten Pächter in dem neuen Unternehmen hatten. Wahrscheinlich war auch die Pacht mit 65 Talern zu hoch gegriffen. Einem Müllergesellen folgte noch im Gründungsjahre ein Unternehmer schlechthin, Zimmermeister in Neuruppin, der die Mühle in Afterpacht weitergab. In dieser konnten sich ein Gastwirt aus Potsdam und der Wustrauer Bäcker Walde gleichfalls nicht halten. Erst als noch 1824 der Bescheider (oberste Müllergesell) Krüger aus der Altmark das Erbpachtrecht selbst für 750 Taler, also weit unter dem ursprünglich angenommenen Werte erwarb, verlängerte sich die Besitzdauer: die nächsten Wechsel fanden 1836 und 1844 statt. Eine Veränderung im Besitzrecht des Schmieds hatte schon das Urbar von 1793 vorgesehen; die Gutsherrschaft dachte damals geradezu an die Veräußerung der Stelle und gestand für diesen Fall der Gemeinde Befreiung von ihrer Bauunterhaltungspflicht daran zu. Es ist merkwürdig, daß man nun nach vierzig Jahren davon zurückkam und ein weniger unabhängiges Verhältnis vorzog: Der Schmied Zauber nahm die Schmiede mit einer kleinen Bude daneben von dem Rittergute für ein einmaliges „Kaufpretium" von 900 Talern und einen jährlichen Kanon von 46 Talern in Erbpacht. Auch die nächsten Büdnerverträge wurden mit Handwerkern abgeschlossen, dem Weber Schulze (1832) und dem Schneider Protz (1834). Aber von vier anfangs der vierziger Jahre angesetzten waren nur zwei, der Weber Schumacher und der Schiffseigentümer Quasebarth, Gewerbetreibende, die beiden andern Landarbeiter, die Tagelöhner Karin und Laaß[1].

Einen früheren und amfangreicheren Gebrauch von der aufkommenden Kleinsiedlungsform machten die bäuerlichen Hofwirte von Wustrau. Als im Jahre 1830 an Stelle des alten Küsterhauses ein neues Schulhaus erbaut wurde und die Gemeinde der armen Schulkasse[2] mit Lieferungen und Beiträgen weit über ihre Baupflicht zu Hilfe kam, war nach dem Kirchenbuche die Zahl der daran beteiligten Büdner nur

---

[1] Noch drei Jahre vor Aufhebung der Erbpacht durch das Ablösungsgesetz von 1850 vergab das Rittergut eine letzte Büdnerstelle (Behrend) zu diesem Rechte.

[2] Der Wustrauer Schulmeister hatte neben einer Küstereinnahme von etwa 4 Talern an Schulgeld von jedem Hauswirte mit schulfähigen Kindern im Winter wöchentlich 1/2 Groschen, im Sommer überhaupt 3 Groschen, von jedem Einliegerkind jährlich 1/2 Groschen. Veranschlagt man dazu den Wert der Holzlieferungen der Hofwirte, von jedem 1/3 Klafter und 5 Taler einer Zietenschen Stiftung von 1792, so muß die Jahreseinnahme mit 20—30 Talern ungefähr der mittelsten von den 7 im Jahre 1771 für die kurmärkischen Landschulen aufgestellten Besoldungsklassen angehört haben (E. Clausnitzer, Zur Geschichte der preußischen Volksschule unter Friedrich dem Großen, in der Monatsschrift Deutsche Schule V [1901] 417). Zur Kennzeichnung der Landschulbildung an der Wende der beiden letzten Jahrhunderte sei angemerkt, daß bei Vollziehung des Wustrauer Urbars von 1793 von 16 Hofwirten 5 schreibunkundig waren.

um 2 geringer als die der Bauern. Beachtenswert ist dabei die Berufsangehörigkeit dieser, mit Ausnahme des „Kaufmanns" Krüger offenbar sämtlich auf Bauernland angesetzten Leute. Nur 5 Handwerkern (1 Uhrmacher, 1 Leineweber, 1 Zimmermann, 1 Tischler und 1 Schneider) stehn 8 „Arbeitsleute" gegenüber. Einer von diesen bekleidete gerade damals zur Zeit der Bauunternehmung das Amt eines Schulvorstehers. Ein Hauptvorteil dieser Kolonisation für die Gemeinde lag überhaupt in der Erleichterung der Kommunallasten. Obwohl die Büdnerparzellen der Bauern sicher nicht größer gewesen sein werden als die gewöhnlichen des Ritterguts, d. h. $^1/_8$—1 Morgen, wurden ihre Besitzer bei der Aufbringung der Gemeindeauflagen mit $^1/_6$, zu Kirchen- und Schulbauten sogar als Mitglieder der landrechtlichen Hausvätergemeinde mit $^1/_4$ des vollen Hofwirtbeitrags herangezogen. Von um so größerer Bedeutung war es, daß im Jahre 1838 auch die Büdnerstellen des Ritterguts, die bis dahin zu den Kommunallasten dieses Verbandes beigetragen hatten, durch Ministerialreskript zum Bestandteil der Dorfgemeinde erklärt wurden [1].

Während so auch finanziell der Grund ländlicher Selbstverwaltung dadurch gelegt wurde, daß die öffentlichen Gewalten das Recht dinglicher Belastung immer ausschließlicher für sich beanspruchten, fingen von der andern Seite noch vor der endgültigen Regulierungsgesetzgebung von 1850 die kräftigeren Faktoren des Wirtschaftslebens an, wenigstens die ältesten und lästigsten Realverbindlichkeiten eigenhändig abzuschütteln oder doch wenigstens in die moderne geldwirtschaftliche Form zu überführen. Zum Rechtsvorgang dabei dienten nach dem Zeugnis der Akten [2] hauptsächlich die Vorschriften der Gemeinheitsteilung vom 7. VI. 1821 (§ 73—75) über die Separationsentschädigungen durch Renten, wonach Roggenabgaben gemäß dem sogen. vierzehnjährigen Durchschnitt des Martinimarktpreises (gezogen unter Weglassung der beiden teuersten und der beiden billigsten Jahre) in Geld zahlbar und zum fünfundzwanzigfachen ihres Betrages mit Kapital ablöslich sein sollten. Mit Hilfe dieser Bestimmungen kam schon 1835 eine Auseinandersetzung zwischen dem Mühlenmeister Becker und seinem Erbverpächter, dem Rittergute Bechlin, über eine diesem zustehende Rente von $6^1/_2$ Wispeln aus der Wustrauer Mühle zustande. Im Jahre 1841 trug dann das Rittergut in derselben Weise auf die Kommutation seiner Pfarrzehnten an. Neben einer nach jenen vierzehnjährigen Durchschnittsberechnungen von Jahr zu Jahr wechselnden Korngeldrente für 156 Scheffel 18 Metzen wurde dabei als Entschädigung

---

[1] In Geltung bis zum Armenpflegegesetz vom 31. XII. 1842. F. Keil, Die Landgemeinde in den östlichen Provinzen Preußens 2 (Lpz. 1890) 158 f.

[2] Archiv der Generalkommission zu Frankfurt a. O. unter I 5 W.

für einen Flachszehnt von 10 Schock und 25 Handvoll eine feste Rente von 1 Taler 27 Silbergroschen ausgemacht.

Der Erlaß des Ablösungs- und Regulierungsgesetzes vom 2. III. 1850 brachte dann doch erst langsam Beschleunigung in die Befreiung Wustraus von Reallasten. Wiederum gingen die Mühlenbetriebe voran. Der Windmüller Friese löste schon 1852 seinen auf 31 Taler 12 Silbergroschen herabgesetzten Erbzins durch zwanzigfache Kapitalabfindung ab[1]. In der Wassermühle hatte 1844 der Nachfolger Beckers, Scherz, den Betrieb einer Ölmüllerei mit aufgenommen und sich schon nach vier Jahren durch den Ankauf der Walkmühle, d. h. der Wasserkraft ihres abgeleiteten Gerinnes, vergrößert; er löste 1855 die letzten Außenpächte der Mahlmühle vom Fiskus (Amt Ruppin) und vom Rittergut Karwesee sowie vom Rittergut Bechlin dessen von Becker seinerzeit bestrittene Mahlfreiheit im jährlichen Gesamtwerte von 359 Talern 6 Silbergroschen 6 Pfennigen ab. Noch 1875 ist freilich eine damals erst als solche anerkannte Reallast der Wustrauer Mühle, die jährliche Abgabe von 1 Wispel Roggen an die Marienkirche zu Neuruppin[2], nach der Subhastation und Parzellierung der Scherzschen Besitzung vonseiten des Ritterguts und der übrigen Parzellenerwerber gelegentlich der Verteilung der öffentlichen Lasten durch eine Kapitalabfindung von 3528 Mark beseitigt worden[3].

Die erste Reallastenregulierung, bei der die Gemeinde Wustrau beteiligt war, war 1859 die Auseinandersetzung zwischen ihr nebst der Pfarre und dem Schmied Zauber über das eigentümliche Verhältnis ihrer gegenseitigen Berechtigungen. Bei der Aufrechnung, in der diese nach § 60 des Ablösungsgesetzes gegeneinander abgewogen wurden, kam ein Wertüberschuß des Schärfkorns und der Heizungsfuhren über die Arbeitsleistung des Schmieds heraus, für dessen Aufhören Zauber eine Kapitalentschädigung von über 100 Talern empfing. Wenn das Rittergut erst ein Jahr später sein Rechtsverhältnis mit diesem seinem ehemaligen Erbpächter regulierte, so hatte das wohl von vornherein einen merkwürdigen juristisch-ökonomischen Grund. Die Wertaufrechnung der wechsel-

[1] Bald nach Mitte des Jahrhunderts ging der Mühlbetrieb ein und das Grundstück in den Besitz des Torfgräbers J. A. Frost über, von dem es das Rittergut erst 1894 ganz zurückerwarb.

[2] Vgl. S. 15 N. 1.

[3] Die Übereinstimmung der Ablösungstermine fällt bei dem umgekehrten Vorgange der Regulierung von Realforderungen Wustraus an andere Wirtschaftssysteme ins Auge: Die 6 Scheffel Roggenpacht von der Mühle zu Rheinsberg, jener alte Lohesche Lehnbesitz, der den Seelstrang und Sieber wiederholt bestritten und erst 1798 von den Zieten grundbuchlich zur Geltung gebracht worden war, wurden von der Kgl. Hofkammer 1853, die 12 Scheffel Haferpacht aus Karwe, ein Zietensches Lehnstück, von Rittergut und Bauern daselbst 1873 abgelöst.

seitigen Leistungen endete mit einem Weniger der gutsherrlichen von jährlich 56 Taler. Nach § 65 des Ablösungsgesetzes war nun für den Weg der Abfindung die Entscheidung darüber maßgebend, ob die Vererbpachtung der Schmiede 1832 ein gutsherrlich-bäuerliches Verhältnis begründet habe oder nicht. In dem ersten Fall hatte der Verpflichtete wie bei den gewöhnlichen Regulierungen die Wahl zwischen einer achtzehnfachen Kapitalablösung in bar und einer zwanzigfachen durch die Briefe der neuerrichteten Rentenbanken; im zweiten konnte er als Antragsteller, d. h. in zwingender Weise, die Entschädigung ausschließlich auf die doppelt härtere Art der Barzahlung des zwanzigfachen Betrages bewirken. Es ist wirtschaftlich verständlich, daß in Wustrau Rittergut und Schmied je den für sich selbst vorteilhafteren Rechtsstandpunkt bis vor die Höchstinstanz in Regulierungsangelegenheiten, das Revisionskolleg für Landeskultursachen, verfochten. Aber es ist ebenso begreiflich, daß dieser Gerichtshof das von dem Rittergute angeführte Regulierungsedikt von 1811 nicht als präklusiv für die Schaffung gutsherrlich-bäuerlicher Verhältnisse im Sinne des Gesetzes von 1850 ansah und deshalb zu einem Erkenntnis für den Schmied gelangte.

Auch die andre Klasse von Sachen, deren Befreiung von Reallasten das Gesetz von 1850 (§ 6) neben der der Grundstücke vorsah, die der „Gerechtigkeiten", war in den Wustrauer Ablösungsverhandlungen wenigstens einmal vertreten. Die Rohrung an den Gewässern der Feldmark war von altersher ein Zubehör der gutsherrlichen Ritterlehen; im Jahre 1798 aber hatte die Gutsherrschaft die am Bützsee der Gemeinde in Erbpacht überlassen. Im Jahre 1866 störte die Nutzung die Ausdehnung der Wiesenwirtschaft des Ritterguts auf das dort gewonnene Schwemmland[1]. Das Ablösungsrecht wurde das Mittel zur Auflösung des alten Erbpachtvertrages. Die Erbpacht hatte jährlich 18 Taler 10 Silbergroschen betragen, der Wert der Rohrung wurde zu 25 Talern das Jahr angenommen. Der Unterschied beider Leistungen wurde der Gemeinde vom Rittergut in zwanzigfacher Kapitalisation mit 133 Talern 10 Silbergroschen vergütet.

Die Überwindung der meisten Schwierigkeiten und deshalb die längste Zeit erforderte wohl allenthalben die Aufhebung der geistlichen Reallasten. In der ersten Hälfte des Jahrhunderts war das äußerste Erreichbare die Verwandlung der Körner- und anderer Naturalabgaben in Geldrenten gewesen, wie sie das Rittergut Wustrau 1841 ausgeführt hatte.

[1] Das gutsherrliche Recht auf die Nutzung dieser 20 Morgen großen neuen Wiesenfläche wurde dem Rittergut anfangs von den bäuerlichen Vorliegern gewaltsam bestritten und konnte auch erst nach dem Erwerb der jenen gehörigen Wiesengrundstücke verwirklicht werden.

Und dann waren es gerade die geistlichen Lasten, deren Regulierung die Gesetzgebung über 1850 hinaus bis zu den Sondergesetzen vom 15. IV. 1867 und 27. IV. 1872 verzögerte. In Wustrau gab den nächsten Anlaß zur Benutzung dieser Vorschriften die Vergrößerung des Ritterguts durch Besitzwechsel und Dismembration einiger Bauernwirtschaften. Aber auch die Regulierungen, die 1869—72 zwei ganze Bauernhöfe (ein dritter schloß sich auf eigne Hand an) sowie Parzellen des Dreiviertelbauern und eines Kossäten betrafen, blieben noch wie die von 1841 auf halbem Wege, bei der bloßen Kommutation stehn und mußten sogar zwei Naturalleistungen, die von Holzfuhren und Hühnern, unangetastet lassen. Gewiß weil sich derart das amtliche Schema der Normalentschädigungen der Verwickeltheit der geistlichen Abgabensysteme kaum gewachsen zeigte, ergriff 1882 eine Gruppe von 2 Bauern und 2 Kossäten zur Auseinandersetzung mit Pfarre und Küsterei den Ausweg des Vergleichs auf eine Rente von 391 Talern, die durch Vermittlung der Rentenbank zum fünfundzwanzigfachen Betrage in Kapital abgelöst wurde. Das Rittergut selbst befreite sich erst 1893 endgültig von den kirchlichen Fleisch-, Korn- und Flachszehntrenten und den Wurst- und Eierlieferungen[1] durch Kapitalisierung einer Rente von 1289,60 Mark in Rentenbriefen.

[1] Als Beispiel für die Komplikation der Regulierungsfragen auch durch den Fortschritt des öffentlichen Rechts sei angeführt, daß bis zu diesem Jahre die Berechtigungen der Wustrauer Küsterei im Grundbuch fälschlich für die längst davon getrennte Schule eingetragen waren.

IV. Der neuere Großbetrieb.

1. Wirtschaftsmethode und Arbeitsverfassung.

Von dem Großbetrieb, der sich auf den drei vereinigten Wustrauer Rittergütern entwickelt hatte, sind in den Akten über seine Verpachtung in den beiden Menschenaltern vom Tode seines Begründers bis zu seiner Übernahme durch den gegenwärtigen Besitzer einigermaßen vollständige und zusammenhängende Übersichten erhalten. Der Art der Bewirtschaftung nach zerfällt diese Zeit in zwei Abschnitte. Die zwölfjährige Pacht des Amtmanns Uthecht (1786—1798) und die drei Verpachtungen an den Amtmann Grieben von 6, 12 und wieder 6 Jahren (1798—1822) umfaßten das ganze Rittergut. Der Landzuwachs durch die Regulierung legte dann eine Rückkehr zu der Methode des Generals v. Zieten, der geteilten Bewirtschaftung in einem Pacht- und in einem vorbehaltnen Eigenbetriebe nahe; in dieser Weise war der Amtmann Becker Pächter während einer sechsjährigen, drei dreijährigen und drei siebenjährigen Perioden (1822—1858[9]). Die Pachtsummen waren gemäß dieser Veränderung vor 1822 4000—4200, danach 3400—(1844)4000 Taler.

Einen Begriff von der Entwicklung der Produktionswerte innerhalb des ersten dieser beiden Zeitabschnitte gibt die Vergleichung dreier Ertragsanschläge von seinem Anfang, dem Ende seines ersten und der Mitte seines letzten Drittels:

	1786			1798			1816		
	T.	Gr.	Pf.	T.	Gr.	Pf.	T.	Gr.	Pf.
Ackerbau	828	20	3	1060	18	10	1362	23	10
Wiesen	898	1	6	1233	6	9	1236	16	2
Gärten.	95	16	6	43	19	4	62	6	4
Viehzucht	665	2	—	822	11	4	912	13	6
Dienste	346	1	6	335	13	6	385	13	6
Pächte.	230	—	—	7	19	6	319	15	6
Fleischzehnt und Hühner .	23	8	—	22	—	—	23	22	—
Schutzgeld	8	16	—	—	—	—	17	—	—
Krugzins	3	—	—	3	—	—	3	—	—
Hausmieten (besonders von Tagelöhnern).	145	12	—	—	—	—	197	—	—
Rohrung	5	8	—	24	8	—	24	8	—
Jagd und Fischerei	13	—	—	—	—	—	—	—	—
Summe	3262	13	9	3543	1	3	4544	22	10
Abzuziehende Lasten. . . .	114	16	2	120	—	8	132	18	2
Ertrag	3147	21	7	3423	—	7	4412	4	8

Das Verhältnis der einzelnen Hauptposten entspricht zu Anfang mit einer Ausnahme ungefähr den Pachtanschlägen der Teilgüter aus dem 17. und 18. Jahrhundert. Der nahezu völlige Ausfall der Pächte 1798 erklärt sich daraus, daß der damalige Pächter neben seiner Pacht Getreidelieferungen im Betrage von 7 Wispel 6 Scheffel Roggen, 1 Wispel 8 Scheffel Gerste und 2 Wispel 15 Scheffel Hafer übernommen hatte, die nach den Preisen des Anschlags von 1804 (1 Taler, 20 und 16 Groschen) einen Geldwert von 242 Talern 16 Groschen hatten. Den größten Unterschied dieser von jenen älteren Taxen bildet das hohe Erträgnis der Wiesenwirtschaft neben der Viehzucht, d. h. des Heuverkaufs. Seine ebenfalls bedeutende Zunahme während der Uthechtschen Pacht war der Erfolg umfangreicher Flächenvergrößerung durch Rodungen. Die gleiche Ursache hatte die Steigerung des Feldertrages, die auch während der nächsten Pachtperiode andauerte: Uthechts und Griebens Kontrakte gestatteten ihnen, von der Hutung jährlich bis zu 100 und bis zu 50 Morgen für Ackerbestellung aufzubrechen.

Die Aussaat der ganzen Ortschaft Wustrau am Ende des 18. Jahrhunderts hat Bratring überliefert; der Pachtvertrag Uthechts ermöglicht, wenn auch für einen etwas früheren Zeitpunkt, die Beteiligung des Ritterguts daran zu schätzen. Es wurden ausgesät.

	1798 in Wustrau			1786 im Rittergut[1]			Davon in frischem Dünger			Bestellung
	W.	Sch.	M.	W.	Sch.	M.	W.	Sch.	M.	
Weizer	—	3	—	—	6	—	—	6	—	vierfährig
Roggen	29	16	—	13	18	10	5	10	—	dreifährig
Gerste	17	15	—	8	1	6	3	7	—	dreifährig
Hafer	16	17	—	8	4	4	—	—	—	zweifährig
Erbsen	4	21	—	1	19	—	—	—	13	—
Wicken	—	5	—	—	4	3	—	—	3	—
Kartoffeln . . .	7	20	—	1	2	—	—	—	—	—
Buchweizen . .	—	2	—	—	1	3	—	—	—	—
Hirse	—	—	—	—	—	3	—	—	3	—
Leinsamen . .	—	22	—	—	9	13[2]	—	—	—	—
Summe	78	21	—	33	20	10	9	—	3	

[1] In den Zahlen für Kartoffeln und Buchweizen ist Gartenaussat mit enthalten: im sogen. Hopfengarten 4 Scheffel von jenen, im sogen. Gühlengarten (an der Stelle des früheren Gühlenschen Ritterhofes) 1 Scheffel von diesem, 9 von jenen auf $^2/_9$ der Fläche (des übrigen auf $^5/_9$ Braunkohl mit 5 Schock Bohnenstangen darunter, auf $^1/_9$ Mohrrüben und Wurzelwerk und auf $^1/_9$ 40 Schock Weißkohl und 129 Hopfenkuhlen zu 3 Stangen; in beiden Gärten 43 Apfel-, 79 Birn-, 256 Pflaumen- und 7 Walnußbäume; in der Maulbeerplantage 799 junge und 330 laubbare Bäume).

[2] Davon 4 Scheffel 4 Metzen Deputate.

Über Flächeninhalt, Einteilung und Ergiebigkeit der Landwirtschaft machen die Pachtverträge des zweiten Zeitraumes genaue Angaben. Bei dem Antritt des Amtmanns Becker und aufs neue nach 15 Jahren wurden die Nutzungen des Ritterguts in folgender Weise zwischen Verpächter und Pächter gesondert:

	1822						1837					
	Gutsland		Pachtland		Zusammen		Gutsland		Pachtland		Zusammen	
	Mg.	Qr.	Mg.	Qr.	Mg.	Qr.	Mg.	Qr.	Mg.	Qr.	Mg.	Qr.
Acker	69	162	1068	1 [1]	1442	12	99	176	1041	151 [1]	1445	5
			304	29 [2]					303	38 [2]		
Wiese	1139	3	2790	74	3929	77	1691	90	1210	90	2902	—
Weide							38	121	1106	41	1144	162
Zusammen	1208	165	4162	104	5371	98	1830	27	3661	140	5491	167

[1] Hufenfeld. [2] Luchfeld.

Die einzige merkliche Abwandlung der Verteilung ist die Ausdehnung des Gutslandes gegen das Pachtland durch die „Zurücknahme" von Wiesen. Der Vorgang wird sehr verständlich bei einem Blick auf die Reihe der Morgenerträge aus den drei Hauptnutzungen, nach denen dem Amtmann Becker laut Pachtvertrag von 1837 etwaiger Flurschaden infolge von gutsherrlichen Meliorationsarbeiten, der Abfuhr von Steinen, Ton, Lehm, Sand und Mergel, vergütet werden sollte:

Wiese	T.	Gr.	Pf.	Acker	T.	Gr.	Pf.	Weide	T.	Gr.	Pf.
zweischürige	8	7	—	Gutes Gerstland . . .	7	23	8	1. Klasse	6	—	—
1. Klasse	4	7	—	Leichtes „ . . .	6	16	7	2. „	5	—	—
2. „	3	10	—	Gutes Haferland . . .	4	7	1	3. „	4	—	—
3. „	1	26	11	Leichtes „ . . .	3	7	10	4. „	3	10	—
4. „	1	15	—	Dreijähriges Roggenland	1	12	11	5. „	2	25	9
5. „	20	8	—	Sechsjähriges „	—	15	4	6. „	2	15	—
6. „	14	5	—	—	—	—	—	7. „	1	—	—
—	—	—	—	—	—	—	—	8. „	—	20	—

Die Ackerwirtschaft des Pachtlandes unter dem Amtmann Becker war in dem Fruchtwechsel ziemlich ausgebildet. Doch fand zwischen ihren beiden großen Feldern, dem im alten Hufenschlage und dem auf ehemaliger Hutung im Luche, eine Arbeitsteilung im Anbau von Hülsenfrüchten, Ölfrüchten und Futterkräutern statt; Weizen wurde auffallenderweise nur im Luchfelde gebaut und verschwand selbst dort bei einer Bereicherung der Fruchtfolge, die sie auch sonst der des Hufenfeldes mehr anglich:

Schläge	Hufenfeld 1836	Luchfeld 1836	Luchfeld 1851
1	Roggen in zäher Brache	Rübsen, Weizen und Roggen, in der Brache gedüngt	Brache, gedüngt
2	Stoppelroggen, zweijährig	Stoppelroggen, zweijährig	Roggen
3	Erbsen und Kartoffeln gedüngt	Kartoffeln und Leinsamen gedüngt	Stoppelroggen oder Hafer
4	Gerste, Hafer und Sommerroggen, mit Klee angesät	Gerste, Hafer und Sommerroggen	Schotenfrüchte gedüngt
5	Kleeweide	Wicken und Hafer	Roggen
6		Brache, dreifährig geackert	Kartoffeln gedüngt
7	Zähe Brache	—	Sommerkorn mit Klee
8	—	—	Mähklee
9	—	—	Weide

Von den Inventaren des den drei Pächtern übergebnen Viehstandes ermöglichen die beiden ersten wiederum eine Vergleichung mit den Angaben Bratrings und des Kirchenbuchs über die Viehhaltung der ganzen Ortschaft, weil sie die wirklichen Stückzahlen zugrunde legen. Das Inventar des Amtmanns Becker konnte das nicht; es war mit den Summen belastet, die seinem Vorgänger 1820 als Entschädigung für die Dienste und Pächte zur Ergänzung des Arbeitsviehs durch 8 Ochsen (280 Taler) und der Schafherde durch 413 Haupt (826 Taler) vom Verpächter gewährt worden waren, und so war die tatsächliche Vermehrung des Viehstandes erst von zweitem Belang; es handelte sich bei den Anschlägen der einzelnen Gattungen durchweg um „verglichne Werte". Trotzdem ist nicht außer acht zu lassen, daß die erhebliche Wertsteigerung der letzten Epoche jedenfalls einer bedeutenden Vergrößerung des Objekts entsprach:

	Rittergut 1786				Rittergut 1798				Wustrau 1798	Rittergut 1822			Wustrau 1826
	Stück	T.	Gr.	Pf.	Stück	T.	Gr.	Pf.	Stück	T.	Gr.	Pf.	Stück
Pferde	9	125	—	—	6	263	8	—	89	604	12	—	86
Ochsen	27	533	18	—	22	505	20	—	74	856	—	—	35
Kühe	86	1146	16	—	102	1325	5	4	237	1837	12	—	333
Schweine	40	137	—	—	61	118	—	—	—	224	—	—	214
Schafe	764	1031	16	9	879	1041	7	2	1972	2450	16	9	3057
Geflügel	20	4	—	—	16	2	—	—	—	4	—	—	—
Zusammen	946	2978	2	9	1086	3255	16	6	2372	5976	10	9	2725

Als Mindestviehhaltung in dem durch Landeskulturedikt von 1811 (§ 9) festgestellten Sinne eines Minimum von Verbrauch selbstgewonnenen Futters wurde Grieben im Pachtvertrag von 1816 12 Pferde, 22 Ochsen, 100 Kühe, 20 Stück Jungvieh und 1000 Schafe, Becker in dem von 1837 dieselbe Menge als 275 reduzierte Haupt Großvieh (10 Schafe und 2 Stück Jungvieh auf 1 Haupt) vorgeschrieben. Gerätschaften übernahm

1786	Uthecht	für	218	Taler	22	Groschen	6	Pfennige,
1798	Grieben	„	163	„	11	„	6	„
1822	Becker	„	798	„	22	„	—	„

Je mehr sich die Wirtschaft des Ritterguts durch den Fortfall der feudalen Fronden, zugleich durch den Landerwerb der Regulierung und die Melioration von Wiesen und Hutung zum modernen Großbetrieb ausbildete, von desto größerer Wichtigkeit dafür wurde die Deckung des Bedarfs an freier Arbeit. Eine Reihe von Verträgen, unter denen in dem Zeitraum von 1827 bis 1864 für die Pacht- und Gutswirtschaft Tagelöhner gemietet wurden, zeigt, wie sehr allmählich doch die Lage des Arbeitsmarkts über die alten Arbeitsbedingungen des 18. Jahrhunderts hinauswuchs und erlaubt so mittelbar einen Schluß auf die Verlangsamung, die die Agrargesetzgebung der Reformzeit dem sozialen Emporkommen gerade der untersten Klassen der Landbevölkerung mitteilte. Die erste Abänderung des ursprünglichen Kontrakts von 1827 im Jahre 1839 war sogar in vielem eine Verschlechterung für die Tagelöhner. Einige Zugeständnisse brachte erst die Fassung vom 1. April des Revolutionsjahres 1848. Und erst die Verwaltung des jetzigen Gutsherrn brach 1860 mit den wesentlichen Überbleibseln einer Arbeitsverfassung, die noch ganz der Zeit der Gutsuntertänigkeit angehörte. Ein paar nicht unwichtige Zusätze zu dem neuen Tagelöhnervertrag wurden (eine seltsam künstliche Ausgleichung des Arbeitsmarkts) 1864 nach einer Verständigung mit den benachbarten Gütern von Treskow, Langen und Buskow gemacht.

Bis im Jahre 1860 auch in Wustrau der Landarbeiter nach dem Muster des gewöhnlichen ostelbischen Instverhältnisses Wohnung und (5000 Stück Torf) Heizung, Arzt und Arznei frei erhielt, beruhte sein Aufenthalt, wie ein Jahrhundert zuvor, auf der Miete seiner Wohnung — sogar der Mietpreis von 5 Talern war seit damals unverändert —, deren Torfheizung er dem Arbeitgeber durch Stecharbeit ums halbe Tagewerk oder in Geld zum Satze von 20 Silbergroschen 3 Pfennigen das halbe Klafter (6000 Stück) vergüten mußte (der Vertrag von 1839 schloß daneben die Lieferung von „Armenholz“ ausdrücklich aus). Zur Sicherung dieser Forderungen des Arbeitsherrn wurde 1839 ein Verfahren wöchentlicher Lohnabzüge von 15 Silbergroschen bei Familien und der Hälfte bei Einzelpersonen eingeführt. Daß es sich nicht gerade beliebt machte, läßt die Verminderung der Abzüge um ein Drittel im Jahre 1848 vermuten. Die Miets- und damit die Verdingungsfrist war ein Drittel der dreijährigen Friderizianischen Gesindedienstfrist und wurde erst 1860 auf ein Halbjahr herabgesetzt. In der Entlöhnung spielten Naturalbezüge andauernd eine große Rolle. Darunter stand das „Deputat" obenan, der von den höheren Mietleuten der früheren Vorwerkswirtschaft (wie dem Zietenschen Gärtner 1742 und dem Rohrschen Weinmeister 1756) bekannte Anspruch auf ein bestelltes Stück Land, eine Ernte der gewöhnlichen Nahrungs- und Kleidungsstoffe: Kartoffeln und Lein. Die Größe der Fläche war anfangs nur mittelbar durch die Aussaat bestimmt: es sollte für 6 Scheffel Kartoffeln oder 12 Metzen Leinsaat oder beide zusammen nach dieser Gleichung hinreichen. Im Jahre 1839 wurde nur diese Gleichung in die von 1½ Scheffeln Kartoffeln und 4 Metzen Leinsaat verändert. Erst 1848 trat die objektivere Methode der Landzumessung im Betrage von 72 Quadratruten an die Stelle. Auch dieser Leistung des Arbeitgebers entsprach eine Gegenleistung des Arbeiters: er hatte den nicht unbeträchtlichen Dung für das Deputatland, 4 „Hoffuder", selbst zu beschaffen. An diese Lieferung schloß sich dann die Neuordnung der Deputate im Jahre 1860; das Deputatland selbst wurde auf 1 Morgen Roggenland, ½ Morgen Kartoffelland und 24 Quadratruten Leinland, d. h. insgesammt auf mehr als das Vierfache vergrößert, dafür aber dem Tagelöhner außer der Gestellung des Mists (7 vierspännige Fuhren) auch die des Saatguts auferlegt. Die Weide- und Wiesennutzung für 1 Kuh, die die Gutstagelöhner des vergangnen Jahrhunderts genossen hatten, war in diesem auf die vornehmste Klasse, die 8 „regulären" Drescher der Wirtschaft, beschränkt.

Auch unter den Löhnen, die sich ungleich dem Deputat auf die einzelne Arbeitsleistung bezogen, waren noch naturale, nämlich einmal die Speisung in der Roggenmahd und (bis 1839) Bier in den andern Ernten, hauptsächlich aber die alte Drescherquote, damals der sechzehnte Scheffel. Er kam zwar als eine Art von Vorrecht wiederum nur den regulären Dreschern zu, und 1839 bedang sich sogar der Arbeitgeber das Recht aus, ihn nach seiner Wahl durch den Geldlohn der übrigen Drescher, 5 Silbergroschen, zu ersetzen. Aber noch der Vertrag von 1860 kennt diese Lohnmethode als fünfzehnten Scheffel beim Flegeldrusch, als zwanzigsten beim Dreschen mit der von 4 Männern und 4 Frauen bedienten Maschine (1864 wurde einer um ein Drittel vermehrten Bedienung der einundzwanzigste Scheffel versprochen). Mit Ausnahme der regulären Drescher zerfielen sowohl die männlichen als auch die weiblichen Tagelöhner vor 1860 in je zwei Lohnstufen. Die obere bildeten dort die Mäher, die auch zur Aushilfe beim Dreschen verbunden waren, hier die Binderinnen und Laderinnen, die untere beiderseits die Ungelernten. Die niedrigsten Lohnsätze waren 1827 die des 18. Jahrhunderts, 4 Silbergroschen für Männer während der beschäftigungsarmen Jahreszeit, die bei Ungelernten von Oktober bis März, bei Mähern von November bis Januar gerechnet wurde, 3 Silbergroschen für Frauen, nämlich Gelernte während der genannten Jahreshälfte und Ungelernte durchweg, bei diesen noch dazu auch dies Minimum an die Bedingung des Zusammenarbeitens mit gelernten Arbeiterinnen geknüpft. Bei diesen und bei den unqualifizierten Männern stieg dann der Lohn in dem besseren Halbjahr auf 3 Silbergroschen 9 Pfennige und 5 Silbergroschen, die Mäher erreichten in derselben Zeit sogar einen Tagesverdienst von 6 Silbergroschen, zu dem für 30 Tage (vielleicht die der Zwangsdienste des 18. Jahrhunderts) noch eine Getränkentschädigung von insgesamt 6 Silbergroschen kam. Es ist nicht verwunderlich, daß beim Anziehen der Getreidepreise schon 1830 der Pächter mit Anträgen auf Erhöhung der unteren Lohnsätze bestürmt wurde. Noch 1839 wurde nichts weiter erreicht, als die Abrundung der besten Frauenlöhne auf volle 4 Silbergroschen, noch dazu unter Beibehaltung des alten Satzes für Arbeiten in den Gutsgärten und den nahen Feldern des Gutslandes. Erst der Vertrag von 1848 bot auch den Männern einen durchgehenden Mindestlohn von 5 statt 4 Silbergroschen und bewilligte daneben kinderreichen Familien das Schulgeld für drei dem ältesten folgende Kinder. Eine Epoche auch in den Lohnbestimmungen machte dann die Revision von 1860. Durch die Schaffung je zweier einheitlicher Lohnstufen für den toten Teil des Jahres und die (noch dazu um den Oktober verlängerte) Saison, nämlich von 6 und 7½ Silbergroschen bei den Männern und 3 und 4 Silbergroschen bei den Frauen nebst Zulagen von 1 Silbergroschen für Heuarbeit im Luche wurden wenigstens jene gegen früher erheblich besser gestellt. Außerdem aber erklärte der Arbeitgeber seine Absicht, zugunsten der Arbeiter das System des Tagelohns durch das hier ganz neue des Akkords nach Möglichkeit zu ergänzen, und es wurde für die Erntearbeiten eine Reihe von Löhnen nach dem Morgen aufgestellt, nämlich im Wintergetreide 12½, im Sommergetreide, Klee und Bruchheu 5 und im Luchheu 6 Silbergroschen. Schließlich brachten die Zusätze von 1864 durch weitere Zulagen die vier Tagelohnstufen, außer für Gartenarbeit, auf 10, 7, 5 und 3½ Silbergroschen. Dafür verpflichteten sich nicht nur die Arbeiter, auf ihre Lohnforderungen keine Schulden zu machen, sondern gestanden auch dem Arbeitgeber mit der Führung von Lohnbüchern eine Aufsicht über die Wirksamkeit dieser Rechtsbeschränkung zu, die ja dann in kurzem durch das Gesetz vom 21. VI. 1869 über die Beschlagnahme des Arbeits- oder

Dienstlohns unabhängig vom Arbeitgeber und selbst gegen ihn verbindliche Kraft erhalten sollte.

Eine für das Dasein der Landarbeiter grundlegende Frage war, bis zu welchem Grade ihnen neben dem ständigen Naturalunterhalt regelmäßige Beschäftigung um den Taglohn vertragich zugesichert wurde. .Auch in dieser Hinsicht stehn die ldrei ersten Wustrauer Kontrakte gleichsam auf einem frühern Entwicklungspunkte als der von 1860. Bis dahin war es möglich, Tagelöhner unter ausdrücklichem Ausschluß der Arbeitsgewähr zu bekommen, wenn ihnen nur umgekehrt bei Arbeitslosigkeit die Erlaubnis zur Verdingung in auswärtigen Betrieben zugesagt wurde. Die Verträge von 1860/4 zogen offenbar nur die Folgerung aus einer völligen Veränderung des Arbeitsmarkts zuungunsten der Nachfrage, wenn sie den Arbeitgeber, wenigstens bei zur Arbeit im Freien geeignetem Wetter, für die Beschäftigung des Arbeiters verantwortlich machten, dagegen dann aber auch ihre Arbeitskraft durch das Verbot jeder Außenarbeit dem Gute allein vorbehielten. Seit 1839 waren erwachsene Kinder der vertraglichen Arbeitspflicht der Eltern mit unterworfen.

Die einzige Seite der Arbeitsbedingungen, die während der betrachteten Periode kaum einen Fortschritt aufweist, ist die Arbeitszeit. Sie dauerte seit 1827 in den vier Wintermonaten von 1/2 Stunde vor Sonnenaufgang bis 1/2 Stunde vor Sonnenuntergang und stieg dann im Rest des Jahres von 11 bis zu 14 Stunden während der Monate Mai bis August, ja wie bei den ehemaligen Hofdiensten der Bauern bis zu einem unbegrenzten Arbeitstage in den Ernten. Von dieser Zeit sollte als Mittagspause 1 Stunde und für Frühstück und Vesper „die nötige Zeit“ in Abzug kommen. Die Revisionen von 1839 und 1848 verhalten sich auch hier in der überall beobachteten Weise: die erste verbessert zwar den Arbeitstag durch die Erstreckung des Helligkeitsmaßstabes auf volle 8 Monate, verschlechtert aber die Erholung durch die ausschließliche Zubilligung einer halbstündigen Pause entweder zum Frühstück im Winter oder zur Vesper im Sommer; die zweite enthält wenigstens ein kleines Zugeständnis, die Entlassung der Frauen nach Hause zur Bereitung des Mittagessens um 11 Uhr. Aber auch der Kontrakt von 1860 bringt keine wesentliche Neuerung. Allerlei Vergünstigungen, wie die Wiedervereinigung beider Nebenmahlzeiten in der guten Jahreszeit, eine zweistündige Mittagspause beim Kartoffellegen, ein früher Feierabend um 6 und 5 Uhr beim Heuen und in der Nachmahd, die Bezahlung von Ernteüberstunden mit 1 Silbergroschen, treten zurück gegen die Beibehaltung des Maximalarbeitstages von 14 Stunden, der sogar auf noch zwei weitere Monate, April und September, ausgedehnt und nur für Frauen um eine Stunde vermindert wurde.

2. Die Torfstiche.

Aus dem vorstehenden Umriß der Wustrauer Rittergutswirtschaft ist gerade diejenige Nutzung fortgeblieben, aus der im Verlaufe von kaum zwei Jahrzehnten unvergleichlich größere Werte als alle übrigen geschaffen, zu einem Vielfachen des ursprünglichen Betriebskapitals angesammelt und zu einer rechtlichen Neubegründung des ganzen Besitzes von größter Tragweite verwendet worden sind. Diese Nutzung ist der Torfstich auf den Wiesen. Wie wenig man noch zu Beginn des Jahrhunderts auf die Bedeutung dieses Bodenschatzes aufmerksam war, geht daraus hervor, daß sich in einer Verhandlung vom 22. V. 1800 der Landrat v. Zieten sein gutsherrliches Recht auf die Austorfung des gesamten Wustrauer Wiesenareals seitens der Untertanen bestätigen lassen konnte, ohne ihnen an den Gemeindewiesen mehr als eine Mitnutzung des Torfs zum Eigengebrauch zuzugestehen. Auch vergingen nahezu die ersten vier Jahrzehnte, ehe in Wustrau überhaupt auf gewerbliche Art Torf gestochen wurde. In der Nachbarschaft regte sich diese Unternehmung schon viel früher. Seit 1800 wurde sie auf der mit dem Wustrauer Gemeindeluch unmittelbar grenzenden Stöffiner Kirchenerbzinswiese durch 14 Jahre von einer Spandauer, später Berliner Firma betrieben, und als Vorlieger zur nächsten Abfuhrgelegenheit, dem Bützsee, zogen auch das Rittergut und die Gemeinde von Wustrau einige Vorteile aus diesem ersten Eindringen großindustrieller Produktion in das Luch: 18 Taler Miete für einen Ladeplatz am See von 6 Morgen, Zinsen von 150 Taler Kaution für den in Wustrau untergebrachten Torfmeister, 2 Groschen Entschädigung für das Tausend über die Feldmark abgefahrenen Torfs und 50 Taler sogen. Abraumgelder zur Vergütung von Grenzbeschädigungen der Gemeindewiesen. Das war freilich ein besonders günstiger Fall. Als 1829 das Oberbergamt zur Austorfung der fiskalischen Wiesen im Wustrauer Luche schritt, wurde die Gemeinde von Wustrau durch die Trockenlegung ihrer Wiesen, da Verhandlungen mit dem Rittergute über einen neuen Bewässerungsgraben sich zerschlugen, lediglich geschädigt. Die Erhaltung der Vorflut war das beständige Kreuz der Torfgewinnung.

Ein Hauptgrund der Zaghaftigkeit, mit der man in Wustrau an sie herantrat, war der Mangel an Erfahrung über ihre Rentabilität. Er verriet sich gleich bei den ersten Versuchen, die Ende der dreißiger Jahre zunächst vom Rittergut mit sehr kleinen Flächen angestellt wurden. Berechnungen aus dem Jahre 1835 hatten für den Morgen bei einer Stichtiefe von 10 Klemmen einen Ertrag von etwa 250 Talern ergeben. Der erste Morgen, der 1838 ausgestochen wurde, lieferte bei einer Tiefe von 8 Klemmen 42 Tagewerk =

272¼ Klafter = 520½ Tausend Torf im Werte von 2 Talern 5 Silbergroschen das Klafter, insgesamt von 589 Talern 26 Silbergroschen 3 Pfennigen. Davon gingen ab Werbungskosten im Gesamtbetrage von 217 Talern 8 Silbergroschen 6 Pfennigen und in folgenden Einzelposten:

Stecherlohn .	98 T.	15 Sgr.	— Pf.
Planierung .	7 „	21 „	— „
Auslage . .	31 „	15 „	— „
Nachtraben .	21 „	— „	— „
Transport .	47 „	1 „	6 „
Einmessen .	4 „	16 „	— „
Geschirr . .	7 „	— „	— „
	372 T.	17 Sgr.	9 Pf.

war demnach der Reinertrag des Torfs von dem Morgen.

Ließ also schon der erste Torfgewinn alle darauf gesetzten Erwartungen weit hinter sich, so hatten zwei weitere Stiche von etwas größerer Fläche in den nächsten beiden Jahren noch steigend günstigere Ergebnisse, obwohl die wechselnden Unkosten bei dem dritten die des ersten um ebensoviel übertrafen, als sie bei dem zweiten hinter ihnen zurückblieben (allerdings wurde das Tagewerk bei beiden etwas höher, zu 298¼ und 296 Klafter gerechnet):

	1839			1840		
Wirkliche Fläche .	47½ Tagewerk			58¾ Tagewerk		
	T.	Sgr.	Pf.	T.	Sgr.	Pf.
Rohertrag	706	10	—	907	19	6
Werbungskosten .	210	20	8	340	14	1
Reinertrag	495	19	4	567	5	5
Morgen.	42 Tagewerk			42 Tagewerk		
	T.	Sgr.	Pf.	T.	Sgr.	Pf.
Rohertrag	646	5	—	648	25	—
Werbungskosten .	192	6	—	243	12	—
Reinertrag	453	29	—	405	13	—

Unmittelbar nach dem letzten Probestich, am 26. I. 1841, verkaufte das Rittergut den Torf in den 597 Morgen 22 Quadratruten seiner beiden großen Wiesenreviere in den Orden und beim alten Rhin an eine Gesellschaft von drei Neuruppiner Unternehmern, dem Kaufmann Gentz, dem Färber Baumann und dem Maurermeister Söhnel (an dessen Stelle später der ehemalige Sekretär des Landrats v. Zieten, Frost, trat). Der Kaufpreis war 138 Taler für den Morgen, also etwa ein Drittel des Durchschnitts aus den Reinerträgen der Probestiche. Seine Rechtfertigung lag in den Risiken der Käufer. Der Verkäufer übernahm keine Gewähr für die Menge und Güte der Torfs, ja nicht einmal für die genaue Größe der verkauften Fläche. Dagegen schrieb er den Käufern den Gang der Gräberei im allgemeinen und einzelnen vor. Sie mußte bis zur Rückgabe der Wiesen nach $10^1/_2$ Jahren beendet sein, aber zugleich wurde ihr Fortschritt an die Einteilung in drei Abschnitte gebunden, während deren entsprechend den drei vorausbezahlten Zahlungsraten des Kaufpreises nur je ein Drittel des Objekts gewonnen werden durfte. Und für die vertragsmäßige Ausführung der Arbeiten unterwarfen die Käufer sich und alle ihre Angestellten der Aufsicht und den Anordnungen des Verkäufers. Diese Angestellten sollten ferner der öffentlichen Gewalt der Gutsherrschaft unterstehen, aber alle aus ihrem Wohnsitz am Orte entspringenden Armenlasten von ihren Arbeitgebern getragen werden. Von den Schwierigkeiten der Arbeitsbeschaffung war nur der eine Fall einer Einberufung der Landwehr vorgesehen; in diesem sollte die Rückgewähr der Wiesen um zwei Jahre hinausgeschoben werden dürfen. Daß man ausschließlich mit dem einheimischen Arbeitsangebot rechnete, ergibt sich auch aus dem vertraglichen Ausschluß „heimatloser" Arbeiter. Die bedeutendste Auflage des Käufers aber bildeten die Anstalten zur Verschaffung der Vorflut auf den auszutorfenden und den angrenzenden Grundstücken. Zwar wirtschaftlich war diese Auflage erleichtert durch das in größeren Bruchmeliorationen von jeher erprobte System der Vereinigung von Vorflut und Wasserverkehr. Auch in der Wustrauer Torfgräberei waren die vornehmsten Vorflutrinnen die Schiffahrtswege, Hauptkanal und Parzellenkanäle, durch die die Unternehmer (der Landzugang war auf einen schmalen Weg im sogen. Anwend beschränkt) ihre Produktion in unmittelbare Verkehrsbeziehung zu den Wasserstraßen des alten Rhins und des Bützrhins setzten. Aber der Bau wenigstens des Hauptkanals war an vertragsmäßige Minima für Tiefe, Sohlen- und Bordbreite (78 Zoll, 25 Fuß und 30 Fuß) gebunden, deren Einhaltung durch die hohe Konventionalstrafe von 30 Talern auf die laufende Rute geschützt war. Und daneben sollte doch noch ein Netz von Abzugsgräben hergestellt und auch künstlich durch Schneckmühlen die Bewässerung ausgeglichen werden. Eine neue Beschwerlichkeit entstand aus dem Zusammenstoß der Vorflutanlagen mit den Wegerechten der Hinterlieger, denen ein Überweg nach den Örden über die Gräben auf Brücken, über den Hauptkanal auf einem Schwimmstege geschaffen werden mußte. Des Verkehrs wegen gehörte zur Planierung der ausgetorften Wiesen vor der Rückgabe auch die Verfüllung aller Wasserläufe mit Ausnahme von Hauptkanal und Hauptgräben; eine Strafe von 25 Talern für den Morgen sicherte den bestimmungsmäßigen Vollzug der Planierungsarbeiten. Wirtschaftlich zweckmäßiger aber als solche vorübergehende Entwässerungsanlagen war die Einrichtung, die sie schon vor Ablauf der halben Torfstichunternehmung großenteils entbehrlich machte: das Rittergut entschloß sich als Eigentümerin die Entwässerungsanstalten selbst auszuführen und sowie auch andern Interessenten der Torfgräberei nur ein Mitbenutzungsrecht daran einzuräumen, zumal durch diese Teilnehmer die Verzinsung des Anlagekapitals (1568 Taler) und eine Entschädigung für die angrenzenden Wiesenbesitzer von Tarmow und Langen vollständig aufgebracht wurde.

Es ist ein gutes Beispiel für die Beeinflussung der Rechtsentwicklung durch wirtschaftliche Neuerungen, daß die erste Erfahrung Wustraus von den Gewinnen des gewerblichen Torfstichs sogleich zu einer wesentlichen Neuordnung des noch kürzlich so vorbehaltlos anerkannten gutsherrlichen Austorfungsrechts geführt hat. Am 13. X. 1843 ging der Landrat v. Zieten im Vergleich mit der Gemeinde, der Pfarre und dem Krüger Protz darauf ein, jenes Recht sowohl örtlich als zeitlich, nämlich auf die Ausbeutung eines bestimmten Stücks der von den Gegnern besessenen Wiesenfläche, einzuschränken. Es war ein nördlich der Lindhorst vorgelagertes Revier, das vom Rittergut schon im Jahre 1839 zu einem Stich ausersehn worden war. Dieses wurde nun zugleich mit dem anstoßenden Gutswiesenrevier am 10. III. 1847, also noch vor Beendigung der ersten Torfgräberei, zu einer zweiten an Gentz, Söhnel und Frost auf $9^1/_2$ Jahre überlassen. Der Kaufpreis war mit 180 Talern für den Morgen schon erheblich höher als der von 1841. Er verteilte sich folgendermaßen auf die einzelnen Besitzstücke:

Besitzer	Morgen	Quadratruten	Taler
Rittergut	137	142	24802
Gemeinde	228	120	41160
Krüger	4	108	828
Pfarre	75	148	13648
Gesamtfläche	446	158	80438

Der Hauptunterschied dieses zweiten Torfkontrakts von dem ersten war eine weitere Ausdehnung der Zwangsvorschriften für die Ausführung; jener hatte für die Stichtiefe nur eine Höchstgrenze, die in den Probestichen bewährten 8 Klemmen, festgesetzt, dieser fügte auch eine Mindestgrenze, 4 Klemmen, hinzu, weil der Verkäufer eine Austorfung seiner Wiesen bis dicht an die Lindhorst heran wünschte und dort immer flachere Lager zu vermuten waren. Angesichts dieses Überganges auf ertragsärmere Böden gewinnt jene Preissteigerung eine besondere Bedeutung. Denn es sollte wohl der Wertausfall bei flacheren Stichen entsprechend ihrem Klemmenunterschiede von der Normaltiefe durch Abzüge von der letzten der 6 von 1848 bis 1853 fälligen Zahlungsraten (je 12501 Taler) gedeckt werden, aber die jährlichen Nachweisungen dieser Verluste steigerten doch die Geschäftsunkosten der Unternehmer. Das höhere Risiko der Gräberei äußerte sich in einer geringeren Anzahlung beim Kaufabschluß, die mit 5432 Talern lediglich den aus Kanälen und Gräben geworbenen Torf vergüten sollte. Allerdings war noch eine Kaution von 10000 Talern zu bestellen. Die Entwässerungsanlagen belasteten die Verkäufer ebenfalls stärker als die des ersten Stichs. Ein Hauptschiffahrtskanal, der hier die etwas größere gleichmäßige Breite von 32 Fuß an Bord und Sohle hatte, wurde an den älteren angeschlossen, und der so entstandene Verkehrsweg war auch nach der Beendigung des ersten Stichs 1851 in seiner ganzen Länge von den Käufern weiter zu unterhalten, obwohl dem Verkäufer wie schon 1841 ein Mitbenutzungsrecht daran zustand. Im übrigen wurde der Vorflutvertrag mit dem Rittergute von 1845 auch auf diese Gräberei erstreckt und der Kaufvertrag von 1841 in allen nicht abgeänderten Bestimmungen auch für sie als bindend anerkannt. In eine eigentümliche Lage gerieten durch diese Unternehmung des Ritterguts die fremden Besitzer der ausgetorften Wiesen. Während auf den Gutswiesen wie im ersten Kaufvertrage die Grasnutzung während des Stichs den Käufern eingeräumt war, mußte sie auf jenen fremden Grundstücken den Eigentümern vorbehalten bleiben. Bei einer Schädigung dieser Nutzung durch mangelhafte Planierung hatten nun aber diese Eigentümer keinen unmittelbaren Rückgriff auf die Torfkäufer, die ja mit dem Rittergut allein abgeschlossen hatten, sondern lediglich den Weg der Beschwerde bei diesem. Diesen haben sie in der Tat zu beschreiten Veranlassung gehabt, aber es gelang Frost, der, wie erwähnt, dem Landrat v. Zieten persönlich nahestand, der Haftung aus solchen Erfüllungsmängeln durch den Hinweis auf die Planierungsgebräuche der fiskalischen Gräbereien zu entgehn.

Auch als nunmehr im Jahre 1848 Gemeinde und Pfarre selbst den ihnen im Vergleich mit dem Rittergute zur eignen Austorfung überlassenen Rest ihrer Wiesen dieser Nutzung unterwerfen wollten, zeigte sich wieder ihre Abhängigkeit von den bereits begonnenen gutsherrlichen Torfarbeiten. Zwar gelang es ihnen, statt der Gentzschen Unternehmerfirma eine andere mit vorteilhafterem Kaufangebot heranzuziehen: Es ist bezeichnend, daß dies eine Gesellschaft von kleinen Landwirten aus dem benachbarten Tarmow war, der Lehnschulze Rönnefahrt und die Bauern Stein und Becker, und daß gerade sie Gentz und seine Teilhaber mit einem Morgenpreise von 200 Talern für die 192 Morgen 149 Quadratruten Gemeinde- und 58 Morgen 2 Quadratruten Pfarrwiese überbieten konnten [1].

---

[1] Bei einer Ausdehnung des Stichs auf weitere 62 Morgen

Aber das Geschäft hing ganz an einem am Vortage (23. X. 1848) geschlossenen Vergleich zwischen den Verkäufern und den Inhabern der Gutsgräbereien, durch die der Vorflut- und Transportweg des Hauptschiffahrtskanals auch der Gemeindegräberei zur Mitbenutzung überlassen und so auch ihr der Ausbau eines neuen Teilstücks daran möglich gemacht wurde. Und die Gewährung des Kanalanschlusses war sowohl von seiten des Ritterguts als von seiten der Gentzschen Gesellschaft an Bedingungen geknüpft, die einen beträchtlichen Geldwert darstellten. Zunächst mußte das Rittergut für den Ausfall gewisser Leistungen aus dem letzten Vertrage mit seinen Unternehmern schadlos gehalten werden. In diesem Vertrage war die Verfüllung auch des Hauptkanals in die Wahl des Verkäufers gestellt. Indem nun von seinem Rechte darauf ausgegangen wurde, ergab die Verzögerung der Rückgewähr des Kanals in verfülltem Zustande einen zeitweiligen Abgang sowohl von Torfgewinn als von Grasnutzung: Jener mußte durch eine Verzinsung der entsprechenden Kaufgelder mit 332 Talern 7 Silbergroschen 6 Pfennigen, dieser durch eine Rente von 26 Talern 26 Silbergroschen 8 Pfennigen vergütet werden. Und wenn die Gemeinde überdies in die Gentzsche Verfüllungspflicht selbst eintrat (wie sie auch nach Abschluß der Gentzschen Arbeiten die Unterhaltung des ältesten Kanalstücks aus der ersten Gutsgräberei übernahm), so entzog ihr diese Bestimmung ein weiteres Kapital von 2000 Talern als Planierungskaution. Den Torf aus dem Grenzgraben zwischen ihrem und dem Gutsstich und aus der Verbindung ihres mit dem Gutskanal mußte sie für 102 Taler dem Gute abnehmen. Die Firma Gentz endlich forderte ihrerseits für die Mitbenutzung des Kanals neben der Überwachung ihrer Ausübung eine Abfindungssumme von 1800 Talern.

Von dem Rittergut in seiner gegenwärtigen Rechtsverfassung sind bis zum Anfang der siebziger Jahre noch sechs Torfstiche verkauft worden. Aber bei den drei letzten davon handelte es sich in steigendem Verhältnis um bereits einmal ausgetorfte Flächen, sogen. Untergründe. Der Kaufpreis, der kurz vor diesen minderwertigen Stichen seine größte Höhe erreicht hatte, sank auch für sie im Durchschnitt nicht unter den des ersten von 1841. Für einen von ihnen schloß auch das Rittergut zu einem besonders niedrigen Satze mit einer bäuerlichen Unternehmergesellschaft, dem Wustrauer Schulzen und 6 Teilhabern, ab. Die Vergleichung der einzelnen Gewinne ermöglicht folgende aus den Verträgen zusammengestellte Übersicht:

---

172 Quadratruten Gemeindewiese im Jahre 1853 (innerhalb der elfjährigen Stichperiode des ersten Kontrakts) mußte freilich der Morgenpreis auf 187 Taler 15 Silbergroschen heruntergesetzt werden.

Stich	Periode	Unternehmer	Fläche Mg.	Fläche Qr.	Davon Untergründe Mg.	Davon Untergründe Qr.	Morgenpreis T.	Morgenpreis Sgr.	Morgenpreis Pf.	Erlös T.	Erlös Sgr.	Erlös Pf.
1	1856—1868	Frost und Söhne . .	508	176	—	—	320	—	—	162 872	26	8
2	1861—1873	Frost und Söhne . .	447	121	—	—	398	—	—	178 173	16	4
3	1864	Kleessen-Neuruppin[1].	8	178	—	—	83	13	6	750	—	—
4	1870—1881	Frostsche Gräbereigesellschaft. . . .	687	127	44	167	242	18	—	166 823	2	—
5	1870—1882	Bent und Genossen .	121	77	107	142	126	3	—	15 329	14	5
6	1872—1884	Haupt-Neuruppin und Schiller-Treskowberg	502	79	450	120	168	14	2	73 541	11	8
										597 490	11	1
Der Erlös aus den Torfverkäufen des Landrats v. Zieten hatte betragen										181 915	23	10
Der Gesamtgewinn des Ritterguts vom Torf also war										779 406	4	11

3. Das Fideikommiß und seine Ausdehnung.

Als vor dem Erlöschen der männlichen Linie der Wustrauer Zieten ihr letzter Stammhalter, der Landrat (seit 1840 Graf) v. Zieten, durch Stiftung vom 22. VI. 1853 seine Güter als Fideikommiß auf die Nachkommen seiner Schwestertochter Caroline v. Schwerin geborenen v. Zieten-Lögow übertrug, überstieg ihr Ertrag zweifellos weit die landrechtliche Mindestsumme von 2500 Talern, wenn auch die Verpachtung durch Bestimmungen wie die der Unterbrechung bei Besitzwechsel und der Kautionsbestellung in Höhe des Inventarwerts (5393 Taler 21 Silbergroschen 6 Pfennige) erschwert war[2]. Trotzdem brachte die gewonnene und noch zu erwartende Rente der Torfnutzung den Stifter auf den Gedanken, sein dadurch begründetes Kapitalvermögen als eine zweite Stiftung, ein sogen. Geldfideikommiß, der ersten zur Stütze anzugliedern. Als Ziel der Ansammlung waren ursprünglich 600 000 in Aussicht genommen; die Vorschrift, daß nach seiner Erreichung die Gräberei auf den Wirtschaftseigenbedarf einzuschränken sei, lehrt, daß man den Torfwert der Gutswiesen mit jener Summe für annähernd getroffen hielt. Schon die erste Revision der Stiftungsurkunde vom 19. VI. 1869 aber rückte die Sammlungsgrenze durch die dreifache Anordnung hinaus, daß das Geldfideikommiß auf 1 Million, der Torferlös auf 400 000 Taler steigen und von der gewerblichen Austorfung nur 300 Morgen torfhaltiger Wiesen ausgeschlossen bleiben sollten.

[1] Der Unternehmer des gleichzeitigen Torfstichs in den Tarmower Wiesen.

[2] Erst die Revision der Stiftungsurkunde vom 1. VII. 1874 gestattete mit Zustimmung des Familienrats davon abzusehn.

Durch ein verwickeltes System von Zuwegen sollten die Mittel des Geldfideikommisses, das ein Familienrat verwaltete, dem Gutsfideikommiß und seinem Inhaber, der übrigens im Familienrat den Vorsitz führte, zustatten kommen. Zunächst wurden die Jahresausgaben für Versicherung der Gutsgebäude, Inventarien, Ernten und Saaten auf das Geldfideikommiß übernommen. Sodann stand die Hälfte seines Reinertrags an Zinsen dem Fideikommißbesitzer zu. Nur ein Sechstel davon sollte zum Kapital geschlagen, aus dem letzten Drittel aber ein Reservefonds zur Sicherung der Hinterbliebnen der Fideikommißbesitzer[1] mit dem Höchstbetrage von 300 000 Talern gebildet werden. In „außerordentlichen Fällen" erhielt der Familienrat die Befugnis, das Gut mit verzinslichen Vorschüssen bis zu 6000 (seit 1874: 20 000) Talern zu unterstützen. Die wichtigste unmittelbare Stärkung aber erfuhr das Rittergut durch die Ermächtigung des Geldfideikommisses zum Ankauf von Grundstücken, deren Nutzung gegen die Verzinsung der Kaufgelder dem Gutsfideikommiß überlassen war. Da bei diesen Geschäften Barzahlung vorgeschrieben war, konnte der Fideikommißbesitzer auch für eigenhändige Erwerbungen nachträglich jederzeit durch ihre Überlassung an das Geldfideikommiß Kapitaldeckung finden.

So war der Großbetrieb des Wustrauer Ritterguts durch die wirtschaftliche und rechtliche Ausnützung seiner Lage im Torfrevier allerdings mit einer überdurchschnittlichen Ausdehnungskraft begabt. Darin liegt offenbar die bedeutendste Ursache der Abnahme des Kleinbesitzes in Wustrau während der zweiten Hälfte des 19. Jahrhunderts. Von der anderen Seite scheint die Schwächung der bäuerlichen Wirtschaften durch die Regulierung bei weitem nicht gleich stark mitgewirkt zu haben. In dem angegebenen Zeitraum hat die Zahl der spannfähigen Besitzungen in Wustrau um die volle Hälfte, von 16 auf 8, abgenommen. Aber diese Verminderung betraf in 6 von den 8 Fällen den Vollbauernstand und nur in 2 kleinere Höfe. Freilich waren das gerade die beiden ersten Verluste in der Reihe der Hofwirte, die Parzellierungen des Protzschen Dreiviertelhofes und eines der beiden Behrendschen Kossätenhöfe in den fünfziger Jahren, und mit ihnen hatte das Rittergut noch nichts zu tun, die Parzellen kamen wenigstens in erster Hand durchweg wieder bäuerlichem Besitz von etwas größerer Stärke zugute. In der Folge dagegen kehrte sich die Lage um. Es trat nur noch eine Parzellierung an Kleinbetrieben ein, die des Schönholzschen Bauernhofes; alle übrigen eingegangenen Stellen, sämtlich gleichfalls die von Vollbauern, sind ganz oder doch größtenteils

---

[1] Diese selbst wurden nur subsidiär mit Pensionen von 400 bis 500 Talern für die Witwen ihrer Vorgänger belastet.

sofort an das Rittergut gefallen. Auch ihre Werte und die Gründe ihrer Verkäufe machen nicht den Eindruck der Wettbewerbsunfähigkeit gegenüber dem Großbetrieb schlechthin:

Erwerbsjahr	Verkäufer	Verkaufsgrund	Erwerbspreis
1865	Rosenträger	Abfindungsschulden	18 000 T.
1869	J. Brunnemann	Brand	12 500 „
1887	Rieck Witwe	Entmündigung des Sohnes	54 000 M.
1891	L. Brunnemann (fr. Krüger Protz)	Realisierung der Rente	63 000 „
1900	Frost	Brand (19 500 Mk. Schulden)	64 500 „

Bodenzusammensetzung, Fruchtwechsel und Erträge bei den beiden ältesten und je einer jüngeren dieser Erwerbungen mögen im folgenden ihre Bewirtschaftung als Bauerngüter beleuchten, wie sie in den Taxen für den Zieten-Schwerinschen Familienrat als Verwalter des käuferischen Geldfideikommisses geschildert sind. Die Ausbildung der Schlageinteilung, die Sorgfalt der (zweijährigen) Düngung und die Ergiebigkeit des Körnerbaus (das achte, nur bei Mengkorn [Gerste und Hafer mit Erbsen und Wicken] das siebente Korn) zeigen wenigstens für die beiden ersten Güter schon äußerlich einen hohen Wirtschaftsstand an (siehe Tabelle S. 162).

Waren es so am Orte mehr die materiellen Mittel des Wustrauer Fideikommisses, die ihm einen großen Einfluß auf die Wirtschafts- und Besitzverhältnisse sicherten, so tritt nach außen noch eine zweite typische Wirkung dieser Großgrundbesitzverfassung hervor, die formelle der Angleichung auch andern Besitzes an die Gewohnheiten von Verwaltungstechnik und Familiensinn, die sie voraussetzt. Durch die Errichtung des Zieten-Schwerinschen Fideikommisses ging ein kleines Grundherrengeschlecht in ein sehr großes auf. Der Landschaftsrat Wilhelm Ludwig v. Schwerin aus dem Hause Rehberg, der 1854 nach dem Tode des Stifters als Mann seiner erwähnten Nichte zuerst in den (wenn auch beschränkten) Genuß des Fideikommisses trat, war der Besitzer der großen pommerschen Güterkomplexe von Janow und Hohenbrünzow. Und auch das weitere Geschlecht der Schwerin bewährte seinen vermögensrechtlichen Zusammenhalt noch in dem neuen Jahrhundert glänzend, indem es nach genau hundertjährigem Rechtsstreit mit dem Domänenfiskus 1828 sein ehemaliges schwedisches Lehn Spantekow vergleichsweise reluierte und nahezu fünfzig Jahre im gemeinschaftlichen Besitz seiner 8 Häuser

Die Nutzungsfläche bestand bei

aus	Rosenträger		J. Brunnemann		L. Brunnemann	
	Mg.	Qr.	Mg.	Qr.	Mg.	Qr.
Gerstland 1. Klasse . . .	—	—	5	136	19	—
„ 2. „ . . .	48	28	32	9	—	—
Haferland 1. „ . . .	17	178	5	109	38	156
„ 2. „ . . .	—	162	1	33	—	—
dreijähriges Roggenland	—	—	1	106	—	—
sechsjähriges „	—	—	1	134	—	—
Acker	66	8[1]	47	167	57	156
Wiese	63	4	68	51	78	16
Weide	29	15	30	17½	48	33[2]
Insgesamt	158	27	146	47½	182	25

[1] Vergrößert durch Acker vom Protzschen Dreiviertelhofe.

Die Fruchtfolge war bei

Schlag	Rosenträger	J. Brunnemann	Rieck
1	Roggen	Roggen	Roggen
2	Mengkorn	Gerste	Kartoffeln
3	Roggen	Kartoffeln	Gerste und Hafer
4	Kartoffeln	1/3 Erbsen, 2/3 Klee	1/2 Mengkorn, 1/2 Klee
5	Gerste	—	—
6	Klee	—	—

[2] Vergrößert durch die Koppel der parzellierten Schmiedestelle.

Der Jahresertrag war bei

Produktion	Rosenträger						J. Brunnemann						L. Brunnemann		
	Menge			Wert			Menge			Wert			Menge	Wert	
	W.	Sch.	M.	T.	Sgr.	Pf.	W.	Sch.	M.	T.	Sgr.	Pf.	Ztr.	M.	Pf.
Weizen	—	—	—	—	—	—	—	—	—	—	—	—	16,89	152	—
Roggen	4	3	—	198	—	—	2	12	12	121	12	—	34,40	258	—
Gerste	2	13	14	92	24	3	2	19	8	101	7	6	16,89	126	66
Mengkorn	2	7	—	82	15	—	—	—	—	—	—	—	—	—	—
Hafer	—	—	—	—	—	—	—	—	—	—	—	—	34,40	258	—
Erbsen	—	—	—	—	—	—	—	15	—	32	15	—	—	—	—
Kartoffeln	15	—	—	120	—	—	16	—	—	128		—	533,30	801	—
Feldfrüchte	23	23	14	493	9	3	21	23	4	383	4	6	641,89	1595	66
Rindvieh		12 Kühe		240	—	—		10 Kühe		200	—	—	20 Kühe	1333	30
Gartennutzung . .				30	—	—				42	14	—		81	25
Insgesamt				763	9	3				625	28	6		3010	21
Lasten				81	19	3				50	4	2		295	—
Reinertrag				681	20	—				575	24	4		2715	21

(15 Kopfteile) behielt[1]. Dennoch ist merkwürdig, wie eine Personalunion mit dem Wustrauer Fideikommiß nun gerade für die Fortführung dieser Überlieferungen wichtig wurde. Schon fing im Jahre 1857 die Spantekower Masse an zu zerbröckeln, dadurch, daß für das allzusehr (noch dazu in minderjährige Häupter) zersplitterte Schwerinsburger Haus zur Abfindung für seinen Anteil die Güter Dennin und Japenzin eigentümlich ausgeschieden wurden. Da wurde die Verwaltung des übrigen Komplexes an den Landschaftsrat v. Schwerin übertragen, und von diesem Augenblicke findet sich das Sammlungsstreben des Schwerinschen Familienbesitzes nicht nur bewahrt, sondern unverkennbar gesteigert. Der Sohn und Nachfolger des Landschaftsrats, der (seit 1858) jetzige Fideikommißherr von Wustrau, (erster) Graf von Zieten-Schwerin, schuf schon 1869, vier Jahre nach seinem dortigen Besitzantritt, seine Janower und Hohenbrünzower Güter zu zwei Fideikommissen um. Und als die Auflösung der Lehnsverfassung in der Provinz Pommern 1867 den Spantekower Besitz zur gesamten Hand bedrohte, war er nach dem Rücktritte eines ersten Käufers als einziger Geschlechtsgenosse imstande, ihn durch Ankauf aller andern Anteile 1874 weiter beisammen zu halten, ja — und das ist das Bezeichnendste — der Zieten-Schwerinsche Familienrat gab in demselben Jahre aus dem Geldfideikommiß das nötige Kapital, um auch den Rest der Spantekower Begüterung, Dennin und Japenzin, von dem Schwerinsburger Hause zu erwerben.

[1] L. Gollmert und W. und L. Grafen von Schwerin, Allgemeine Geschichte des Geschlechts von Schwerin (Berlin 1878) 58—65.

FSC
www.fsc.org
MIX
Papier | Fördert gute Waldnutzung
FSC® C083411

Kolibri 360 GmbH
Ferdinand-Jühlke-Straße 7
99095 Erfurt, Deutschland
produktsicherheit@kolibri360.de

Druck:
CPI Druckdienstleistungen GmbH
im Auftrag der
Kolibri 360 GmbH
Ferdinand-Jühlke-Str. 7
99095 Erfurt